Z 33021

Dijon
1800-1803
Bacon, François
Œuvres

janvier   Tome 12

R.2410
E.-12.

OEUVRES
DE
FRANÇOIS BACON,
CHANCELIER D'ANGLETERRE.
TOME DOUZIÈME.

A PARIS,

CHEZ ANT. AUG. RENOUARD, LIBRAIRE,
RUE ANDRÉ-DES-ARCS, N°. 42.

OEUVRES

DE

FRANÇOIS BACON,

CHANCELIER D'ANGLETERRE,

TRADUITES PAR ANT. LASALLE;

Avec des notes critiques, historiques et littéraires.

TOME DOUZIÈME.

A DIJON,
DE L'IMPRIMERIE DE L. N. FRANTIN.
AN 10 DE LA RÉPUBLIQUE FRANÇAISE.

ESSAIS DE MORALE
ET DE POLITIQUE.

I. *De la vérité.*

Qu'est-ce que la vérité, disoit Pilite ironiquement et sans vouloir attendre la réponse? On ne voit que trop de gens qui se plaisent dans une sorte de vertige, et qui, regardant comme une esclavage la nécessité d'avoir des opinions et des principes fixes, veulent jouir d'une entière liberté dans leurs pensées, ainsi que dans leurs actions. Cette secte de philosophes, qui faisoit profession de douter de tout, est éteinte depuis long-temps; mais on trouve encore assez d'esprits vagues et incertains qui semblent être atteints de la même manie, mais sans avoir autant de nerf et de substance que ces anciens *sceptiques*. Cependant ce qui a accrédité et consacré tant de mensonges, ce ne sont ni les difficultés qu'il faut surmonter pour découvrir la vérité, ni le travail opiniâtre qu'exige cette recherche, ni cette espèce de joug qu'elle semble imposer à l'esprit quand on l'a trouvée, mais un amour naturel, quoique dépravé pour le mensonge même. Parmi les philosophes les plus modernes de l'école grecque, il en est un qui s'est spécialement occupé de cette question, et qui a en vain cherché pourquoi les hommes ont une prédilection si marquée pour le mensonge, lorsqu'il ne leur procure ni *plaisir*, comme ceux des *poëtes*, ni *profit*, comme ceux des *marchands*, mais semblent l'aimer pour lui-même. Pour moi, penserois-je de même, qu'un jour trop éclatant est moins favorable aux illusions du théâtre, que la lumière plus foible des bougies et des flambeaux ? La vérité, dans tout son éclat, est aussi moins favorable aux prestiges, à l'étalage et à la pompe théâtrale de ce monde, que sa lumière un peu adoucie par le mensonge. La *vé-*

rité, toute précieuse qu'elle paroît, n'a peut-être qu'un prix comparable à celui d'une *perle* que le grand jour fait valoir, et non égal à celui d'un *brillant* ou d'un *escarboucle* qui joue davantage aux lumières. Quoi qu'il en soit, il n'est pas douteux qu'un peu de fiction alliée avec la vérité ne fasse toujours plaisir. Oter des ames humaines les vaines opinions, les fausses estimations, les fantômes séduisans, et toutes ces chimériques espérances dont elles se paissent, ce seroit peut-être les livrer à l'ennui, au dégoût, à la mélancholie et au découragement. Un des plus grands docteurs de l'église (dont la sévérité nous paroît toutefois un peu outrée) qualifie la poésie de *vin des démons*, parce que les illusions dont elle remplit l'imagination occasionnent une sorte d'*ivresse*; et cependant la *poésie* n'est encore que l'*ombre du mensonge*. Mais le mensonge vraiment nuisible, ce n'est pas celui qui effleure l'esprit humain, et qui ne fait, pour ainsi dire, qu'y passer, mais celui qui y pénètre plus profondément, et qui s'y fixe; en un mot, celui dont nous parlions d'abord. Quelque idée que les hommes puissent se faire du *vrai* et du *faux*, dans la dépravation de leurs jugemens et de leurs affections, la vérité, qui est seule juge d'elle-même, nous apprend que la *recherche*, la *connoissance* et le *sentiment* de la vérité, qui en sont comme le *desir*, la *vue* et la *jouissance*, sont le plus grand bien qui puisse être accordé à l'homme. La première chose que Dieu créa, dans les jours de la formation de l'univers, ce fut la lumière des sens; et la dernière, celle de la raison : mais son œuvre perpétuelle, œuvre propre au jour du sabat, c'est l'illumination même de l'esprit humain : d'abord, il répandit la lumière *sur la face de la matière*, ou du *chaos;* puis, *sur la face de l'homme* qu'il venoit de former; enfin, il répand éternellement la lumière la plus pure et la plus vive dans le ames de ses *élus*. Ce poëte qui a su donner quelque relief à la dernière et à la plus dégradante de toutes les sectes, n'a pas laissé de dire, avec l'élégance qui lui est propre : *un plaisir assez doux, c'est celui d'un homme qui, du haut d'un rocher où il est tranquillement assis, contemple un vaisseau battu par la tempête* (1). C'en

---

(1) Quelques philosophes ont attribué ce genre de plaisir à une sorte de *malignité* ou *d'orgueil inné*; en supposant que l'homme se réjouit alors du mal d'autrui, ou se félicite d'en être exempt. Mais la première de ces deux suppositions n'est qu'une erreur, car les ames sensibles et douces goûtent peut-être ce plaisir encore plus vivement que les ames dures; la seconde approche un peu plus de la vérité : voici la véritable cause de cette sorte de jouissance. Dans les *sentimens réfléchis*, tout est *relatif*; et tout jugement de cette espèce est *comparatif*: l'homme ne se croit heureux que lorsqu'il juge sa situation actuelle meilleure que celles dont il est témoin, ou auxquelles il pense. Ainsi le secret du bonheur est de *comparer toujours sa situation actuelle à une pire où l'on pourroit être, et non à une meilleure où l'on voudroit être*. Il est donc facile à un homme qui a été soldat ou marin, de se rendre heureux par ses souvenirs.

est un également doux, de voir d'une tour élevée, deux armées se livrant bataille dans une vaste plaine, et la victoire incertaine passant de l'une à l'autre alternativement. Mais il n'est point de plaisir comparable à celui du sage qui, des hauteurs de la vérité (hauteurs qu'aucune autre ne commande, et où règne perpétuellement un air aussi pur que serein), abaisse ses tranquilles regards sur les opinions mensongères et les tempêtes des passions humaines; pourvu toutefois, devoit-il ajouter, qu'un tel spectacle n'excite en nous qu'une indulgente commisération, et non l'orgueil ou le dédain. Certes, tout mortel qui, animé du feu divin de la charité, et reposant sur le sein de la providence, n'a d'autre *pôle*, d'autre *pivot* que la *vérité*, a dès ce monde un avant-goût de la céleste béatitude.

Actuellement, si nous passons de la *vérité philosophique*, ou *théologique*, à la *vérité pratique*, ou plutôt à la *bonne foi* et à la *sincérité* dans les *affaires*, nous ne pourrons douter (et c'est une maxime incontestable pour ceux mêmes qui s'en écartent à chaque instant), qu'une conduite franche et toujours droite ne soit ce qui donne le plus d'élévation et de dignité à la nature humaine ; et que la fausseté, dans le commerce de la vie, ne soit semblable à ces métaux vils qu'on allie avec l'*or*, et qui, en le rendant plus facile à travailler, en diminue la valeur. Toutes *ces voies obliques et tortueuses assimilent l'homme au serpent qui rampe, parce qu'il ne sait pas marcher.* Il n'est point de vice plus honteux et plus dégradant que celui de la perfidie, ni de rôle plus humiliant que celui d'un menteur ou d'un fourbe pris sur le fait. Aussi *Montagne*, cherchant la raison pour laquelle un *démenti* est un si grand affront, résout ainsi cette question avec son discernement ordinaire. *Si l'on y fait bien attention*, dit-il, *qu'est-ce qu'un menteur, sinon un homme bravache devant Dieu, et poltron devant les hommes?* En effet, mentir n'est-ce pas braver Dieu même, et plier lâchement devant les hommes (1)? Enfin, pour donner une juste idée de l'énormité des crimes tenant du *mensonge* et de la *fausseté*, disons que ce vice, en comblant la mesure des iniquités humaines, sera comme *la trompette qui appellera sur les hommes le jugement de Dieu* : car il est écrit que le *Sauveur du monde, à son dernier*

---

(1) Si l'on osoit dire la vérité, on ne mentiroit pas : ainsi le mensonge est un signe de crainte. Dire à un homme qu'il a menti, c'est lui dire qu'il est un poltron, et lui annoncer qu'il doit s'attendre à beaucoup d'autres affronts, la plupart des hommes ne ménageant que ceux qu'ils redoutent, et foulant aux pieds ceux qu'ils ne craignent point, pour intimider ceux qu'ils craignent et se faire respecter, en courant le moins de risque qu'il est possible. Il en est de même d'un *soufflet*, on le regarde comme le plus sanglant de tous les affronts, et ce n'est point du tout un préjugé. Car on frappe les *enfans*, les *femmes* et, en général, les *foibles*, *du plat de la main, de peur de les estropier*, et sur la joue, afin que le coup soit en même temps plus vivement senti et peu dangereux : ainsi frap-

avénement, ne trouvera plus de bonne foi sur la terre.

II. *De la mort.*

Les hommes craignent la mort, comme les enfans craignent les ténèbres; et, ce qui renforce l'analogie, les terreurs de la première espèce sont aussi augmentées dans les hommes faits, par ces contes effrayans dont on les berce (1).

---

per un homme de cette manière, c'est lui dire qu'on le range dans la classe des *femmes* ou des *enfans*; qu'à titre de supérieur, on lui donne une petite correction; qu'on ne le craint point du tout, et qu'en conséquence il a tout à craindre, ce qui est lui apprendre une fort mauvaise nouvelle; et un soufflet en réponse à un démenti équivaut à ces paroles : *tu m'as cru foible, mais je te prouve que tu es plus foible que moi.* Au lieu *qu'un coup de poing* qui jette une douzaine de dents hors de la bouche, est un genre de *ménagement* qui annonce à celui qui reçoit cette preuve d'*estime*, qu'on le croit *fort* : nouvelle plus agréable que l'autre, et qui le seroit peut-être encore davantage, si on l'apprenoit par une autre voie.

(1) Je prie le lecteur de fixer son attention sur

Nul doute que de profondes *méditations* sur la *mort*, envisagée comme conséquence du péché (originel), et comme passage à une autre vie, ne soit une occupation *pieuse* et utile au *salut;* mais la *crainte* de la *mort*, envisagée comme un *tribut* qu'il faut payer à la *nature*, n'est qu'une *foiblesse* (1). Et même dans

---

cette comparaison. De quelle nature sont-ils, ces contes dont on berce les hommes faits ? Il me semble que ce sont des *contes religieux ;* et s'ils augmentent la crainte de la mort, c'est qu'ils font craindre quelque chose au-delà. Voilà une de ces propositions qui m'ont fait avancer que le *chancelier Bacon* étoit beaucoup *moins dévot* qu'il ne le paroît à certaines gens qui ne le sont pas plus que lui, et qui ont les mêmes raisons pour le paroître quelquefois.

(1) Le meilleur remède à la crainte de la mort, c'est de bien connoître la vie, toute tissue d'espérances presque toujours trompées, et de craintes qui, pour être chimériques ou déguisées, n'en sont pas moins senties. Si la vie n'aboutissoit à la mort, elle ne seroit pas supportable ; mais la nature, en nous faisant mourir, expie le tort qu'elle eut en nous faisant naître. De quelque bien que la mort

les *méditations religieuses* sur ce sujet, il entre quelquefois de la *superstition* et de la *puérilité* : par exemple, dans un de ces livres que les moines méditent pour se préparer à la mort, on lit ce qui suit : *si la plus légère blessure faite au doigt peut causer de si vives douleurs, quel horrible supplice doit-ce être que la mort, qui est la corruption ou la dissolution du corps tout entier?* Conclusion pitoyable, attendu que la fracture ou la dislocation d'un seul membre cause de plus grandes douleurs que la mort même, les parties les plus essentielles à la vie n'étant pas les plus sensibles (1). C'est donc un mot très ju-

---

puisse nous priver, elle nous en rend un qui vaut à lui seul tous ceux qu'elle nous ôte ; le voici : *cesser de vivre est cesser de souffrir ; et la mort nous guérit de la peur de mourir.*

(1) La mort n'est point un mal, puisqu'on ne la sent pas; et on ne la sent pas, puisque mourir est cesser de sentir. S'il étoit possible que nous eussions, dans ce passage de l'être au néant, un sentiment aussi vif qu'en pleine santé, la mort seroit

dicieux que celui de l'écrivain qui a dit, en parlant simplement en philosophe et en homme du monde : *l'appareil de la mort est plus terrible que la mort même* : en effet, les gémissemens, les convulsions, la pâleur du visage, des amis désolés, une famille en pleurs, le lugubre appareil des obsèques, voilà ce qui rend la mort si terrible (1).

---

horrible ; mais, par cela seul qu'en mourant, on cesse de sentir, on ne sent pas la mort, et la mort n'est rien.

(1) Lorsqu'il ne faut plus qu'un peu de frayeur pour tuer le malade, un prêtre arrive et l'achève. Non, la religion ne sait point adoucir les terreurs des mortels qui se sentent mourir; et le terrible mot que l'homme noir prononce, les pousse, d'un seul coup, vers la mort qu'il annonce. *Le prêtre et le médecin sont les deux acolytes de la mort;* mais ce n'est la faute ni de l'un ni de l'autre; le médecin guérit toujours le patient, ou de sa maladie, ou de la vie; et le prêtre est obligé d'accourir lorsqu'il est appellé : s'il tarde, le malade est privé de sacremens; s'il se hâte, la mort se hâtera aussi : comment faire ? C'est à vous à opter entre la vie réelle et la vie idéale.

Il est bon d'observer à ce sujet qu'il n'est point, dans le cœur de l'homme, de passion si foible qu'elle ne puisse surmonter la crainte de la mort : la mort n'est donc pas un ennemi si redoutable, puisque l'homme a toujours en lui de quoi la vaincre : le desir de la vengeance triomphe de la mort ; l'amour la méprise (1) ; l'honneur y aspire ; le désespoir s'y réfugie ; la peur la devance ; la foi l'embrasse avec une sorte de joie. Et même, si nous devons en croire l'histoire romaine, après que l'empereur *Othon* se fut donné la mort, la compassion, qui est la plus foible de toutes les afflictions humaines, engagea quelques-uns de ceux qui lui étoient le plus attachés, à suivre son exemple; résolution, dis-je, qu'ils prirent par pure

---

(1) La mort la plus douce c'est celle qu'on subit pour sauver la personne qu'on aime le plus, ou qu'on reçoit de la main même de la personne aimée; car la personne qui nous fait le plus aimer la vie, est aussi celle qui nous met le plus en état de mépriser la mort.

compassion pour leur chef, et comme la seule digne de ses partisans. A ce genre de motif Sénèque ajoute *l'ennui*, la *satiété* et le *dégoût. Mépriser la mort*, dit ce philosophe, *il n'est pas besoin pour cela de courage ni de désespoir, c'est assez d'être las de faire et refaire, depuis si long-temps, les mêmes choses, et d'être ennuyé de vivre.*

Un fait également digne d'attention, c'est le peu d'altération que l'approche de la mort produisit dans l'ame forte et généreuse de certains personnages qui ne se démentirent pas même dans ces derniers momens, et furent dignes d'eux-mêmes jusqu'à la fin. Par exemple, les derniers mots de *César Auguste* furent une espèce de *compliment : Livie*, dit-il à son épouse, *adieu, et souvenez-vous de notre mariage. Tibère*, mourant, *dissimuloit* encore : *déjà*, dit Tacite, *ses forces l'abandonnoient ; mais la dissimulation restoit* (1). *Vespasien*

---

(1) *Mazarini*, autre personnage non moins

mourut en *raillant;* et, sur sa chaise (percée), se sentant mourir peu à peu : *eh! *dit-il, *je crois que je deviens un Dieu* (1). Les dernières paroles de *Galba* furent une espèce de *sentence : soldat, si tu crois ma mort utile au peuple romain, frappe;* puis il tendit la gorge à son assassin. *Septime-Sévère* mourut en expédiant une affaire : *approchez,* dit-il, *et finissons cela, pour peu qu'il me reste encore quelque chose à faire.* Il

---

dissimulé, affectoit, quelques jours avant sa mort, de se tenir fréquemment à sa fenêtre, et plus paré qu'à l'ordinaire; il avoit même *du rouge et des mouches.* Il fut comédien, charlatan, prêtre et italien jusqu'à la fin. Il est tel homme qui s'imagine que, si les autres croient qu'il va mourir, il en mourra plutôt; et qui se flatte qu'en leur faisant accroire que sa mort est encore éloignée, il en vivra plus long-temps : tel fait le mort, tel autre fait le vivant; et *plus on cesse d'être, plus on veut paroître.*

(1) On sait que Rome, devenue tout-à-fait esclave sous les empereurs, étoit dans l'usage de leur déférer les honneurs divins, après leur mort.

en fut de même de beaucoup d'autres personnages. Les Stoïciens se donnent trop de soins pour exciter les hommes à mépriser la mort, et tous leurs préparatifs ne font que la rendre plus terrible ; j'aime mieux celui qui a dit que *la mort est la dernière fonction et le dernier acte ou le dénouement de la vie* (1). Il est aussi naturel de mourir que de naître, et l'homme naissant souffre peut-être plus que l'homme mourant (2). Ce-

---

(1) *Finem vita extremum inter munera ponit naturae.* Comme, en latin, le mot *munus* signifie également une *fonction*, un *office* et un *présent*, un *don*, etc. on pourroit traduire ainsi ce vers : *la mort est le dernier bienfait de la nature*, traduction tendant également au but de l'auteur, qui est de faire mépriser la mort.

(2) La mort n'est point un mal, mais la crainte de la mort en est un, et l'homme a cette crainte, parce qu'il est sujet à mourir. Il est aussi naturel à un être sensible de craindre sa destruction, que d'aimer son existence; cette *crainte* lui est aussi *nécessaire* que la *faim* ou la *soif;* la nature lui a donné ce sentiment, pour assurer sa conservation et le garantir de la mort même, en éveillant con-

lui qui meurt au milieu d'un grand dessein dont il est profondément occupé, ne sent pas plus la mort que le guerrier qui est frappé mortellement dans la chaleur d'un combat. L'avantage propre de tout grand bien auquel on aspire, et qui remplit l'ame, est d'ôter le sentiment de la douleur et de la mort même. Mais

---

tinuellement sa vigilance. Mais, de même qu'on doit endurer la faim et la soif, quand la nécessité le commande, on doit aussi surmonter la crainte de la mort, quand le devoir l'exige. Condamner la crainte de la mort, la plus réelle, la plus opiniâtre et la moins avouée de toutes les maladies humaines, ce n'est pas en guérir ceux qui en sont atteints; il vaut mieux procéder à cette guérison par deux genres de remèdes, savoir: toutes les espèces *d'ivresses* et toutes les espèces de fortes *distractions*. Mais le plus noble et le plus sûr préservatif contre cette crainte et contre celle de tous les inconvéniens, presque toujours moindres que cette crainte même, c'est, comme nous l'avons dit ailleurs, d'être *plus occupé du bien qu'on veut faire, que du mal dont on est menacé :* un continuel desir de bien faire est une espèce de *cuirasse* qui rend presque *impassible*.

heureux, mille fois heureux celui qui, ayant atteint à un objet vraiment digne de ses espérances et de son attente, peut, en mourant, chanter comme *Siméon* : *Nunc dimittis*, etc. Un autre avantage de la mort, c'est d'ouvrir au grand homme mourant le temple de mémoire, en éteignant tout-à-fait l'envie. *Ce même homme que tous envient*, dit Horace, *si-tôt qu'il aura fermé les yeux, tous l'aimeront.*

III. *De l'unité (de sentiment) dans l'église chrétienne.*

La *religion* étant le *principal lien de la société humaine* (1), il est à souhaiter, pour cette société, que la religion elle-même soit resserrée par l'étroit lien de la véritable *unité*. Les dissensions et les schismes, en matière de religion, étoient un fléau inconnu aux *païens*.

––––––––––

(1) Le *principal lien* de la *société humaine* est le *besoin réciproque* et non la *religion;* puisque la plupart des hommes ont très peu de religion et ne laissent pas de rester en société.

La raison de cette différence est que le *paganisme* étoit plutôt composé de *rits* et de *cérémonies* relatives au culte des dieux, que de *dogmes positifs* et *d'une croyance fixe*. Car on devine assez ce que pouvoit être cette *foi des païens*, dont l'*église* n'avoit pour *docteurs* et pour *apôtres* que des *poëtes*. Mais l'*Ecriture sainte*, en parlant des attributs du vrai Dieu, dit de lui que c'est un *Dieu jaloux* (1). Aussi son culte ne souffre ni mélange ni alliage. Nous croyons donc

---

(1) Le Dieu que des hommes jaloux ont inventé doit être jaloux comme les inventeurs. L'homme, en créant Dieu à sa propre image et en lui attribuant ses propres vices, n'aura peut-être voulu que faire sa propre apothéose et se déifier lui-même. Le Dieu des honnêtes gens est un père, et le Dieu des méchans est méchant comme eux. *Dieu est*, c'est tout ce que nous savons de lui : adorons-le dans l'ignorance de nos esprits et la simplicité de nos cœurs, sans nous embarrasser si nos voisins l'adorent mal ou bien; car chacun ne répond que de soi. Les différentes religions ne sont que différentes langues employées à rendre hommage

pouvoir nous permettre un petit nombre de réflexions sur cet important sujet de *l'unité de l'église*, et nous tâcherons de faire des réponses satisfaisantes à ces trois questions : *quels seroient les fruits de cette unité ? Quelles en sont les vraies limites ?* Enfin, *par quels moyens pourroit-on la rétablir ?*

Quant aux *fruits* de cette *unité*, outre qu'elle seroit agréable à Dieu (ce qui doit être la fin dernière et le but de tous les buts), elle procureroit deux avantages principaux, dont l'un regarde ceux

---

au grand Être qui les sait toutes : et le mahometan qui prie du cœur est plus écouté que le chrétien qui ne prie que des lèvres, en damnant verbalement tous ceux qui n'entendent pas sa langue, et en se damnant réellement lui-même par ces jugemens téméraires. Il est temps désormais d'abandonner ce langage profane qu'on ose employer en parlant de l'Être infiniment bon, et de le traduire en une langue plus douce et plus digne de lui. Tâchons de nous sauver et ne damnons personne; la connoissance des jugemens de Dieu n'appartient qu'à Dieu même.

qui *sont* encore aujourd'hui *hors de l'église*, et l'autre est propre à ceux qui se trouvent déja *dans son sein*. A l'égard du premier, de tous les scandales possibles, les plus grands et les plus manifestes sont sans contredit les *schismes* et les *hérésies;* scandales pires que celui-même qui naît de la *corruption des mœurs*. Car il en est, à cet égard, du *corps spirituel de l'église*, comme du *corps humain*, où une blessure et une solution de continuité est souvent un mal plus dangereux que la corruption des humeurs : ensorte qu'il n'est point de cause plus puissante pour éloigner de l'église ceux qui sont hors de son sein, et pour en bannir ceux qui s'y trouvent déja, que les *atteintes* données à l'*unité*. Ainsi, quand les sentimens étant excessivement partagés, on entend l'un crier : *le voilà dans le désert*, et l'autre dire : *non, non, le voici dans le sanctuaire;* c'est-à-dire, quand les uns cherchent le *Christ* dans les *conciliabules des hérétiques*, et les autres *sur la face extérieure de l'église* (1); alors on doit avoir l'oreille perpétuellement frappée de ces paroles des saintes Écritures : *gardez-vous de sortir*. L'apôtre des gentils, dont le ministère et la vocation étoit spécialement consacré à introduire dans l'église ceux qui se trouvoient hors de son sein, s'exprimoit ainsi en parlant aux fidèles : *si un*

---

(1) « Que vous importent ces pierres, disoit un curé, vraiment digne de ce nom, à ses paroissiens qui ne pouvoient souffrir certains mots républicains gravés sur la muraille de leur église? La religion n'est pas dans ce temple, ô hommes terrestres! elle est dans vos cœurs, s'ils sont pénétrés de l'amour de Dieu et du prochain : Dieu est partout, et par-tout on peut le prier. Vous n'êtes assemblés en ce lieu que pour vous exciter mutuellement à lui rendre hommage. Si vous êtes unis par le lien sacré d'un amour mutuel, c'est ce *suave unisson de vos cœurs* qui est *l'office divin;* c'est là le *sacrifice* que je suis chargé d'offrir au nom de tous. C'est vous-mêmes qui êtes *l'Église,* si vous êtes *frères;* mais, si vous employez à accuser vos frères, le temps destiné à prier pour eux, quoique vous soyez dans le temple, vous êtes hors de l'Eglise. »

païen, ou tout autre infidèle, entrant dans votre église, vous entendoit parler ainsi différentes langues, que penseroit-il de vous? Ne vous prendroit-il pas pour autant d'insensés? Certes, les athées ne sont pas moins scandalisés, lorsqu'ils sont étourdis par le fracas des disputes et des controverses sur la religion. Voilà ce qui les éloigne de l'église, et les porte à tourner en ridicule les choses saintes. Quoiqu'un sujet aussi sérieux que celui-ci semble exclure toute espèce de badinage, je ne puis m'empêcher de rapporter ici un trait de ce genre, qui peut donner une juste idée des mauvais effets de ces disputes théologiques. Un plaisant de profession a inséré dans le catalogue d'une bibliothèque imaginaire, un livre portant pour titre : *cabrioles et singeries des hérétiques*. En effet, il n'est point de secte qui n'ait quelque *attitude ridicule* et quelque *singerie* qui lui soit propre et qui la caractérise; extravagance qui, en choquant les hommes charnels ou les politiques dépravés, excite leur mépris et les enhardit à tourner en ridicule les saints mystères.

A l'égard de ceux qui se trouvent déja *dans le sein de l'église,* les *fruits* qu'ils peuvent retirer de son *unité*, sont tous compris dans ce seul mot, *la paix;* ce qui renferme une infinité de biens : car elle établit et affermit la foi; elle allume le feu divin de la charité. De plus, la paix de l'église semble distiller dans les consciences mêmes, et y faire régner cette sérénité qui règne au dehors. Enfin, elle engage ceux qui se contentoient d'écrire ou de lire des controverses et des ouvrages polémiques, à tourner leur attention vers des traités qui respirent la piété et l'humilité.

Quant aux *limites de l'unité*, il importe, avant tout, de les bien placer. Or, on peut, à cet égard, donner dans *deux excès opposés;* car les uns, animés d'un faux zèle, semblent repousser toute parole tendant à une *pacification: eh quoi! Jéhu est-il un homme de paix? Qu'y a-t-il de commun entre la paix et toi? Viens et suis-moi.* La paix n'est rien moins que le but des hommes de ce caractère; il ne s'agit pour eux que de faire prédominer telle opinion et telle secte qui la soutient. D'autres, au contraire, semblables aux *Laodicéens*, plus tièdes sur l'article de la religion, et s'imaginant qu'on pourroit, à l'aide de certains tempéramens, de certaines propositions moyennes, et participant des opinions contraires, concilier avec dextérité les points en apparence les plus contradictoires, semblent ainsi vouloir se porter pour arbitres entre Dieu et l'homme. Mais il faut éviter également ces deux extrêmes; but auquel on parviendroit, en expliquant, déterminant, d'une manière nette et intelligible pour tous, en quoi précisément consiste cette alliance dont le Sauveur a stipulé lui-même les conditions, par ces deux sentences ou clauses qui, à la première vue, semblent contradictoires : *celui qui n'est pas avec nous, est contre nous : celui qui n'est pas contre nous, est avec nous;* c'est-à-dire, si l'on avoit soin de séparer et de bien distinguer les points fondamentaux et essentiels de la religion, d'avec ceux qui ne doivent être regardés que comme des opinions vraisemblables et de simples *vues*, ayant pour objet l'ordre et la discipline de l'église. Tel de nos lecteurs sera tenté de croire que nous ne faisons ici que remanier un sujet trivial, rebattu, et proposer inutilement des choses déja exécutées; mais ce seroit une erreur; car ces distinctions si nécessaires, si on les eût faites avec plus d'impartialité, elles auroient été plus généralement adoptées.

J'essaierai seulement de donner, sur cet important sujet, quelques vues proportionnées à ma foible intelligence. Il est deux espèces de controverses qui peuvent déchirer le sein de l'église, et qu'il faut éviter également; l'une a lieu lorsque le point qui est le sujet de la dispute étant frivole et de peu d'importance, il ne mérite pas qu'on s'échauffe, comme on le fait, en le discutant; la dispute n'ayant alors pour principe que l'esprit de contradiction. Car, à la vérité, comme l'un des Pères de l'église l'a observé, *la tunique du Christ étoit sans couture; mais le vêtement de l'église étoit bigarré de différentes couleurs;* et il donne à ce sujet le précepte suivant : *qu'il y ait de la variété dans ce vêtement, mais sans déchirure;* car l'*unité* et l'*uniformité* sont deux choses *très différentes*. L'autre genre de controverse a lieu lorsque le point qui est le sujet de la discussion étant de plus grande importance, on l'obscurcit à force de subtilités, ensorte que, dans les argumens allégués de part et d'autre, on trouve plus d'*esprit* et d'*adresse*, que de *substance* et de *solidité*. Souvent un homme qui a de la pénétration et du jugement, entendant deux ignorans disputer avec chaleur, s'apperçoit bientôt qu'ils sont au fond du même avis, et qu'ils ne diffèrent que par les expressions, quoique ces deux hommes, abandonnés à eux-mêmes, ne puissent parvenir à s'accorder à l'aide d'une bonne définition. Or, si, malgré la très légère différence qui peut se trouver entre les jugemens humains, un homme peut avoir assez d'avantage, à cet égard, sur d'autres hommes, pour faire sur eux une telle observation, il est naturel de penser que Dieu, qui, du haut des cieux, scrute tous les cœurs et lit dans tous les esprits, voit encore plus souvent une même opinion dans deux assertions où les hommes, dont le jugement est si foible, croient voir deux opinions différentes, et qu'il daigne accepter l'une et l'autre également. *St. Paul* nous donne une très juste idée des controverses de ce genre et de leurs effets, par l'avertissement et le précepte qu'il offre à ce même sujet : *évitez*, dit-il, *ce profane néologisme qui donne lieu à tant d'altercations, et ces vaines disputes de mots qui usurpent le nom de science.* Les hommes se créent à eux-mêmes des oppositions et des sujets de dispute où il n'y en a point : disputes qui n'ont d'autre source que cette trop grande disposition à imaginer de nouveaux termes (1), dont on fixe la signification de manière qu'au lieu d'ajuster les mots à la pensée, c'est au contraire la pensée qu'on ajuste aux mots (2).

---

(1) Le dernier effet de ces puériles et bruyantes innovations dans la nomenclature est presque toujours l'effusion du sang humain. De la multiplication excessive des nouveaux termes naissent les équivoques; des équivoques, les disputes; des disputes, les querelles; et des querelles, la guerre; car, si les plus ingénieux n'ont d'autre épée que leur langue, les plus sots n'ont d'autre langue que leur épée : d'abord on tranche les questions, puis on tranche les hommes.

(2) C'est la partie *dogmatique*, *mystérieuse* et *inintelligible* des religions qui *divise les hommes* qu'elles étoient *destinées à réunir*, et leur *partie morale* est la seule qui tende à les *rapprocher*; car *il est impossible que tout le monde s'entende sur ce que personne n'entend; et plus l'absurdité d'une opinion la rend difficile à défendre, plus ceux qui la soutiennent s'irritent contre tout homme qui l'attaque, et sont disposés à suppléer par des voies de fait aux raisons qui leur manquent; au lieu que chaque individu, bon ou méchant,*

Or, il y a aussi *deux espèces de paix et d'unité* qu'on doit regarder comme *fausses;* l'une est celle qui a pour fondement une *ignorance implicite;* car toutes les couleurs s'accordent, ou plutôt se con-

---

spirituel ou sot, a intérêt et souhaite naturellement qu'on prêche une morale qui ordonne aux autres de l'aimer, et dont il espère profiter. Ainsi le vrai moyen de rapprocher toutes les branches du christianisme et de les réunir en un seul tronc, ce seroit de *réduire la religion au double amour de Dieu et du prochain, à l'exemple du divin législateur, qui a déclaré formellement que ce dogme comprend toute la loi et tous les prophètes.* Mais le véritable *obstacle* au rapprochement des sectes qui se sont séparées pour des dogmes *algébriques,* que ceux qui les affirment, n'entendent pas *mieux* que ceux qui les nient, c'est *l'intérêt même des prêtres qui vivent de cette séparation, et de la haine que ces sectes se portent les unes aux autres;* car il est *difficile que ceux qui vivent de l'abus s'entendent parfaitement avec ceux qui en meurent.* Les philosophes qui attaquent les dogmes fondamentaux du christianisme, lui sont plus utiles que nuisibles; ils travaillent, non à le *détruire,* comme ils le croient, mais seulement à *l'épurer,* et à rétablir cette *unité* dont parle notre

fondent dans les ténèbres (1). L'autre est celle qui a pour base l'assentiment direct, formel et positif à deux opinions contradictoires sur les points essentiels et fondamentaux ; la vérité et l'erreur

---

auteur ; car, en faisant craindre aux prêtres des différentes sectes pour le corps même de la religion qui est menacé, ils leur apprennent à mépriser ces légères différences sur le dogme qui les ont divisés ; ils leur donnent un intérêt commun et les excitent ainsi à se réunir tous contre ceux qui attaquent le tout. Mais cette *unité* que les philosophes tendent à rétablir violemment et à leur insu, le *temps* la rétablira paisiblement, en découvrant la vérité, qui est *une*; et le vrai moyen de détruire les préjugés qui ont obscurci la vraie religion, c'est d'éclairer les nations ; car *la vraie méthode pour dissiper l'obscurité, n'est pas de déclamer contre les ténèbres, mais d'apporter un flambeau.*

(1) Cette ignorance n'est point un inconvénient ; car le *vrai christianisme* n'est point dans *telle opinion,* mais dans *telle intention.* Un hérétique qui se trompe de bonne foi, est plus orthodoxe qu'un catholique qui est de mauvaise foi, en défendant l'orthodoxie ; et un mahométan qui remplit tous ses devoirs, est plus chrétien qu'un chrétien de profession qui ne remplit pas les siens.

sur des points de cette nature, peuvent être comparés au fer et à l'argile dont étoient composés les doigts des pieds de la statue que *Nabuchodonosor* vit en songe; on peut bien les faire *adhérer* l'une à l'autre, mais il est impossible de les *incorporer ensemble.*

Quant aux *moyens* et aux *dispositions* dont l'*unité* peut être l'*effet*, les hommes, en s'efforçant de *rétablir* ou de *maintenir* cette *unité*, doivent bien prendre garde de *donner atteinte aux loix de la charité*, ou de *violer les loix fondamentales de la société humaine.* Il est, parmi les chrétiens, deux sortes d'*épées;* l'une, *spirituelle*, et l'autre, *temporelle;* épées dont chacune ayant sa *destination* et sa *place*, ne doit, en conséquence, être employée *qu'à propos* à *maintenir* la *religion.* Mais, dans aucun cas, on ne doit employer la troisième; savoir, *celle de Mahomet.* Je veux dire qu'il ne faut jamais *propager la religion par la voie des armes*, ni *violenter les consciences par de san-*

glantes persécutions, hors les cas d'un *scandale manifeste*, de *blasphêmes horribles*, ou de *conspiration contre l'état, combinées avec des hérésies.* Beaucoup moins encore doit-on, dans les mêmes vues et sous le même prétexte, *fomenter* des *séditions, autoriser* des *conjurations, susciter* des *révoltes, mettre l'épée dans les mains du peuple,* ou employer tout autre moyen de cette nature, et tendant à la subversion de toute espèce d'ordre et de gouvernement. Car *tout gouvernement légitime*(1) *a été éta-*

---

(1) Le traducteur latin a cru devoir ajouter ce mot, *légitime*, et j'ai suivi son exemple : autrement le pouvoir de ces usurpateurs d'autrefois qui n'ont d'abord remporté de grandes victoires sur les ennemis de leur patrie, que pour gagner ensuite une grande bataille sur leurs concitoyens, auroit été établi par Dieu même; et *Dieu,* comme le disoit M. *de Turenne, seroit toujours du côté des gros escadrons.* Car les prêtres sont toujours prêts à sacrer celui qui s'est rendu le plus fort ; et un tyran n'a besoin que de payer chèrement leur huile, pour devenir, à l'heure où il lui plaît, *l'oint du Sei-*

bli par Dieu même. Employer ces odieux moyens, c'est *heurter la première table (de la loi) contre la seconde ;* et, en considérant les hommes comme *chrétiens,* oublier que ces *chrétiens* sont des *hommes.* Le poëte *Lucrèce,* ne pouvant supporter l'horrible action d'*Agamemnon ,* sacrifiant sa propre fille, s'écrie,

---

gneur. Cependant il y a eu des usurpateurs qui ont su se légitimer par la vertu : lorsqu'on tient d'une telle main un bon gouvernement, on doit en jouir paisiblement ; et alors il seroit aussi imprudent d'en rechercher trop curieusement l'origine, que de vouloir fouiller sous les fondemens des propriétés qui n'ont toutes pour base qu'une prescription tacite que l'utilité même du genre humain a fait, dans tous les temps, regarder comme un véritable droit. Les loix civiles et les loix politiques, ainsi que le droit des gens, peuvent être regardées comme les règles d'un jeu, ou comme une monnoie, dont les trop fréquentes variations sont une vraie calamité. Ce qui est bien, ou passablement, doit continuer d'être : telle est la source de toute puissance légitime, et tout droit n'a d'autre base que le fait. L'intérêt général doit être le seul roi, et le salut du peuple est la suprême loi.

dans son indignation : *tant la religion a pu inspirer d'atrocité!* Mais qu'auroit-il dit *du massacre de la Saint-Barthelemi,* de *la conspiration des poudres, etc.* si ces horribles attentats avoient été commis de son temps? De telles *horreurs* l'auroient rendu cent fois *plus épicurien* et *plus athée* qu'il n'étoit. Car, comme dans les cas mêmes où l'on est obligé d'employer l'épée au service de la religion, on ne doit le faire qu'avec la plus grande circonspection; c'est une mesure abominable que de mettre cette arme entre les mains de la populace. Abandonnons de tels moyens aux *Anabaptistes* et autres furies de cette trempe. Ce fut sans doute un grand blasphême que celui du démon, lorsqu'il dit : *je m'éleverai, et je serai semblable au Très-Haut.* Mais un blasphême encore plus grand, c'est de présenter, pour ainsi dire, Dieu sur la scène, et de lui faire dire : *je descendrai, et je deviendrai semblable au prince des ténèbres.* Seroit-ce donc un sacrilège plus excusable, de dégrader la cause de la religion, et de s'abaisser à commettre ou à conseiller, sous son nom, des attentats aussi exécrables que ceux dont nous parlons ; comme *assassinats de princes, boucherie d'un peuple entier, subversion des états et des gouvernemens, etc.* ne seroit-ce pas faire, pour ainsi dire, descendre le Saint-Esprit, non sous la forme d'une *colombe*, mais sous celle d'un *vautour* ou d'un *corbeau*, et *hisser* (*hausser*) sur le pacifique vaisseau de l'église, l'odieux pavillon qu'arborent sur leurs bâtimens des pirates et des assassins ? Ainsi, il est de toute nécessité que l'église, s'armant de sa doctrine et de ses augustes décrets ; les princes, de leur épée ; enfin, les hommes éclairés, du *caducée de la théologie et de la philosophie morale;* tous se concertent et se coalisent pour condamner et livrer à jamais au feu de l'enfer toute action de cette nature, ainsi que toute doctrine tendant à la justifier; et c'est ce qu'on a déja fait en grande partie (1). Nul doute que, dans toute délibération sur le fait de la religion, on ne doive avoir présent à l'esprit cet avertissement et ce conseil de l'apôtre : *la colère de l'homme ne peut accomplir la justice divine.*

Nous terminerons cet article par une observation mémorable d'un des saints Pères; observation qui renferme aussi un aveu très ingénu : *ceux*, dit-il, *qui soutiennent qu'on doit violenter les consciences, sont eux-mêmes intéressés à parler ainsi; et ce dogme abominable n'est pour eux qu'un moyen de satisfaire leurs odieuses passions.*

IV. *De la vengeance.*

La vengeance est une sorte de *justice*

---

(1) Si l'on avoit brûlé tous ceux qui soutenoient qu'on devoit livrer au feu les hérétiques, il y auroit eu moins d'hommes brûlés. Ainsi, le vrai moyen d'éteindre un jour tous les bûchers, c'est de brûler les brûleurs mêmes, et de tolérer toutes les religions, hors celles qui ne tolèrent pas les autres.

sauvage et *barbare*. Plus elle est naturelle, plus les loix doivent prendre peine à l'extirper. Car, à la vérité, la première injure offense la loi, mais la vengeance semble la destituer tout-à-fait et se mettre à sa place. Au fond, en se vengeant, on n'est tout au plus que l'égal de son ennemi ; au lieu qu'en lui pardonnant, on se montre supérieur à lui : pardonner, faire grace, c'est le rôle et la prérogative d'un prince. *La vraie gloire de l'homme*, a dit Salomon, *c'est de mépriser les offenses*. Le passé n'est plus, il est irrévocable, et c'est assez pour les sages que de penser au présent et à l'avenir. Ainsi, s'occuper trop du passé, c'est perdre son temps et se tourmenter inutilement (1). Personne ne fait une injure pour l'injure même, mais pour le

---

(1) Tout ce raisonnement n'est qu'un sophisme ; sans doute l'injure dont on veut se venger est passée ; mais ses conséquences probables ne le sont point, et c'est en vue de l'avenir qu'on s'occupe du passé. Tout homme sait qu'une première injure trop patiemment endurée en enfante mille autres ; et

plaisir, le *profit,* ou l'*honneur* qu'il espère en retirer. Ainsi, pourquoi m'irriterois-je contre un autre homme, de ce qu'il aime plus son individu que le mien? Mais supposons même un homme d'un mauvais naturel qui m'offense sans aucun but et par pure méchanceté ; eh bien! pourquoi m'en fâcherois-je? C'est apparemment que cet homme est de la nature des épines et des ronces qui piquent et égratignent, parce qu'elles ne peuvent faire autrement. La sorte de vengeance la plus excusable, est celle qu'on tire des injures auxquelles les loix ne remédient point. Mais alors il faut donc se venger avec une certaine prudence, et de manière à ne pas encourir la peine portée par la loi ; autrement votre ennemi aura toujours l'avantage sur vous,

---

c'est pour empêcher ces enfans de naître, qu'il veut tuer le père. L'offensé voit qu'on lui a fait une première injure, parce qu'on ne le craignoit point, et par sa vengeance il tâche de se faire craindre, afin qu'on ne lui en fasse plus.

et vous recevrez deux coups au lieu d'un. Il est des personnes qui méprisent une vengeance obscure, et qui veulent que leur ennemi sache d'où lui vient le coup; cette sorte de vengeance est certainement la plus généreuse, car alors on peut croire que, si l'offensé se venge, c'est moins pour goûter le plaisir de la vengeance et de rendre le coup, que pour obliger l'offenseur à se repentir. Mais les coups d'une ame lâche et perfide ressemblent aux flèches tirées pendant la nuit. Certain mot de *Cosme de Médicis, duc de Florence*, au sujet des amis perfides ou négligens, a je ne sais quoi d'austère et de désolant; les torts de cette espèce lui sembloient impardonnables. *La loi divine*, disoit-il, *nous commande de pardonner à nos ennemis, mais elle ne nous commande point de pardonner à nos amis* (1). Mais Job parloit dans

―――――――――――――――――

(1) *Grand Dieu!* s'écrioit Voltaire, *délivre-moi de mes amis, et moi, je me charge de mes ennemis.* Il n'est point d'ami qui ne soit un peu

un meilleur esprit, lorsqu'il disoit: *n'est-ce pas de la main de Dieu que nous tenons tous les biens dont nous jouissons? Ne devons-nous pas accepter de la même main les maux que nous souffrons?* Il en doit être de même des amis qui nous abandonnent ou nous trahissent. Tout homme qui médite une vengeance

---

ennemi, ne fût-ce que par l'émulation, qui ne pleure quelquefois de nos succès, et qui n'abuse, les jours où il est ennemi, des confidences qu'on lui a faites, les jours où il étoit ami : sans doute; mais pour mériter et obtenir les beaux jours de l'amitié, il faut endurer ses jours nébuleux; car la pluie est aussi naturelle que le beau temps. Il n'est point de parfait ami, parce qu'il n'est point d'homme parfait; et pour se consoler plus aisément des imperfections de ces hommes qu'on appelle ses amis, il faut se parler quelquefois ainsi : *cet ami parfait que tu cherches, homme imparfait, si tu le trouvois enfin, le mériterois-tu?* Non. Eh bien! commence donc par être toi-même indulgent pour tes amis, afin de mériter et d'obtenir l'indulgence dont tu as besoin pour toi-même. Être foible, aye pitié du foible qui a pitié de toi : l'indulgence est fille de la modestie et mère de l'amitié.

ne fait que rouvrir sa plaie, que le temps seule auroit fermée.

Les vengeances entreprises *pour une cause commune* sont presque toujours heureuses, comme le prouvent assez les succès des conjurations formées pour venger la mort de *Jules-César* (1), celle de *Pertinax* et celle de *Henri III*, roi de France. Mais il n'en est pas de même des *vengeances particulières:* disons plus, les hommes vindicatifs, dont la destinée est semblable à celle des *sorciers,* commencent par faire beaucoup de malheureux, et finissent par l'être eux-mêmes (2).

---

(1) Reste à nous faire croire que la cause d'*Octave* et d'*Antoine* étoit plus juste que celle de *Brutus* et de *Cassius.*

(2) Un Pape avouoit à un de ses confidens qu'il ne s'étoit élevé si haut qu'à la faveur de dix mille impertinences patiemment endurées, qu'en paroissant aux Cardinaux le sot qu'ils cherchoient pour le couronner, et régner sous son nom. L'homme supérieur à la colère et à la vengeance finit presque toujours par l'emporter sur ses rivaux; car, tandis qu'on s'amuse à se venger, on n'avance pas. La

V. *De l'adversité.*

Une des plus belles pensées de Sénèque, pensée d'une grandeur et d'une élévation vraiment stoïque, c'est celle-ci : *les biens attachés à la prospérité ne doivent exciter que nos desirs; mais les biens propres à l'adversité doivent exciter notre admiration.* Certes, si l'on doit qualifier de *miracle* tout ce qui com-

---

vraie manière de se défaire d'un ennemi, c'est d'en faire un ami, en lui faisant sentir, par un procédé généreux, ce qu'il gagneroit à le devenir; car faire un ami d'un homme qui étoit le contraire, n'est-ce pas tuer l'ennemi ? Quoi qu'en puisse dire cette multitude immense de *glorieux* et d'*efféminés* qui ont fait une vertu de la *vengeance* et de la *susceptibilité*, le seul mortel qui mérite le quadruple titre *d'homme sage*, *d'adroit politique*, *d'habile méchanicien* et de *médecin prudent*, c'est celui qui, en pardonnant les offenses, avec douceur et dignité, sait se faire, *d'un ennemi, un ami; d'un obstacle, un moyen; d'une résistance, une puissance; et du mal même, un remède.* L'homme étant destiné à *souffrir*, l'arbre de la *patience* est l'arbre de la *science*; sa *racine* est *amère*; mais son fruit est *doux*.

mande à la nature, c'est sur-tout dans l'*adversité* qu'on en voit. Une autre pensée encore plus haute que celle dont nous venons de parler, et même trop haute pour un païen, c'est la suivante : *le plus grand et le plus beau spectacle c'est de voir réunies, dans un même individu, la fragilité d'un homme et la sécurité d'un Dieu.* Cette pensée auroit mieux figuré dans la poésie, genre auquel semblent appartenir ces sentimens si élevés ; et la vérité est, que les poëtes n'ont pas tout-à-fait négligé ce noble sujet ; car c'est cette sécurité même qui semble être figurée par une fiction assez étrange des anciens poëtes ; fiction qui renferme quelque mystère, et qui se rapporte visiblement à une disposition de l'ame très analogue à celle du vrai chrétien ; les poëtes, dis-je, ont feint qu'*Hercule,* dans l'expédition entreprise pour délivrer *Prométhée* (qui représente la nature humaine), *traversa l'océan dans un vase d'argile :* allégorie qui peint assez vivement ce courage qu'inspire le christianisme, et qui met l'homme en état de cingler, dans le vaisseau d'une chair fragile, sur l'océan orageux de cette vie, et de braver les tempêtes innombrables des passions humaines. Mais, pour user d'un langage moins relevé, disons simplement que la *vertu* propre à la *prospérité* est la *tempérance*, et la *vertu* propre à *l'adversité* est la *force d'ame*, la plus héroïque des vertus morales (1).

---

(1) Rousseau, qui s'est occupé à résoudre cette question proposée par une académie : *quelle est la vertu propre au héros?* a supposé aussi, ou plutôt prouvé que c'est la *force d'ame* : on peut dire de plus que cette force est la *vertu même*, en prenant ce mot dans toute l'étendue de sa signification. En effet, tout vice a pour principe la *force d'inertie* ou la *paresse de l'ame* : être vicieux, c'est se laisser aller à ses propres penchans ou aux passions d'autrui. Ainsi, la force de résistance est le principe de toute vertu ; et le principe de cette résistance c'est la science (extraite de nos propres expériences judicieusement comparées), qui nous apprend qu'il est, à chaque instant, nécessaire de résister à soi-même et aux autres ; de surmonter l'ascendant du sentiment impérieux qui nous porte

La prospérité est le genre de bénédiction proposée par l'ancien testament; mais l'adversité est celle que propose le nouveau, comme une marque plus spéciale de la faveur divine. Et même, dans l'ancien testament, on voit que *David* joue sur sa harpe autant d'airs lugubres que de gais, et que le pinceau du *Saint-Esprit* s'est beaucoup plus exercé à peindre les afflictions de *Job;* que les éclatantes prospérités de *Salomon* (1). On

---

à nous occuper excessivement du passé, du présent ou de l'avenir; au lieu qu'il faut toujours s'occuper de tous les trois; du passé, pour apprendre à semer et à moissonner; du présent, pour moissonner, en semant; et de l'avenir, pour semer, en moissonnant. Car celui qui ne fait que semer, commence par être dupe et finit par être fripon; et celui qui ne fait que moissonner, commençant par être fripon, finit par être dupe de lui-même, après avoir dupé les autres.

(1) Quelle lugubre et insidieuse doctrine! Si les laïcs renonçoient à toutes les douces réalités de cette vie, pour vivre plus splendidement après leur mort, comme le Général des Capucins le leur conseille, un vieux livre à la main, toutes ces dou-

peut observer aussi, dans les ouvrages de peinture ou de broderie, qu'un sujet gai sur un fonds triste et obscur, est plus agréable qu'un sujet triste sur un fonds gai et éclatant. Or, ce que nous disons du plaisir des yeux, il faut l'appliquer aux plaisirs du cœur. La vertu à cet égard est semblable à ces substan-

---

ceurs resteroient aux prêtres, et alors les religieux y gagneroient plus que la religion : voici une doctrine plus douce, plus juste et plus praticable. Il faut travailler, pour mériter, obtenir et goûter plus vivement les jouissances ; et jouir, pour se rendre plus capable de travailler, et pour n'être pas dupe en attendant trop long-temps le fruit de son travail. Si les prêtres renvoient dans l'autre monde toute la récompense des vertus difficiles qu'ils nous commandent, nous y renverrons aussi la tâche qu'ils nous imposent, ainsi que le prix de leurs leçons ; et s'ils nous obligent à renoncer entièrement à ce monde, nous renoncerons d'abord à ceux qui en font partie. Car certes l'existence de l'autre monde est très certaine ; mais l'existence de ce monde-ci où nous démontrons la certitude de l'autre, est encore plus certaine, et il faut aller d'abord au plus sûr.

ces odorantes qui, étant broyées ou brûlées, exhalent un parfum plus suave; car la prospérité découvre mieux les vices, et l'adversité les vertus.

VI. *De la dissimulation et de la feinte, ou de l'artifice.*

La dissimulation n'est qu'une fausse image de la politique ou de la prudence. Car il faut avoir tout à la fois beaucoup de force dans l'esprit et le caractère, pour savoir quand il est à propos de dire la vérité, et pour oser alors la dire. Ainsi les plus mauvais politiques, quoi qu'on en puisse dire, ce sont les plus dissimulés.

Livie, dit Tacite, *étoit très bien assortie à la dextérité, ou à la politique de son époux et à la dissimulation de son fils;* cet historien attribuant, comme on le voit, l'adresse et la vraie politique à *Auguste*, et la seule dissimulation à *Tibère*. De plus, *Mucius* exhortant *Vespasien* à prendre les armes contre *Vitellius*, lui dit : *nous n'aurons pas à lutter contre le grand discernement d'Auguste, ni contre la circonspection et la profonde dissimulation de Tibère.* Les facultés qui sont le principe de l'*adresse* ou de la *vraie politique,* sont très différentes de celles d'où dépendent la *réserve* ou la *dissimulation,* et les premières ne doivent point être confondues avec les dernières. Lorsqu'un homme a assez de *pénétration* et de *jugement* pour discerner aisément ce qu'il doit découvrir, ce qu'il doit cacher entièrement, et ce qu'il ne doit laisser voir qu'en partie, à quelles personnes et dans quelles occasions il peut s'ouvrir; genre de talent qui est proprement celui de l'*homme d'état,* et que *Tacite* appelle avec raison, l'*art de vivre;* un homme, dis-je, qui a cette faculté, a rarement besoin de dissimuler, et la dissimulation ne seroit pour lui qu'un embarras et une petitesse qui feroit souvent obstacle à ses desseins; mais si l'on manque d'un tel discernement, on se trouve forcé d'être *couvert* et *dissimulé :* en effet, lorsqu'un homme ne sait pas varier ses moyens et faire un choix parmi ceux dont il dispose, ce qu'il peut faire de mieux, c'est de prendre les voies les plus sûres, et de se tenir dans les routes battues, car ceux qui ont la vue courte, doivent marcher doucement. On voit, en général, que les personnes très habiles et qui ont de vrais talens, ont une manière de traiter franche et ouverte, à laquelle elles doivent une réputation de droiture et de sincérité : mais aussi, semblables à des chevaux bien dressés, savent-elles faire à propos une *volte* ou un *arrêt*; et dans le petit nombre de cas où un peu de dissimulation devient nécessaire, cette opinion même qu'on a de leur franchise et de leur bonne foi, les rend impénétrables.

Cet *art de se voiler et de se cacher* est susceptible *de trois modes ou degrés:* le premier est celui d'un homme *réservé, discret* et *silencieux*, qui ne donne point de prise sur lui et ne se laisse pas deviner; le second est cette sorte de *dissimulation* que je qualifie de *négative;*

c'est celle d'un homme qui, à l'aide de certains *signes* ou *indices* trompeurs, réussit à paroître tout autre qu'il n'est réellement. Le troisième degré est celui de la *dissimulation positive ou affirmative*, et propre à celui qui *feint expressément*, et se dit formellement tout autre qu'il n'est : c'est la *feinte* ou *l'artifice proprement dit*.

Quant au premier de ces trois degrés, c'est *la vertu d'un confesseur;* et le fait est, qu'un *homme discret entend bien des confessions;* car personne n'est tenté de s'ouvrir à un bavard et à un indiscret; mais on recherche un homme dont la discrétion est connue, pour s'ouvrir à lui. Comme la *confession*, proprement dite, n'est pas seulement une *confidence* dont on veuille tirer quelque utilité, mais de plus un *soulagement* pour un homme qui a besoin de *décharger sa conscience*, de même un homme secret, et connu pour tel, apprend une infinité de choses qu'on lui dit plutôt *pour se débarrasser du fardeau de ses pensées,* que pour les lui communiquer et *les lui apprendre.* En un mot, les mystères sont le partage et le lot de la discrétion. *La nudité de l'ame n'est pas moins indécente que celle du corps;* au lieu qu'un peu de réserve et de circonspection dans les discours, les manières et les actions, attire le respect. Les grands parleurs sont presque toujours vains et crédules ; et *celui qui dit trop aisément ce qu'il sait, dira tout aussi aisément ce qu'il ne sait pas.* Ainsi on doit tenir pour certain, que l'habitude du secret est une *ressource politique,* ainsi qu'une *vertu morale.* Mais il ne faut pas non plus que le visage prévienne la langue, ou révèle ce qu'elle veut taire : c'est une grande foiblesse que de se laisser pénétrer par ses gestes, sa contenance et l'espèce de trahison d'un visage indiscret, attendu qu'on observe plus attentivement les indices de cette nature, et qu'on y croit plus qu'aux paroles (1).

---

(1) C'est pourquoi, généralement parlant, les

Quant au second degré, je veux dire *la dissimulation négative*, il est souvent une conséquence naturelle et nécessaire de la *discrétion ;* ensorte que tout homme qui veut être *secret*, est forcé de *dissimuler* quelque peu. Les hommes sont trop fins pour permettre à l'homme le plus réservé de paroître tout à-fait indifférent entre deux partis opposés, de retenir parfaitement son secret, et de tenir la balance tellement égale, qu'elle ne paroisse pencher ni d'un côté, ni de l'autre. Lorsqu'ils veulent pénétrer dans le cœur d'un homme, ils l'obsèdent de questions insidieuses, le tâtent de tous les côtés, et le retournent tellement, qu'à moins de garder un silence obstiné et choquant, il est forcé, tôt ou tard, à se découvrir un peu, et à les mettre sur

---

femmes, quoiqu'elles aient naturellement beaucoup plus d'adresse et de tact que les hommes, ne sont point propres pour les affaires ; leur physionomie est trop aisée à démonter ; un mot piquant ou flatteur est une espèce de *tire-bouchon* qui évente leur secret.

la voie par ses réponses. Prend-il le parti de se taire, ils devineront tout aussi-bien ses sentimens secrets, par son silence même, qu'ils auroient pu le faire par ses discours. Quant aux réponses ambiguës et semblables à celles des *oracles*, on ne s'en paie pas long-temps; et à la fin on est obligé de s'expliquer avec plus de clarté. Ainsi, il est impossible de garder long-temps un secret, sans se permettre un peu de dissimulation, qui alors, comme nous venons de le dire, n'est qu'une suite et une dépendance de cette discrétion même.

Quant au troisième degré, qui est la *feinte positive*, et *l'artifice ou le déguisement*, c'est le plus criminel et le moins politique des trois, excepté dans des affaires d'une grande importance et dans certains cas assez rares. En conséquence, l'artifice et le déguisement tourné en habitude, est un vice qui vient d'une fausseté naturelle, d'un caractère timide, ou de quelque autre grand défaut; et ce défaut, la nécessité où l'on est de le voiler, fait qu'on use souvent de déguisement, même par rapport à toute autre chose, et sans une vraie nécessité, mais seulement pour n'en pas perdre l'habitude.

Il est trois grands avantages attachés à la *dissimulation* et au *déguisement*; le premier est d'*endormir les opposans*, et de les *suprendre*. Lorsque les desseins d'un homme viennent à être généralement connus, cette découverte donne, pour ainsi dire, l'alarme à ses adversaires, et les fait accourir pour lui barrer le chemin. Le second, est de s'assurer une *retraite* en cas de mauvais succès; car, en déclarant ouvertement ses desseins, on s'engage, en quelque manière, à réussir, sous peine de perdre sa réputation. Le troisième, de découvrir plus aisément les desseins des autres. Lorsque un homme paroît s'ouvrir avec confiance, on ne lui rompt pas en visière; on le laisse avancer tant qu'il veut, et, en échange de ses discours qui paroissent libres et ingénus, on lui communique volontiers ses propres pensées. C'est ce que dit certain proverbe espagnol et un peu fripon : *dis hardiment un mensonge, et tu arracheras une vérité ;* comme s'il n'y avoit pas d'autre moyen que l'artifice pour faire de telles découvertes.

Mais *ces trois avantages sont balancés par trois inconvéniens.* Le premier est que la *dissimulation* et le *déguisement* sont des *signes* de *crainte ;* ce qui, dans toute espèce d'affaires, fait manquer le but, ou y fait arriver plus tard. Le second est qu'ils font naître des *doutes* et de l'*incertitude* dans l'esprit des personnes qui vous auroient secondé, si vous eussiez été un peu moins couvert ou dissimulé ; ce qui réduit un homme presque à lui seul, et le prive de toute assistance. Le troisième inconvénient est que tout homme *artificieux et dissimulé* se prive ainsi de l'instrument le plus puissant et le plus nécessaire pour l'action, je veux dire du *crédit* et de la *confiance des autres.* Le meilleur tempérament et la meilleure combinaison en ce genre seroient d'avoir, avec une *réputation de franchise*, *l'habitude du secret*, *la faculté de dissimuler* au besoin, et même celle de *feindre*, lorsqu'il n'y a pas d'autre expédient.

VII. *Des parens et de leurs enfans.*

Cette joie si douce que les pères et les mères éprouvent à la vue de leurs enfans, ou en pensant à eux, est toute intérieure et reste cachée, ainsi que les craintes et les afflictions qu'ils ressentent à leur sujet : ils ne peuvent exprimer leurs jouissances, et ils ne veulent pas découvrir leurs peines. Le plaisir de travailler pour ses enfans adoucit tous les travaux ; mais aussi ils rendent les disgraces plus amères et les chagrins plus cuisans. Ils multiplient les soins et les inquiétudes de la vie ; mais en même temps ils adoucissent l'idée de la mort, et la rendent moins terrible ; se perpétuer par ses enfans (sa race) est un avantage commun à l'homme et à la brute ; mais, se perpétuer par sa réputation, par des services éclatans et d'utiles institutions qui laissent un long souvenir, est une prérogative propre à l'homme. Aussi voit-on que les ouvrages les plus mémorables, et les plus beaux établissemens, ont été faits par des hommes qui n'avoient point d'enfans, et qui sembloient s'être uniquement attachés à bien exprimer l'image de leur ame, ou de leur génie; image qui devoit leur survivre, quand celle de leur corps auroit été détruite. Ainsi, les hommes qui s'occupent le plus de la postérité, ce sont ceux mêmes qui n'ont point de postérité. Ceux qui ont les premiers illustré leur famille, sont ordinairement un peu trop indulgens pour leurs enfans, qu'ils considèrent, non-seulement comme destinés à perpétuer leur race, mais encore comme héritiers de leurs glorieuses actions ou productions; ils les envisagent tout à la fois comme leurs *enfans* et comme leurs *créatures*.

Les pères et les mères qui ont un certain nombre d'enfans, ont rarement une égale tendresse pour tous; il y a toujours quelque prédilection, souvent injuste et mal placée, sur-tout celle des mères : de là ce mot de Salomon : *un fils sage est pour son père un sujet de joie ; mais un fils discole est pour sa mère un sujet de honte et d'affliction.* On observe aussi dans une nombreuse famille, que le père et la mère ont plus d'égards pour les aînés, et que tel des plus jeunes fait leurs délices ; au lieu que ceux qui sont au milieu sont comme oubliés, quoique assez ordinairement ils se tournent plus au bien que les autres (1).

L'avarice des pères ou des mères envers leurs enfans est un vice inexcusable ; elle les décourage, les avilit, les excite à tromper, les porte à fréquenter de mauvaises compagnies ; puis, quand ils sont une fois maîtres de leur bien, ils donnent dans la crapule, ou dans un luxe outré, et se jettent dans des dépenses ex-

---

(1) C'est peut-être parce qu'étant oubliés et ne comptant que sur eux-mêmes, ils s'occupent davantage de leur unique ressource ; ils sont obligés de se servir à eux-mêmes de père et de mère.

cessives qui les ruinent en peu de temps. La conduite la plus judicieuse que les pères et les mères puissent tenir à cet égard envers leurs enfans, c'est de retenir avec plus de soin leur autorité naturelle que leur bourse.

Une coutume très imprudente des pères et des mères, des instituteurs et des domestiques, c'est de faire naître et d'entretenir entre les frères, une certaine émulation, qui dégénère en discorde, lorsqu'ils sont dans un âge plus avancé, et trouble la paix des familles (1).

---

(1) C'est une vérité que Rousseau a parfaitement sentie, et sur laquelle il a fort appuyé : *à chaque vérité qu'on plante dans leur esprit*, dit-il, *on plante un vice au fond de leur cœur* : au lieu de leur apprendre à se faire aimer, on leur apprend à se faire admirer et détester. Il l'a si bien sentie, cette vérité, que, pour se débarrasser de la plus grande difficulté, et résoudre le problème plus à son aise, il a eu grand soin d'*isoler* son *Émile*, qui n'a ni frère ni sœur, et à qui on voit assez rarement des camarades. Ainsi, le plan de cet ouvrage est manqué ; cet élève imaginaire ne

Les *Italiens* mettent peu de différence, dans leur tendresse, entre les *fils* et les *neveux*, ou les autres proches parens; pourvu qu'ils soient du même sang qu'eux, ils ne s'embarrassent pas qu'ils soient de la ligne directe ou de la ligne collatérale (1); et la vérité est que la nature n'y met pas beaucoup plus de différence; nous voyons même assez souvent tel individu qui ressemble plus à son oncle, ou à tout autre de ses plus proches parens, qu'à son propre père; ce qui paroît dépendre d'une sorte de hazard (2).

---

pouvant représenter les élèves réels qui sont presque toujours environnés d'enfans de leur âge ; situation qui provoque le sentiment de la *jalousie*, et où il paroît impossible de l'étouffer entièrement.

(1) Ne seroit-ce pas une suite de ce *népotisme* tant reproché aux papes, ainsi qu'aux ecclésiastiques des différens ordres, et imité par les laïcs, dans un pays où les gens d'église sont en si grand nombre et si respectés ?

(2) Ne pourroit-on pas expliquer cet étrange phénomène d'une manière assez plausible, en sup-

Il faut avoir soin de diriger de très bonne heure tout le plan de l'éducation vers l'état ou le genre de vie auquel on destine les enfans, et faire soi-même ce choix pour eux ; car, dans cet âge si tendre, ils sont plus souples et plus dociles. Il n'est pas même absolument nécessaire de régler ce choix sur leurs dispositions naturelles, en supposant qu'ils réussiroient mieux dans le genre pour lequel ils ont le plus d'inclination. Cependant, lorsqu'on voit dans un enfant une aptitude, et une facilité extraordinaire pour certains genres d'études, d'exercices ou d'occupations, il faut alors suivre ses indications, au lieu de contrarier la nature et le penchant qui les y porte (1). Mais, généralement parlant,

---

posant que l'individu en question est fils de son oncle, ou, ce qui est la même chose, neveu de son père ?

(1) Ces prédilections et ces dispositions si marquées sont aussi rares que les individus d'une grande beauté, d'un grand génie, d'un grand caractère ; la plupart des enfans étant indifférens et pres-

le plus judicieux précepte, à cet égard, est celui-ci : *choisissez toujours le meilleur ; puis l'habitude le rendra agréable et facile.*

Parmi les enfans, ce sont ordinairement les cadets qui deviennent les meilleurs sujets ; mais rarement (pour ne pas dire jamais) ils réussissent, lorsqu'on a, en leur faveur, déshérité leurs aînés.

VIII. *Mariage, célibat.*

Celui qui a une femme et des enfans, a donné des ôtages à la fortune ; car ce sont autant d'entraves et d'obstacles aux

---

que nuls, à cet égard, sans compter que, dans ce choix qu'on leur laisseroit faire, ils pourroient être déterminés par des *goûts enfantins* qu'ils n'auroient plus à un autre âge, et qu'il n'est pas naturel de les laisser *choisir* ce qu'ils ne peuvent *connoître.* Ainsi, le plus souvent on peut, sans inconvénient, faire ce choix pour eux. Or, pour les porter sans violence vers certaines professions, il suffit ordinairement de témoigner en leur présence beaucoup d'estime et d'amitié pour ceux qui exercent ces professions. Puis, lorsqu'ils veulent les imiter, il faut d'abord les contrarier un peu sur ce.

grandes entreprises, soit que la vertu ou le vice nous porte à ces desseins. Quoi qu'il en soit, il n'est pas douteux que les plus beaux ouvrages et les plus utiles établissemens n'aient été faits par des célibataires, ou par des hommes qui, n'ayant point d'enfans, avoient, pour ainsi dire, *épousé le bien public auquel ils avoient voué toutes leurs affections.* Il sembleroit toutefois, à la première vue, que ceux qui ont des enfans, devroient s'occuper, avec plus de sollicitude, de cet avenir auquel ils doivent,

---

point, afin de rendre ce desir plus vif et plus constant. Car ce que les enfans imitent le plus constamment, c'est ce qu'ils voient estimé; et ce qu'ils font le plus volontiers, c'est le contraire de ce qu'on veut qu'ils fassent. Mais un inconvénient qui rend cette double méthode un peu difficile à suivre, c'est que les enfans se portent naturellement à imiter les personnes *les plus belles et les mieux vêtues*. On doit observer de plus que leurs goûts sont rarement déterminés, par leurs parens ou leurs instituteurs, mais presque toujours par des personnes du dehors, etc. etc. etc.

pour ainsi dire, transmettre ces gages si chers; et l'on voit en effet assez de célibataires dont toutes les pensées se terminent à leur seul individu, et qui regardent comme une pure folie tous ces soins et toutes ces peines qu'on se donne pour un temps où l'on ne sera plus (1).

Il en est d'autres qui ne regardent une femme et des enfans que comme un sujet de dépense : et même parmi les célibataires les plus riches, il en est d'assez extravagans pour être tout glorieux de

---

(1) Les mouvemens les plus naturels et les moins trompeurs, dans l'être sensible, ce sont ceux de l'*instinct*. Or, par un instinct universel dans notre espèce, nous nous élançons, durant toute notre vie, vers ce temps où ce qu'il y a de matériel en nous ne sera plus; il n'est presque point d'homme qui ne prenne le plus vif intérêt à l'idée qu'on aura de lui après sa mort; et l'athée même tâche de s'immortaliser par des écrits contre l'immortalité de l'ame. Il semble donc qu'il y ait en nous quelque chose qui doit survivre à cette enveloppe que nous prenons pour tout notre être, quand nous en sommes trop occupés : et si ce qui pense en moi peut

n'avoir point d'enfans, et qui se flattent d'en paroître plus riches, parce qu'ils auront peut-être entendu telle personne dire : *monsieur N..... est bien riche;* et telle autre personne répondre : *oui, sans doute, mais il a beaucoup d'enfans;* comme si cette circonstance diminuoit d'autant sa fortune.

Mais le motif qui porte le plus ordinairement au *célibat*, c'est *l'amour de l'indépendance* (1); c'est ce qu'on observe sur-tout dans certains individus

---

être affecté par l'idée des choses qui ont cessé d'exister, pourquoi ne le seroit-il pas encore dans le temps où mon corps n'existera plus? A moins qu'on ne suppose que l'homme, par une de ces contradictions auxquelles il est si sujet, et qui le portent à réaliser en idée les deux contradictoires en même temps, se tue mentalement pour obtenir des éloges, et se ressuscite aussi-tôt pour les entendre.

(1) Souvent l'imagination d'un célibataire lui donne plus d'embarras que ne lui en donneroit la plus nombreuse famille. Quoiqu'il soit seul chez lui ; il n'y est pas le maître, puisqu'il a dans

amoureux d'eux-mêmes, hypocondriaques, susceptibles et tellement sensibles à la plus légère contrainte, qu'ils seroient tentés *de regarder leurs jarretières comme des chaînes*. C'est parmi les célibataires qu'on trouve ordinairement les meilleurs amis, les meilleurs maîtres et les meilleurs domestiques, mais non pas les meilleurs sujets ; car ils se

---

ses passions autant d'ennemis impérieux et d'épouses tyranniques: oh, quelle nombreuse famille de soucis et de pensées affligeantes assiège l'imprudent qui a fait divorce avec tout l'autre sexe, pour épouser la haine ! Le célibat est un crime perpétuel contre la nature, et que la nature punit perpétuellement par les maux sans nombre qui sont les conséquences nécessaires d'une telle vie. Lorsque ce fluide, plein de vie et vivifiant, dont l'homme est formé, n'est pas déposé où et quand il doit l'être, il est repompé par mille vaisseaux absorbans; il devient une cause d'irritation dans tous les points où il est porté par la circulation, et va porter la guerre dans tout l'individu. Quand l'homme se mutilant, pour ainsi dire, lui-même, refuse l'existence aux êtres qui devoient naître de lui et le recommencer, cet excédant de vie que récla-

déplacent trop aisément; et c'est dans cette même classe qu'on voit le plus de fugitifs (1).

Le célibat convient aux ecclésiastiques ; *lorsqu'on a chez soi un étang à remplir, on ne laisse pas volontiers aller l'eau à ses voisins;* et lorsque la charité est trop occupée au logis, elle ne peut se répandre au dehors. Il est

---

ment en vain la nature et la société, le ronge et devient son bourreau, pour peu qu'il se replie sur lui-même; et s'il se jette hors de lui, il répand au loin la guerre qu'il porte dans son sein; il attise le feu qu'il devroit éteindre, et tourmente un monde entier par les élans convulsifs de son turbulent célibat. Ce célibat, à la vérité, est une privation nécessaire dans certaines professions qui ne le sont point, qui ne souffrent point de partage, et qui exigent que toute la vie de l'individu se porte au cerveau. Mais, dans cette vive peinture de ses inconvéniens, le lecteur doit deviner ou sentir ses terribles effets ; car ici c'est le tableau même qui est le peintre.

(1) Comme ils ont moins de bagage, ils décampent plus aisément.

assez indifférent que les juges et les magistrats soient mariés, ou non ; car, si un homme de cette classe est facile à corrompre, il aura un domestique cent fois plus avide que ne l'eût été son épouse. Quant aux soldats, je vois dans l'histoire, que les généraux, en leur parlant pour les animer au combat, leur rappellent toujours le souvenir de leurs femmes et de leurs enfans. Ainsi, je serois porté à croire que le mépris du mariage parmi les Turcs, est ce qui rend leurs soldats moins courageux et moins résolus.

Au reste, une femme et des enfans sont, pour ainsi dire, une école perpétuelle d'humanité ; et quoique, en général, les célibataires soient plus charitables que les gens mariés, parce qu'ils ont moins de dépenses à faire ; d'un autre côté, ils sont plus cruels, plus austères, plus durs, et plus propres pour exercer l'office d'*inquisiteur,* parce qu'ils ont autour d'eux moins d'objets qui puissent réveiller fréquemment dans leur cœur le sentiment de la tendresse (1). Les individus d'un naturel grave et sérieux, qui sont aussi des *hommes d'habitude*, et par cela même, d'*un caractère*

---

(1) *Aimer* est un métier qu'on n'apprend, comme tout autre, qu'en l'exerçant; et la plus douce méthode pour apprendre à aimer, c'est d'être continuellement environné d'objets aimables, comme une femme et des enfans. Un père de famille est continuellement occupé à procurer le nécessaire, l'utile et l'agréable à tout ce qu'il aime; le célibataire est continuellement occupé à se défendre contre les *housards* de toute couleur qui veulent piller sa réputation ou sa fortune ; deux genres d'occupations dont les effets sur l'ame doivent être bien différens. Aussi voit-on que le style de la plupart des ecclésiastiques, et sur-tout celui des religieux, est plus sec, plus dur et plus tendu que celui des laïcs mêmes célibataires, dont le prétendu célibat n'est le plus souvent qu'un mariage délayé. Il paroît que l'amour du Créateur, tout sublime et tout saint qu'il est, attendrit moins que l'amour d'une aimable créature. C'est apparemment que cet amour idéal pour l'Être invisible et impalpable, a besoin, pour se réaliser, d'être appliqué à un être visible et palpable.

constant, sont ordinairement de bons maris. Aussi la Fable dit-elle d'Ulysse, *qu'il préféra sa vieille à l'immortalité* (1).

Trop souvent les femmes chastes, enflées du mérite de cette chasteté, et fières de leur terrible vertu, sont d'un caractère revêche et intraitable (2). Une femme

---

(1) *Peu jaloux d'épouser une divinité, il préféra sa vieille à l'immortalité.* Aux époques où *Ulysse* préféra *Pénélope* à *Circé* et à *Calypso*, il ne l'avoit encore vue que *jeune*, et l'avoit *laissée telle* à la maison. La *réalité conjugale* avoit *vieilli;* mais son *image* étoit encore *jeune*. Peut-être, si le héros de la chasteté avoit vu son épouse à côté de l'une ou de l'autre des deux déesses, auroit-il préféré une jeune immortelle à une vieille mortelle. Mais cette dernière fiction n'auroit pas accommodé les vieillards qui ont inventé l'autre, pour faire accroire aux jeunes gens que le vieux vaut mieux que le neuf.

(2) Au lieu que les femmes moins sages bercent par mille petits soins très agréables, quoique un peu suspects, un débonnaire époux qui veut bien so crever les yeux, et lui rendent la vie extrêmement douce, comme il est dit au dernier cha-

n'est ordinairement fidelle, chaste et soumise à son époux, qu'autant qu'elle le croit prudent; opinion qu'elle n'aura jamais de lui, si elle s'apperçoit qu'il est jaloux.

Les femmes sont les maîtresses des jeunes gens, les compagnes des hommes faits et les nourrices des vieillards; de manière qu'on ne manque jamais de prétexte pour prendre une femme quand on a cette fantaisie. Cependant les anciens n'ont pas laissé de mettre au nombre des sages, celui à qui l'on demandoit à quel âge il falloit se marier, et qui fit cette réponse: *quand on est jeune, il n'est pas encore temps; et quand on est vieux, il n'est plus temps.*

On observe trop souvent que les pires maris sont ceux qui ont les meilleures femmes, soit que le caractère habituellement difficile de leurs époux donne plus de prix aux complaisances et aux

---

pitre de l'histoire authentique de l'illustre *Scarmentado.*

bonnes manières qu'ils ont de temps en temps pour elles, soit qu'elles fassent gloire de leur patience même (1); et c'est ce qui arrive, sur-tout lorsque ce mari, devenu si insupportable, est de leur propre choix, et qu'elles l'ont pris contre l'avis de leurs parens; car alors elles veulent justifier leur folie, et n'en avoir *pas le démenti*.

IX. *De l'envie.*

De toutes les affections de l'ame, les

---

(1) Seroit-ce que *la méchanceté du mari est précisément ce qui bonifie la femme;* ou que *la femme*, en vertu de cet *esprit de contradiction* que les *valétudinaires* lui reprochent, *voulant toujours être le contraire de son mari*, elle *est méchante, lorsqu'il est bon, et bonne, lorsqu'il est méchant;* ou encore qu'*étant toujours sur la défensive* avec ce méchant époux, et *n'ayant pas le temps de l'attaquer*, elle demeure ainsi, *bon gré, malgré, extrêmement bonne;* ou enfin que *l'homme et la femme sont naturellement en raison inverse l'un de l'autre, comme les quantités positives et les quantités négatives;* ou que, etc.

deux seules auxquelles on attribue ordinairement le pouvoir de *fasciner* et d'*ensorceler*, sont l'*amour* et l'*envie*. Ces deux passions ont également pour principes *de violens desirs;* elles enfantent toutes deux une infinité d'opinions fantastiques et de suggestions extravagantes. L'une et l'autre *agissent* par les *yeux* et viennent s'y peindre ; toutes circonstances qui peuvent contribuer à *la fascination*, si les effets de ce genre ont quelque réalité. Nous voyons aussi que l'Ecriture sainte appelle l'*envie, un œil malfaisant*, et que les astrologues qualifient de *mauvais aspects*, les malignes influences des astres. Ainsi, c'est un point accordé que, dans l'instant où l'*envie* produit ses pernicieux effets, c'est par les *yeux qu'elle agit*, et par une sorte d'*éjaculation* ou d'*irradiation*. On a même poussé les observations de ce genre au point de remarquer que les momens où les coups que porte l'œil d'un envieux sont les plus funestes, sont ceux où la personne enviée triomphe dans le sentiment trop vif de sa propre gloire; ce qui aiguise, en quelque manière, les traits de l'envie; sans compter que, dans cet état d'expansion de la personne enviée, ses esprits se portant davantage au dehors, ils vont, pour ainsi dire, au-devant du coup que l'envieux leur destine.

Mais, quoique ces observations si subtiles méritent qu'on leur donne quelque place dans le traité auquel elles appartiennent naturellement, nous les abandonnerons pour le moment, et nous tâcherons de résoudre, d'une manière satisfaisante, les trois questions suivantes : 1°. *Quelles sont les personnes les plus disposées à envier les autres?* 2°. *Quels sont les individus les plus exposés à l'envie des autres?* 3°. *Quelle différence doit-on mettre entre l'envie publique et l'envie particulière?*

Un homme sans mérite envie toujours celui des autres : car l'ame humaine se nourrit, ou de son propre bien, ou du mal d'autrui; et lorsque le premier de ces deux alimens lui manque, elle se rassasie de l'autre. Tout homme qui désespère d'atteindre au degré de talent ou de vertu qu'il voit dans un autre, le déprime tant qu'il peut pour le rabaisser, du moins en apparence, à son propre niveau.

Tout homme fort curieux, et qui aime trop à se mêler des affaires d'autrui, est ordinairement envieux; car tous ces mouvemens qu'il se donne pour s'immiscer dans les affaires des autres, n'étant pour lui rien moins qu'un moyen nécessaire pour mieux faire les siennes, il est à croire qu'il trouve du plaisir à considérer si curieusement les affaires des autres, pour remarquer leurs fautes, saisir leurs ridicules, et se faire de ce spectacle une sorte de comédie (1) ; celui qui ne se mêle que de ses propres affaires

---

(1) Tout homme qui se mêle trop des affaires d'autrui fait mal les siennes, et finit par porter envie à ceux qui, ne se mêlant que de leurs propres affaires, les font mieux.

ayant rarement sujet de porter envie aux autres. L'envie est une passion remuante, *une coureuse*, qui se tient rarement à la maison ; il n'est point de curieux qui ne soit malveillant.

Les hommes d'une naissance illustre portent presque toujours envie aux hommes nouveaux qu'ils voient s'élever, parce qu'alors la distance où ils étoient d'eux leur semble diminuée.

C'est une illusion semblable à celle que nous éprouvons quelquefois par rapport aux objets visibles ; par exemple, lorsque d'autres avançant rapidement, nous restons en place, ou avançons plus lentement, il nous semble que nous reculons (1).

Les personnes très laides, ou très difformes, les eunuques, les vieillards et

---

(1) Il ne s'agit presque jamais pour nous que de l'opinion des autres ; et les autres ne nous jugent que par comparaison. Ainsi, quand les autres avancent dans cette opinion, tandis que nous n'y avançons point, ou presque point, nous reculons.

les bâtards, sont ordinairement envieux ; car tout homme affligé d'une disgrace qu'il croit sans remède, et qui désespère d'améliorer sa condition, s'efforce de détériorer celle des autres; à moins que ces disgraces, naturelles ou accidentelles, ne se trouvent jointes à une ame généreuse et héroïque, dans un homme qui veuille, en les tournant à son avantage, passer pour une sorte de prodige, et faire dire de lui : *c'est pourtant un eunuque, ou un boiteux, qui a fait de si grandes choses!* De ce caractère fut l'eunuque *Narsès,* ainsi qu'*Agésilas* et *Tamerlan,* qui étoient *boiteux.*

Il en est de même de ceux qui, après de longues disgraces, parviennent à se relever. Mécontens de tous leurs contemporains, ils regardent les disgraces des autres comme une sorte de *compensation* et d'*indemnité* pour celles qu'ils ont eux-mêmes essuyées (1).

———————————————————

(1) La véritable raison de leur âpreté est qu'ils croient avoir des vengeances à tirer de tous ceux

ET DE POLITIQUE.

Ceux qu'une trop grande avidité pour les éloges et pour toute espèce de gloire, porte à vouloir exceller dans plusieurs genres, sont nécessairement envieux : ils trouvent, à chaque pas, des sujets d'envie; car il est impossible que personne ne

---

qui les ont trahis, abandonnés ou méprisés trop visiblement. Ils croient avoir acquis le droit de mépriser les hirondelles humaines que l'hiver de l'adversité fait disparoître, et que le beau temps ramène par volées. Une longue disgrace avilit et dégrade une ame foible et sans énergie; mais elle produit sur les ames fières et opiniâtres l'effet diamétralement opposé ; elle bande excessivement leur ressort, et lorsqu'elles se relèvent, il y paroît. Quelle sottise de regarder ainsi en arrière, au lieu de se porter en avant! Les honnêtes gens sont toujours disposés à réparer les légers torts qu'ils ont pu avoir envers un homme long-temps maltraité par la fortune. Ainsi, tout homme qui, en se relevant d'une longue disgrace, est assez sage pour oublier le tort que des hommes ont eu *de n'être que des hommes comme les autres*, tire de son indulgence même une infinité d'avantages qui en sont le prix naturel; et la seule vengeance qu'ils doivent tirer d'eux, c'est de ne pas leur ressembler.

les surpasse dans un ou dans plusieurs de ces genres dont ils se piquent (1). Tel fut le caractère de l'empereur Adrien, qui portoit une envie mortelle aux peintres, aux sculpteurs, aux architectes, etc. tous genres où il se piquoit d'exceller (2).

_____

(1) Tout ce que gagne l'homme qui veut exceller dans tous les genres et surpasser tout le monde, c'est de se voir surpassé lui-même dans tous les genres dont il se pique, et de porter envie à tous ceux qui les professent. Car, en avançant dans un genre, on recule dans l'autre, l'homme ne pouvant tout faire à la fois, et perdant nécessairement d'un côté ce qu'il gagne de l'autre. *Le seul homme vraiment ignorant, c'est celui qui ne sait pas son métier ; or, en apprenant le métier des autres, on oublie le sien ; et quand on veut apprendre tous les métiers, on finit par n'en savoir aucun.*

(2) Parmi les hommes qui, étant en possession de la souveraine autorité, se piquent d'être hommes de lettres, il en est peu qui, à l'exemple du grand Frédéric, n'abusent jamais de leur puissance contre leurs émules par de sourdes persécutions; mais l'homme est toujours homme, et, comme l'a dit *Montagne, lorsqu'il est sur un trône, il n'est jamais assis que sur son cul.*

Enfin, la plupart des hommes portent envie à leurs parens, à leurs collègues, à ceux avec lesquels ils ont été élevés, lorsqu'ils les voient s'avancer et se distinguer. Ils regardent l'élévation de leur émule comme un sujet de reproches qui met entre eux et lui une distinction humiliante, et qui est toujours présente à leur esprit, sentiment que les discours publics et la réputation de leur rival réveillent sans cesse. L'envie de Caïn contre Abel fut d'autant plus vile et plus criminelle, que, dans le temps où le sacrifice de son frère fut préféré au sien, personne ne fut témoin de cette préférence.

Quant à ceux qui sont *plus ou moins exposés à l'envie*, nous observerons, 1°. que les personnes d'un mérite transcendant, lorsqu'elles viennent à s'élever, ont moins à craindre l'envie, parce qu'on est généralement persuadé que cette fortune leur étoit due : car ce qui excite ordinairement l'envie, ce sont *les récompenses* ou *les libéralités*, et non *le simple paiement d'une dette*. De plus, on ne porte envie aux autres, qu'autant que l'on se compare à eux: où il n'y a point de comparaison, il ne peut y avoir d'envie. Aussi voit-on que les rois ne sont point enviés par leurs sujets, mais seulement par d'autres rois. On doit toutefois remarquer que les personnes de peu de mérite, d'un mérite médiocre, sont plus exposées à l'envie au commencement de leur fortune que dans la suite, et que le contraire arrive aux personnages d'un mérite éminent; quoique ce mérite soit toujours le même, son éclat diminue; les yeux s'y accoutumant peu à peu: sans compter qu'il est tôt ou tard obscurci par celui des nouveaux venus qui paroissent sur la scène (1).

---

(1) Il n'est point de personnage d'un mérite transcendant auquel l'éclat même de ce mérite ne suscite tôt ou tard quelque émule qui est en partie son élève, qui, prenant une route diamétralement opposée à celle du maître, devient son adversaire, le combat avec la force même qu'il a tirée de lui, et le balance dans l'opinion publique. Tels furent *Thémistocle* et *Aristide*, *Agésilas* et

L'élévation des personnes d'une naissance illustre est moins enviée que celle des hommes nouveaux ; il semble qu'en s'élevant ainsi, elles ne fassent que jouir d'un droit attaché à leur naissance : de plus, leur fortune ne paroît pas fort augmentée par ces distinctions ; et l'envie est semblable aux rayons du soleil, qui donnent avec plus de force sur les côteaux que sur les plaines. Aussi ceux qui mon-

---

Epaminondas, Marius et *Sylla, Sylla* encore et *Pompée, César* et *Caton d'Utique, Turenne* et *Condé, Michel Ange* et *Raphaël, Aristote* et *Bacon, Bacon* encore et *Descartes, Corneille* et *Racine, Newton* et *Leibnitz, Voltaire* et *Rousseau,* etc. Sans cette *duplication de personnages transcendans,* le public fortement attiré par un seul vers l'un des extrêmes, se jeteroit tout d'un côté, et il n'y auroit plus d'équilibre. Celui des deux rivaux qui paroît le dernier, désole celui qui a paru le premier ; mais il console le public en partageant son admiration qu'il n'aime pas à concentrer sur un seul individu, et ce dernier venu, en le tirant à soi, le ramène, par cela seul, vers le milieu dont l'autre l'a tiré. Ce phénomène du monde de l'homme n'est qu'une image, ou plutôt

tent insensiblement, sont-ils moins exposés à l'envie que ceux qui s'élèvent tout d'un coup, et, pour ainsi dire, d'un seul saut.

Lorsque les honneurs sont accompagnés de soins, de travaux pénibles et de dangers, ceux qui en jouissent sont moins enviés; on trouve que ces honneurs leur coûtent fort cher : quelquefois même on les plaint, et *la compassion guérit de l'envie.* Aussi les plus prudens et les plus

---

n'est qu'un cas particulier de la grande loi qui régit la nature entière, empêche l'univers de retomber dans le chaos (*ignée* ou *glacial*), et y maintient, sur un fonds matériel toujours subsistant, un éternel équilibre; chaque cause, par cela seul qu'elle exerce son action, provoquant l'action d'une cause contraire, ou une réaction. Je ne saurois trop inculquer cette vérité si féconde que tous les génies du premier ordre ont apperçue. Je la mets par-tout, parce qu'elle a par-tout sa place : je la vois dans tous les livres, comme dans tous les points de l'univers visible; elle est dans les copies ainsi que dans l'original; et qui la nie, la prouve par sa négation même, qui n'est qu'une réaction contre mon affirmation.

judicieux d'entre les personnages élevés aux dignités, affectent-ils de se plaindre continuellement de la vie pénible qu'ils mènent : *quelle triste vie !* s'écrient-ils souvent; non qu'ils le pensent réellement, mais seulement pour émousser les traits de l'envie : observation toutefois qui ne s'applique qu'à ceux qui se trouvent chargés d'affaires difficiles, sans paroître les avoir attirées à eux. Car, rien, au contraire, n'attire plus l'envie que cette ambitieuse avidité qui porte à accaparer toutes sortes d'affaires; et la plus sûre méthode qu'un personnage constitué en dignité puisse employer pour l'éteindre, c'est de laisser en place tous les subalternes, en respectant scrupuleusement tous les droits et les privilèges attachés à leurs emplois respectifs : moyennant ces ménagemens, tous ses inférieurs seront pour lui autant d'*écrans* qui le garantiront de l'envie.

Rien n'est plus exposé à l'envie, que ceux auxquels leur élévation donne de l'orgueil, et qui semblent n'être contens que lorsqu'ils peuvent étaler leur prétendue grandeur, soit par une fastueuse magnificence, soit en triomphant insolemment de tout opposant et de tout compétiteur. Au lieu qu'un homme prudent sacrifie quelquefois à l'envie, en se laissant à dessein surpasser et effacer même, dans des choses auxquelles il attache peu d'importance. Il est vrai, néanmoins, qu'en jouissant d'une haute fortune, d'une manière franche et ouverte, mais sans faste et sans ostentation, on donne moins de prise à l'envie qu'en affectant une excessive simplicité et en se parant d'une artificieuse modestie. Car, dans le dernier cas, il semble qu'on désavoue la fortune, et qu'on se reconnoisse indigne de ses faveurs, ce qui est pour les autres un nouveau sujet de vous porter envie.

Enfin, comme nous avions dit au commencement, que l'*envie* tenoit un peu de la *sorcellerie*, il faut employer pour les *envieux* le même remède qu'on emploie ordinairement pour les *possédés*, c'est-à-dire (pour user des termes de l'art), *transférer le sort et le détourner sur un autre sujet.* Aussi les plus judicieux et les plus adroits d'entre les personnages élevés aux grands emplois, ont-ils soin de faire paroître sur la scène quelque sujet sur lequel ils attirent l'attention publique, et font tomber le poids de l'envie qui, sans cet intermédiaire, tomberoit sur eux : tantôt ils la rejettent sur leurs subalternes ou leurs domestiques, tantôt sur leurs collègues mêmes et sur leurs émules. Ils ne manquent jamais de sujets auxquels ils puissent faire jouer ce rôle ; et ils en trouvent assez parmi ces hommes d'un caractère violent, audacieux, et avides de pouvoir, qui veulent absolument être employés, à quelque prix que ce puisse être.

A l'égard de *l'envie publique*, nous observerons d'abord qu'elle a en soi quelque chose de bon, au lieu que *l'envie particulière* n'a rien que de mauvais ; car *l'envie publique* est une espèce *d'ostracisme* qui sert à éclipser les personnages dont les qualités éclatantes pourroient être dangereuses. C'est, en général, un frein nécessaire pour contenir les grands et les empêcher d'abuser de leur influence (1).

Cette sorte d'*envie* que les Latins désignoient par le mot *invidia*, et qui, dans les langues modernes, est désignée par celui de *mécontentement*, est un sujet que nous traiterons plus amplement en parlant des *troubles* et des *séditions*. C'est dans un état une espèce de *maladie contagieuse* : car, de même que les

---

(1) Une république est presque toujours détruite par quelque personnage brillant qui attire et concentre sur lui seul l'attention due à la patrie, et qui use généreusement d'un pouvoir dont abuseront un jour les sots ou les méchans qui lui succéderont, comme l'observoit, dans le sénat, au sujet des complices de Catilina, Jules-César lui-même, qui se proposoit de tirer bientôt la conséquence pratique de ce principe. Une monarchie commence au règne d'un héros et finit au règne d'un sot; mais cette maxime n'est pas générale. Quoi qu'il en soit, l'*ostracisme* d'Athènes est le vrai remède à l'inconvénient dont nous parlons.

maladies de cette espèce, en se répandant peu à peu, gagnent les parties saines et les corrompent; de même un mécontentement général une fois excité, infectant les ordres les plus justes et les mesures les plus sages du gouvernement, les dénature dans l'opinion publique, et les fait paroître autant de nouvelles imprudences ou de nouvelles injustices. Ainsi l'on gagne peu à entre-mêler d'actions louables, les actions odieuses qui l'ont fait naître. Cette conduite mixte est un signe de foiblesse, et annonce qu'on redoute l'indignation publique qui, semblable encore, en cela, aux maladies contagieuses, attaque plutôt et plus violemment ceux qui la craignent.

Cette envie publique s'attache plutôt aux grands officiers et aux ministres, qu'aux princes et aux états mêmes ; mais voici une règle sûre à cet égard : si le mécontentement qui s'adresse au ministre est fort grand, quoique les motifs en soient légers; ou encore, s'il est général et attaque tous les ministres sans distinction, alors ce mécontentement, fût-il encore secret, regarde la totalité du gouvernement et le prince même.

Nous terminerons cet article par une observation générale sur l'envie; savoir, 1°. que de toutes les affections humaines c'est la plus constante et la plus opiniâtre; au lieu que les autres passions ne se font sentir que de temps en temps, et à raison des causes accidentelles qui les excitent et les provoquent. Ainsi on a eu raison de dire qu'*il n'est jamais fête pour l'envie;* car elle est toujours en action et trouve par-tout son aliment. On a observé aussi que l'envie, ainsi que l'amour, fait tomber *dans un état de langueur* celui qui en est atteint: effet que les autres passions ne produisent point, parce qu'elles sont moins continues et nous donnent plus fréquemment du relâche. C'est aussi la plus basse et la plus avilissante de toutes les passions. C'est pourquoi l'Écriture sainte en a fait *l'attribut propre et spécial du démon, qui va pendant la nuit semer de l'ivraie parmi le bon grain:* car l'envie ne porte ses coups que dans les ténèbres, et travaille invisiblement à détériorer les meilleures choses qui, dans la parabole dont ce passage est tiré, sont souvent figurées par le bon grain.

X. *De l'amour.*

Le théâtre a de plus grandes obligations à l'amour, que la vie réelle de l'homme. En effet, cette passion est le sujet le plus ordinaire des comédies, et quelquefois même celui des tragédies; mais elle cause les plus grands maux dans la vie ordinaire, où elle est, tantôt une *sirène*, tantôt une *furie*. On doit observer que, parmi les grands hommes, soit anciens, soit modernes, dont la mémoire s'est conservée, on n'en voit aucun qui se soit livré avec excès aux transports d'un amour insensé : ce qui semble prouver que les grandes ames et les grandes affaires sont incompatibles avec cette foiblesse. Il faut toutefois en excepter *Marc-Antoine* et *Appius le décemvir;* le premier étoit un homme adonné à ses plaisirs et de mœurs déréglées; mais l'autre étoit d'un caractère sage et austère : ce qui semble prouver que l'amour peut non-seulement s'emparer d'un cœur où il trouve un facile accès, mais encore se glisser furtivement dans le cœur le mieux fortifié, si l'on n'y fait bonne garde. Une des pensées les plus méprisables d'*Epicure*, c'est celle-ci : *nous sommes l'un pour l'autre un théâtre assez grand :* comme si l'homme qui fut formé pour contempler les cieux et les objets les plus relevés, n'avoit autre chose à faire que de demeurer perpétuellement à genoux devant une chétive idole, et d'être esclave, je ne dis pas de ses appétits gloutons, comme la brute, mais du plaisir des yeux; des yeux, dis-je, destinés à de plus nobles usages. Pour juger à quels excès cette passion insensée peut porter l'homme, et combien elle peut l'exciter à braver, pour ainsi dire, la nature et la réalité des choses qu'il apprécie, il suffit de considérer que l'usage perpétuel de l'hyperbole (1), figure presque toujours déplacée, ne convient qu'à l'amour. Or, cette exagération n'est pas seulement dans les expressions des amans, elle est aussi dans leurs idées : en effet, quoiqu'on ait dit avec fondement *que le flatteur par excellence et celui avec lequel s'entendent tous les petits, est notre amour-propre,* cependant un amant est un flatteur cent fois pire; car, quelque haute idée que puisse avoir de lui-même l'homme le plus vain, elle n'approche pas de celle que l'amant a de la personne aimée (2). Aussi a-t-on

---

(1) A proprement parler, l'hyperbole est une figure commune à toutes les passions; car toute *passion* a pour *cause une opinion exagérée*; exagération qui se fait toujours sentir par les expressions, excepté dans les momens où l'on dissimule.

(2) Ces deux propositions ne sont au fond que la même : les *amans passionnés* sont ordinairement des *hommes très vains*, qui, se flattant de *mériter une femme parfaite*, s'imaginent aisément *l'avoir trouvée*. Cette maladie est composée

eu raison de dire *qu'il est impossible d'être en même temps amoureux et sage*. Or, non-seulement cette foiblesse paroît ridicule à ceux qui en voient les effets, sans y être intéressés, et qui en sont (actuellement) exempts; mais elle le paroît bien davantage à la personne aimée, lorsque l'amour n'est pas réciproque. Car il est également vrai que l'amour est toujours payé de retour, et que ce retour est ou un amour égal, ou un secret mépris; raison de plus pour nous tenir en

───────────────

de la fièvre intermittente d'un besoin très vif, très réel, mais moins fréquent que tous les autres, et de la fièvre continue de la vanité, nourrie par les poëtes, les romanciers et autres rêveurs fort agréables, qui, en nous inspirant, pour d'aimables fantômes, une belle passion qu'il faut bien tôt ou tard appliquer à quelque objet réel, éveillent ainsi toutes nos facultés actives, et nous rendent plus capables d'engendrer des réalités. L'*amour* n'est sans doute qu'une *chimère*; mais c'est une *chimère qui produit des substances*, et par conséquent *très solide*. Ce qu'on aime dans sa maîtresse, ce n'est pas précisément elle, mais cette femme plus parfaite

garde contre cette passion qui nous fait perdre les choses les plus desirables, et qui, souvent elle-même, est tout-à-fait à pure perte, et manque son objet. Quant aux autres pertes qu'elle cause, les poëtes nous en donnent une très juste idée, lorsqu'ils disent *que l'insensé qui donna la préférence à Hélène (à Vénus), perdit les dons de Junon et de Pallas;* en effet, quiconque se livre à l'*amour*, renonce, par cela seul, à *la fortune* et à *la sagesse*. Le temps où cette passion

---

dont elle a donné l'idée, à laquelle on donne le même nom, et qui n'existe que dans l'alcove de notre imagination. Cette séduisante chimère que nous épousons en idée, nous la chercherons toujours et nous ne la trouverons jamais; mais nous épouserons réellement l'objet physique qui lui ressemble un peu; nous réaliserons notre rêve, comme le veut la nature, et l'espèce se perpétuera. Puisque la nature même nous aveugle, en nous donnant des desirs qu'elle nous ôte, en nous rendant la vue, il paroît qu'elle n'a pas voulu fonder nos plaisirs sur la vérité, et nos poëtes ont été plus dociles à ses vives leçons que notre vieux chancelier.

a *ses redoublemens* et, pour ainsi dire, *son flux*, ce sont les temps de foiblesse ; par exemple, celui *d'une grande prospérité, ou d'une extrême adversité.* Ce sont ordinairement ces deux situations (quoiqu'on n'ait pas encore appliqué cette remarque à la dernière) qui allument ou attisent ordinairement le feu de l'amour ; ce qui montre assez qu'il est *l'enfant de la folie.* Ainsi, quand on ne peut se défendre entièrement de cette passion, il faut du moins prendre peine à la réprimer, en l'écartant avec soin de toute affaire sérieuse et de toute action importante; car, si une fois elle s'y mêle, elle brouillera tout et elle vous fera manquer le but. Je ne vois pas trop pourquoi les guerriers sont si fort adonnés à l'amour ; seroit-ce par la même raison qu'ils sont adonnés au vin, et parce que les périls veulent être payés par les plaisirs ?

L'amour est une affection naturelle à l'homme ; il est porté par instinct à aimer ses semblables ; et, lorsque ce sentiment expansif ne se concentre pas sur un ou deux individus, alors se répandant de lui-même sur un grand nombre, il devient *charité, humanité, vertu;* et c'est ce qu'on observe quelquefois dans les religieux. L'amour conjugal produit le genre humain, l'amitié le perfectionne, mais l'amour profane et illégitime l'avilit et le dégrade.

XI. *Des grandes places et des dignités.*

Les hommes qui occupent les grandes places, sont toujours esclaves : esclaves du prince ou de l'état, esclaves de l'opinion publique, esclaves des affaires; ensorte qu'ils ne sont maîtres ni de leurs personnes, ni de leurs actions, ni de leur temps. N'est-ce pas une étrange manie que celle de vouloir commander en perdant sa liberté, et acquérir un grand pouvoir sur les autres, en renonçant à tout pouvoir sur soi-même? On ne monte qu'avec peine à ces grands emplois; c'est-à-dire, qu'on parvient, par de rudes travaux, à des travaux encore plus rudes, et par mille indignités, à des dignités. Dans ces postes si élevés, le terrain est glissant ; il est difficile de s'y soutenir ; et l'on n'en peut *descendre* que par une *chûte* ou du moins par une *éclipse;* ce qui est toujours affligeant. *Quand on n'est plus ce qu'on a été, à quoi bon continuer de vivre ?* On ne peut pas toujours se retirer quand on le veut ; et souvent aussi on ne le veut pas quand on le devroit. La plupart des hommes ne peuvent endurer une *vie privée*, malgré l'âge et les infirmités qui demanderoient de l'ombre et du repos. En quoi ils ressemblent à ces vieux bourgeois qui, n'ayant plus assez de force pour se promener par la ville, demeurent assis à leur porte où ils exposent leur vieillesse à la risée.

Les personnages revêtus des grands emplois, ont besoin d'emprunter l'opinion des autres pour se croire heureux ; car, s'ils n'en jugeoient que d'après leur propre sentiment, ils ne pourroient se croire tels : mais quand ils songent à ce que les autres pensent d'eux, et considèrent combien de gens voudroient être à leur place, alors, encouragés par cette opinion des autres, ils parviennent enfin à se faire accroire qu'ils sont heureux ; ils le sont, en quelque manière, *par oui-dire et sur parole*, quoique, dans les courts momens où ils rentrent en eux-mêmes, ils sentent bien qu'ils ne le sont pas : car, s'ils sont les derniers à sentir leurs torts, ils sont les premiers à sentir leurs peines. Les hommes revêtus d'un grand pouvoir, sont presque toujours étrangers à eux-mêmes ; perdus dans le tourbillon des affaires qui leur causent de continuelles distractions, ils n'ont pas le temps de se replier sur eux-mêmes, pour s'occuper de leur corps ou de leur ame.

La mort la plus honteuse, c'est celle de l'homme qui, étant connu de tous, meurt inconnu à lui-même.

Les grands emplois donnent indistinctement le pouvoir de faire le bien et celui de faire le mal ; mais le dernier est un vrai malheur : et si le mieux est de de n'avoir pas même la volonté de faire le mal, ce qui en approche le plus, c'est de n'en avoir pas le pouvoir. Mais toute notre ambition, en aspirant à une grande autorité, doit être seulement d'acquérir le pouvoir de faire le bien. Car de bonnes intentions, quoique fort agréables à Dieu, ne paroissent aux autres hommes que de *beaux rêves,* quand on ne les réalise point; or, on ne peut les réaliser qu'à l'aide d'un pouvoir très étendu et d'un poste très élevé qui commande, pour ainsi dire, toute la place.

Les mérites et les bonnes œuvres doivent être la fin dernière de toutes les actions humaines; et la conscience du bien qu'on a fait, est pour l'homme le parfait repos : car, si l'homme participe aux travaux de la divinité, il doit aussi participer à son repos. Et il est dit que *Dieu considérant les œuvres de ses mains, vit que tout ce qu'il avoit fait étoit bon, et qu'ensuite il se reposa.*

Dans l'exercice de votre charge, ayez toujours devant les yeux les meilleurs exemples; car une judicieuse imitation tient lieu d'un grand nombre de préceptes. Et après avoir exercé votre emploi pendant un certain temps, considérez votre propre exemple, afin de voir si vous n'auriez pas mieux commencé que vous ne continuez. Ne négligez pas non plus les exemples de ceux d'entre vos prédécesseurs qui ont mal exercé le même emploi, non pour vous faire valoir en relevant leurs fautes, mais pour mieux apprendre à les éviter. Lorsque vous avez quelque réforme à faire, faites-la sans faste et sans ostentation; améliorez le présent, sans faire la satyre du passé. Ne vous contentez pas de suivre les meilleurs exemples, mais tâchez d'en donner à votre tour d'aussi bons à imiter. Tâchez de ramener toutes choses à l'esprit de leur première institution; après avoir cherché et découvert en quoi et comment elles ont dégénéré, ce que que vous ferez en consultant deux espèces de temps; savoir, l'antiquité pour connoître ce qu'il y a de meilleur, et les temps moins éloignés, pour savoir ce qui convient le mieux au vôtre.

Ayez une marche et des règles fixes, afin qu'on puisse savoir d'avance ce qu'on doit attendre de vous, mais sans vous attacher avec trop d'obstination à ces règles qu'il est quelquefois nécessaire de plier un peu; et, lorsque vous vous en écartez, montrez nettement les raisons qui vous y obligent.

Défendez courageusement les droits attachés à votre charge, mais en évitant soigneusement tout conflit de juridiction : exercez vos droits en silence, *et ipso facto,* au lieu de recourir à d'importunes réclamations, et d'étourdir le public de vos bruyantes prétentions. Défendez également et respectez vous-même les droits attachés aux charges de vos subalternes ; et croyez qu'il est plus honorable de diriger le tout, que de vouloir se perdre dans cette multitude immense de petits détails qui les regardent.

Accueillez gracieusement, tâchez même d'attirer tous ceux qui peuvent vous donner d'utiles avis, ou vous soulager dans l'exercice de votre charge : gardez-vous d'éloigner ceux qui vous offrent des lumières ou des secours de cette espèce, en leur faisant essuyer des rebuts, et en leur faisant entendre qu'ils se mêlent de trop de choses.

La *lenteur*, l'*incivilité*, la *corruption* et la *facilité de caractère;* tels sont les quatre principaux vices ou défauts dans les hommes en place. Quant à la *lenteur*, soyez accessible, ponctuel, expéditif : terminez une affaire avant d'en commencer une autre, et ne les entassez pas sans nécessité. A l'égard de la corruption, ne vous contentez pas de lier, à cet égard, vos propres mains et celles de vos *domestiques* ou de vos *subalternes*, mais liez aussi celles des *solliciteurs*, pour empêcher qu'ils ne fassent des *offres*. L'intégrité pourra produire le premier de ces deux effets ; mais, pour obtenir le second, il faut de plus faire profession de cette intégrité, et montrer hautement l'horreur que vous inspire toute vénalité. Car, ce n'est pas assez d'être incorruptible, il faut de plus être connu pour tel, et se garantir soigneusement du plus léger soupçon à cet égard. Ainsi, quand vous êtes obligé de changer de sentiment ou de marche, faites-le ouvertement, en exposant nettement les raisons qui vous y obligent, et sans user d'artifice pour dérober ces variations à la connoissance des autres. De même si vous témoignez pour un de vos domestiques ou de vos subalternes, une prédilection trop marquée, et qui ne paroisse pas fondée sur des raisons solides, on le regardera comme la porte secrette pour introduire chez vous la corruption. Quant à la *rudesse* et à l'incivilité, elle n'est bonne à rien, et ne peut servir qu'à mécontenter tous ceux qui ont affaire à vous. La sévérité inspire la crainte, mais l'*incivilité* attire la haine. Les réprimandes d'un homme en place doivent être *graves* sans être *piquantes*. A l'égard de *la facilité de caractère*, c'est un défaut pire que *la corruption* et la *vénalité* même. On ne peut recevoir des présens et se laisser corrompre que de temps en temps; au lieu qu'un homme qui se laisse trop aisément vaincre par l'importunité, et gagner par les petites considérations, trouve à chaque pas des difficultés qui l'arrêtent ou le détournent du droit chemin. Salomon l'a dit : *avoir trop d'égard aux personnes, est une foiblesse criminelle; un homme de ce caractère transgressera la loi, et vendra la justice pour une bouchée de pain.*

Les anciens ont eu raison de dire que la place montre l'homme; en effet, une grande place montre les uns en beau, et les autres à leur désavantage. *Galba*, dit Tacite, *eût été, d'un consentement unanime, jugé digne de l'empire, s'il n'eût jamais été empereur. Vespasien*, dit-il ailleurs, *est le seul qui, après être parvenu au souverain commandement, ait changé en mieux* (1); avec cette diffé-

---

(1) Il paroît que Tacite n'avoit jamais entendu parler de *Titus*, fils de *Vespasien*.

rence toutefois que, dans la première de ces deux observations, il ne s'agit que de *la capacité pour le commandement;* au lieu que l'autre regarde les *mœurs* et le *caractère.* En effet, la grandeur d'ame d'un personnage que les honneurs et les dignités ont rendu meilleur, ne peut être douteuse, et un tel changement est le signe le plus certain de l'élévation de ses sentimens; car, de même qu'au physique, les corps qui se trouvent hors de leur lieu naturel, s'y portent avec violence, et lorsqu'ils y sont arrivés, demeurent en repos; tant que la vertu aspire aux honneurs qui lui sont dus, elle est dans un état violent; mais lorsqu'elle est parvenue à ce poste élevé auquel elle aspiroit, alors se trouvant à sa place, elle est calme et tranquille.

On ne monte aux grandes places que par un *escalier tournant,* et si l'on trouve des factions sur son chemin, il faut se pencher (se porter) un peu d'un côté en montant; mais lorsqu'on est en haut, il faut rester au milieu, se tenir droit et garder l'équilibre.

Respectez la mémoire de votre prédécesseur ; n'en parlez qu'avec estime et tendresse ; si vous le déprimez, votre successeur vous paiera de la même monnoie.

Si vous avez des collègues, ayez pour eux les plus grands égards, et ne craignez point de leur donner part aux affaires dont vous êtes chargé ; car il vaut mieux les appeller quand ils ne s'y attendent pas, que de les exclure lorsqu'ils auroient lieu de s'attendre à être appellés.

Dans les réponses que vous donnez en particulier aux solliciteurs ou aux postulans, et dans les entretiens ordinaires, perdez un peu de vue la prérogative de votre charge, et n'affectez pas trop de dignité : faites plutôt ensorte qu'on dise de vous : *c'est un autre homme quand il est dans l'exercice de sa charge.*

XII. *De l'audace.*

L'observation que nous allons faire, semble, à la première vue, convenir mieux à un *grammairien* (rhéteur), qu'à un *philosophe :* cependant, envisagée par une certaine face, elle mérite l'attention des *sages* mêmes. *Quelle est la partie la plus essentielle à l'orateur,* demandoit-on à *Démosthène?* — *C'est l'action.* — *Quelle est la seconde?* — *L'action.* — *Et la troisième?* — *L'action encore.* Il ne disoit rien en cela qu'il n'eût appris de sa propre expérience; car personne ne posséda ce genre de talent à un plus haut degré que lui; cependant la nature l'avoit peu favorisé à cet égard, et il ne l'avoit acquis que par un travail opiniâtre. On peut être étonné de voir ce grand homme attacher tant d'importance à cette *partie de l'orateur,* qui peut passer pour la *plus superficielle* (1),

─────────

(1) La partie *la plus superficielle* de l'art oratoire est *la plus nécessaire,* parce que l'orateur parle presque toujours *à des hommes superficiels;* le tailleur devant prendre la mesure, non sur lui-même, ni sur les plus beaux hommes, mais sur les hommes qu'il veut habiller; or, ce que notre auteur dit de la *déclamation,* on doit l'appliquer

et semble n'être tout au plus qu'un *talent de comédien;* la mettre au dessus de l'invention, de l'élocution et de toutes ces autres parties qui paroissent beaucoup plus nobles; que dis-je, la désigner seule, comme si, dans un orateur, elle étoit le tout. Mais cette préférence n'étoit que trop fondée; il entre dans la composition de la nature humaine (de l'esprit humain) beaucoup plus de folie que de sagesse. En conséquence, les talens qui se rapportent à la partie folle

---

au *fond* même du *discours.* Tout orateur qui n'emploie que de bonnes raisons pour persuader des hommes déraisonnables, ne sait pas son métier, et n'est guère plus raisonnable que ses auditeurs. Il faut donner aux sots les sottes raisons, dont ils se paient, en réservant les bonnes pour les gens d'esprit. Car la logique de l'orateur n'est pas l'art de raisonner avec justesse, mais l'art d'ajuster ses raisonnemens aux gens à qui l'on parle. Et quand il ne s'agit que de persuasion, un sophisme qui persuade est beaucoup plus vrai qu'une démonstration rigoureuse que personne n'écoute; tout est relatif, et la vérité même n'est pas vraie, quand on la dit mal à propos.

de l'esprit, et qui la subjuguent, ont un tout autre pouvoir sur la multitude, que ceux qui se rapportent à sa partie sage. L'audace est dans l'exécution, ce que l'action oratoire est dans le simple discours : elle a, dans les relations civiles et politiques, une influence et des effets qui tiennent du prodige. Quel est le plus puissant instrument dans les affaires, peut-on dire aussi? — L'audace. — Quel est le second? — L'audace. — Et le troisième? — L'audace encore. Cependant l'audace, fille de l'ignorance et de la sottise, est réellement bien au dessous des vrais talens : mais elle entraîne, elle subjugue et *ensorcele*, pour ainsi dire, les hommes sans jugement ou sans courage, qui forment le plus grand nombre. Quelquefois aussi elle subjugue les sages mêmes, dans leurs momens de foiblesse et d'irrésolution (1). Aussi fait-elle des mira-

---

(1) Les fous entraînent la multitude qui ensuite entraîne les sages, obligés alors de se prêter à la

cles dans un état populaire; mais elle a moins d'influence et d'ascendant sur un prince ou un sénat; et les hommes très

folie commune, sous peine de passer pour fous. Car tout homme, sage ou fou, paroît fou à ceux auxquels il ne ressemble pas, et sage à ceux auxquels il ressemble. D'ailleurs, tout sage devant faire le sacrifice de son opinion particulière à l'opinion publique, et déférer au sentiment de la pluralité, il est clair que les fous ont toujours raison; qu'il ne faut jamais peser les voix, mais seulement les compter, et que cent vues courtes découvrent beaucoup plus loin qu'une seule vue longue. Il est vrai que la pluralité n'est presque jamais qu'une sotte majorité, menée par une minorité friponne : cependant, comme la *force* est naturellement dans *le grand nombre*, où se trouve aussi le *droit*, la minorité adroite et audacieuse, qui sait, en chatouillant les passions de ce grand nombre, et en battant un à un les sages isolés par la crainte ou l'émulation réciproque, tirer à elle la force, tire, par cela seul, à elle et le *droit*, et les *sages* et les *fous*. Voilà ce que vouloit dire *Hobbes*, et ce n'étoit rien moins qu'une sottise; il parloit du *fait* et non du *droit* qui n'est qu'un *prétexte*; et dans le fait, c'est presque toujours le *fait* qui tient lieu de *droit*.

audacieux réussissent mieux dans les commencemens que dans la suite; car ils promettent toujours beaucoup plus qu'ils ne peuvent tenir. Le corps politique, ainsi que le corps humain, a ses charlatans, qui se mêlent aussi de le traiter. Les hommes de cette trempe entreprennent aisément de grandes cures, et ils réussissent deux ou trois fois par hazard; mais comme leur prétendue science a peu de fond, ils échouent bientôt, et perdent la vogue. Quelquefois cependant ils se sauvent, en imitant le miracle de *Mahomet*. Cet imposteur avoit promis et persuadé au peuple que, par la vertu de certaines paroles, il feroit venir vers lui une montagne, sur laquelle ensuite il prieroit pour ceux qui observeroient fidèlement sa loi. Le peuple étant assemblé, Mahomet appelle la montagne, et réitère plusieurs fois cet appel; mais la montagne tardant à venir, il ne se démonte point et se tire d'affaire, en disant : *eh bien! puisque la montagne ne veut pas venir vers Mahomet, Ma-*

homet ira lui-même vers la montagne. Aussi, lorsque ces hommes audacieux, après avoir fait de magnifiques promesses, se trouvent forcés de manquer honteusement de parole, au lieu de rougir de leur sottise, ils se tirent d'affaire comme Mahomet, à l'aide de quelque subterfuge, et vont toujours leur train. Il n'est pas douteux que les hommes de ce caractère ne soient fort ridicules aux yeux des hommes de jugement, et quelquefois même un peu aux yeux du vulgaire; ce qui ne peut être autrement: car le vrai principe du *rire* (du *ridicule*) est l'*absurdité* (l'*incongruité*), le *défaut de convenance*; or, qui heurte plus fréquemment toutes les loix de la convenance, qu'un homme audacieux et impudent? Rien sur-tout n'est plus ridicule qu'un effronté de cette espèce, lorsqu'il perd toute contenance; son visage alors se démonte tout-à-fait, et devient extrêmement difforme; ce qui n'est nullement étonnant; car, dans la honte ordinaire, les esprits ne sont qu'un peu agités; au lieu que, dans celle d'un effronté, ils restent tout-à-fait immobiles, et il est aussi interdit *qu'un joueur d'échecs qu'on vient de faire échec et mat au milieu de ses pièces;* dernière observation toutefois qui conviendroit mieux à une satyre qu'à un traité aussi sérieux que celui-ci.

Mais une observation qu'on ne doit pas oublier, c'est que l'*audace est aveugle;* elle ne connoît ni dangers, ni inconvéniens; en conséquence, elle est très *dangereuse* dans une *délibération,* et n'est *utile* que dans l'*exécution*. Ainsi, *ces audacieux ne sont bons qu'en second,* et ne valent rien *dans les premiers rôles;* car, tant qu'on délibère, il est bon de voir les dangers; mais, dans l'exécution, il faut les perdre de vue, à moins qu'ils ne soient très imminens.

XIII. *De la bonté, soit naturelle, soit acquise.*

J'entends par ce mot de bonté, une *affection* ou un *sentiment* qui nous porte à souhaiter que nos semblables soient heureux, et qui a pour objet le bien général de l'humanité. C'est ce que les *Grecs* appelloient *philantropie;* car le terme d'*humanité* qu'on y a substitué dans les langues modernes, n'a ni une signification assez étendue, ni assez de force pour rendre mon idée. J'appelle simplement *bonté,* l'habitude de faire du bien, et *bonté naturelle,* l'inclination ou le penchant à en faire. C'est la plus noble faculté de l'ame humaine, et la plus grande des vertus; elle assimile l'homme à la divinité, dont elle est le principal attribut. La *bonté morale* répond à la *charité chrétienne,* et n'est pas susceptible d'*excès,* mais seulement d'*erreur* et de *méprise,* par rapport à son objet. C'est une ambition excessive qui a causé la chûte des anges, et un desir excessif de savoir qui a causé celle de l'homme; mais, dans la charité, il ne peut y avoir d'excès; jamais ange ni homme ne peut courir de risque en s'y livrant tout entier. L'inclination à faire du bien, ou la bonté dispositive, est si profondément enracinée dans la nature humaine, que, lorsqu'elle ne s'exerce point envers les hommes, elle s'exerce envers les animaux, comme on en voit des exemples parmi les *Turcs;* peuple qui, bien que cruel, pousse la sensibilité pour les bêtes mêmes, jusqu'au point de *faire l'aumône aux chiens et aux oiseaux :* ensorte qu'au rapport du *baron de Busbek,* un orfèvre vénitien courut risque d'être lapidé par le peuple de *Constantinople,* pour avoir mis une espèce de baillon à un oiseau qui avoit un bec extrêmement long. Cependant cette vertu même, je veux dire la *bonté,* la *charité,* a ses *erreurs* et ses *méprises :* les *Italiens* ont même à ce sujet cet odieux proverbe : *il est si bon qu'il n'est bon à rien :* et *Nicolas Machiavel,* un de leurs docteurs, a bien eu l'impudence d'avancer, en termes clairs et formels, que le *christianisme* avoit été nuisible aux hommes très bons, et en avoit fait la proie des hommes injustes et tyranniques. Ce qui le faisoit parler ainsi, c'est qu'en effet jamais religion, loi ou secte, n'a exalté la bonté ou la charité autant que l'a fait la religion chrétienne. Ainsi, pour éviter tout à la fois le scandale et le danger, il est bon de connoître les erreurs qu'un sentiment si louable en lui-même peut faire commettre. Ne négligez aucune occasion ni aucun moyen pour faire du bien aux hommes, mais sans être esclave de leurs fantaisies, ni la dupe de leur visage composé; ce qui seroit pure facilité ou molesse de caractère, c'est-à-dire, une vraie foiblesse et une vraie servitude pour les ames honnêtes. Ne *donnez pas non plus une perle au coq d'Esope, qui préféreroit un grain d'orge.* Le meilleur précepte en ce genre, c'est l'exemple de Dieu même *qui fait luire son soleil et tomber sa pluie sur le juste et l'injuste indistinctement;* mais qui ne dispense pas à tous, en même mesure, les richesses, les honneurs ou les talens. Les *biens,* qui sont naturellement *communs,* doivent être *communiqués à tous sans distinction.* Mais ceux qui, de leur nature, sont *moins communs,* ne doivent être donnés *qu'avec choix.* Prenez garde aussi, *en faisant la copie, de briser l'original :* car la *théologie* même nous apprend que *l'amour de nous-même* est *l'original,* et que *l'amour du prochain* n'est que la copie. *Vends tout ce que tu as ; donnes-en le produit au pauvre, et suis-moi :* oui, mais ne vends tout ce que tu as, qu'autant que tu es bien décidé à me suivre : c'est-à-dire, ne prends ce parti extrême qu'en embrassant un genre de vie où tu puisses faire, avec de petits moyens, autant de bien que d'autres en feroient avec les plus grandes richesses : autrement, *en voulant grossir le ruisseau, tu tarirois la source.*

Non-seulement on observe dans plusieurs individus une habitude de bonté dirigée par la raison ; mais il en est aussi qui ont une inclination naturelle à faire du bien, et d'autres encore qui ont un desir naturel de nuire, et qui semblent se plaire à faire le mal. Le plus foible degré de cette malignité naturelle, c'est un caractère morose, revêche, difficile, contrariant, aggressif, malicieux. Mais le plus marqué se décèle par *l'envie,* et dégénère en *méchanceté,* proprement dite. Les hommes de ce caractère se réjouissent des disgraces et des fautes d'autrui : c'est pour eux une sorte de *fête,* et ils ne manquent guère de les aggraver. Ils cherchent les malheureux dont le cœur est blessé, non comme ces chiens qui lèchoient les plaies du Lazare, mais plutôt comme les mouches qui s'attachent aux parties excoriées et qui enveniment les plaies. Ce sont de vrais *misantropes* qui, sans avoir dans leur jardin un arbre aussi commode que celui qu'offroit aux Athéniens certain philosophe atrabilaire, voudroient néanmoins mener pendre tous les hommes. C'est pourtant *de ce bois même que se font les grands politiques.* Car les hommes de cette trempe peuvent être comparés à ces bois courbes qui sont bons pour faire des vaisseaux destinés à être violemment agités, mais qui ne valent rien pour la construction des maisons, qui doivent rester immobiles.

La *bonté* se manifeste par différentes espèces d'*effets* et de *signes* qui lui sont propres et qui la caractérisent. Par exemple, un homme civil, gracieux et empressé pour les étrangers, annonce, par cette conduite, qu'il se croit *citoyen du monde entier;* que son cœur n'est point une sorte d'*île* séparée de toute autre terre, mais un continent qui tient à tous les autres. S'il est plein de commisération pour les infortunés, il montre que son cœur est semblable à cet arbre si précieux, qui est blessé lui-même, lorsqu'il donne le *baume.* S'il pardonne aisément les offenses, c'est une preuve que son ame est tellement élevée au dessus des injures, que les traits de la malignité ne peuvent y atteindre. S'il est sensible aux plus légers services, cette délicatesse prouve qu'il regarde plutôt aux intentions des hommes qu'à leurs mains, ou à leur bourse. Si enfin il s'élève au degré sublime de charité de Saint Paul, qui souhaitoit d'*être anathême en Jésus-Christ, pour assurer le salut de ses frères ;* cet héroïque desir annonce en lui une nature toute divine, et une espèce de *conformité avec Jésus-Christ.*

XIV. *De la noblesse.*

En traitant de la noblesse, nous l'envisagerons d'abord comme *faisant partie d'un état,* puis comme *un certain genre de distinction entre les particuliers,* et comme *la condition d'une certaine classe de citoyens. Une monarchie où il n'y a point de noblesse est un pur despotisme, une tyrannie absolue ;* de ce genre est celle des *Turcs. La noblesse tempère, délaie, pour ainsi dire, le pouvoir souverain,* et détourne un peu de la famille royale les regards du peuple. Quant aux *démocraties,* elles n'en ont pas besoin ; elles sont même plus tranquilles et moins sujettes aux séditions, quand elles n'ont point de familles nobles. Car alors on regarde à l'affaire proposée, et non à la personne qui la propose ou qu'on propose, pour la gérer; et si l'on y regarde, c'est en vue de l'affaire même, en n'envisageant que les qualités personnelles du sujet, sans avoir égard à ses armoiries et à sa généalogie (1). Nous voyons, par exemple, que la *République des Suisses* se soutient fort bien, malgré la diversité des religions et la division du pays par cantons; parce que le vrai lien qui unit ces petits états et leurs citoyens, est l'*utilité* (qu'on peut tirer) des personnes, et non leur *dig-*

---

(1) L'état le mieux constitué est celui où il n'y a d'autre gentilhomme que le travail, ni d'autre roture que la fainéantise; mais, dans un état actuellement constitué en monarchie, ou exposé à subir un tel régime, une noblesse est absolument nécessaire : c'est la seule barrière qui puisse le garantir du despotisme, comme l'a observé Montesquieu; elle fait que le peuple n'y est que sujet et non esclave, ou valet.

nité. Par la même raison, le gouvernement des *Provinces-Unies des Pays-bas* est excellent; car *l'égalité entre les personnes, amène l'égalité dans les conseils, rend les loix plus impartiales, et fait qu'on paie plus volontiers les taxes et les contributions* (1).

Une noblesse respectée et puissante augmente la splendeur et la majesté du prince, mais en diminuant son pouvoir : elle donne au peuple plus de vie et de ressort, mais en l'appauvrissant et en rendant sa condition plus dure. Il est bon que la noblesse ne soit pas plus puissante que ne l'exige l'intérêt du prince et celui de l'état, mais en conservant toutefois un pouvoir suffisant pour réprimer les classes inférieures ; et

---

(1) Je prie le lecteur de fixer son attention sur tout ce qui précède, et de juger lui-même si j'ai eu tort d'avancer que notre auteur avoit une secrette inclination pour le régime républicain ; inclination qu'il voile presque toujours, mais qui devient tout-à-fait visible dans ce passage.

afin que l'insolence populaire venant, pour ainsi dire, se briser contre cette espèce de rempart, ne puisse atteindre à la majesté du prince. Une noblesse fort nombreuse appauvrit un état, et a beaucoup d'autres inconvéniens. Car, outre le surcroît de dépense qu'elle occasionne, une partie de cette noblesse devient fort pauvre avec le temps; ce qui met une sorte de disproportion entre les honneurs et les biens.

A l'égard de la noblesse envisagée comme *une distinction entre les particuliers*; un vieux château, ou tout autre édifice antique qui s'est parfaitement conservé, inspire une sorte de respect : il en est de même d'un arbre de haute futaie qui est encore frais et entier malgré son âge. Or, si des corps insensibles peuvent s'attirer une sorte de vénération, que sera-ce donc d'une antique et illustre famille qui a résisté aux vicissitudes et aux orages des temps? Une nouvelle noblesse n'est visiblement qu'une dérivation du pouvoir souverain; au lieu que l'ancienne semble être l'ouvrage du temps seul. Les premiers individus auxquels une famille doit sa noblesse et son illustration, ont ordinairement des qualités plus éclatantes, mais moins de droiture et de probité que leurs descendans ; car rarement on s'élève autrement que par un mélange de bons et de mauvais moyens. Mais il importe à l'état même que la mémoire de leurs vertus passe à leur postérité pour lui servir d'exemple, et que leurs vices soient, pour ainsi dire, ensevelis avec eux. Mais ces prérogatives mêmes que les nobles doivent à leur seule naissance, les rendent souvent moins industrieux et moins actifs que les roturiers. Or, tout homme qui manque de talens est naturellement porté à envier ceux des autres ; sans compter que les nobles étant déja placés fort haut, ne peuvent plus s'élever beaucoup : et tout homme qui reste à la même hauteur, tandis que les autres montent, s'imaginant, par cela même, descendre, ne peut guère se défendre du sentiment de l'envie. Mais, si la noblesse est plus envieuse, elle est moins enviée ; car, étant naturellement destinée à jouir des honneurs, cela même la garantit de l'envie qu'on porte aux *hommes nouveaux*. Les rois qui, étant à même de choisir dans la noblesse de leurs états des sujets d'une grande capacité, les emploient volontiers, y gagnent beaucoup ; car alors tout, dans leurs affaires, marche avec plus d'aisance et de célérité ; les nobles trouvant presque toujours plus de soumission et d'obéissance dans le peuple, auquel ils semblent nés pour commander (1).

XV. *Des troubles et des séditions.*

Il importe aux pasteurs du peuple de

---

(1) On obéit plus volontiers à celui qu'on a toujours vu au dessus de soi, qu'à celui dont on s'est vu l'égal ; l'élévation du dernier est pour nous un reproche indirect ; et d'ailleurs c'est un maître de plus ; c'est pour nous une nouveauté, et la nouveauté rend tout à la fois les biens et les maux plus sensibles.

bien connoître les *pronostics* de ces *tempêtes* qui peuvent s'élever dans un état, et qui sont ordinairement *plus violentes quand les partis opposés qui les excitent approchent de l'égalité;* à peu près *par la même raison que les tempêtes, vers les équinoxes, sont plus violentes que dans tout autre temps* (1). Or, avant que les troubles et les séditions éclatent dans un état, certains bruits sourds et vagues, signes du mécontentement général, les présagent;

---

(1) Aussi le vrai moyen de prévenir une guerre civile, dans un état, qui en est menacé par les bruyans débats de deux partis égaux, que cette égalité même enhardit à lutter l'un contre l'autre, c'est de former *un tiers parti*, pour le joindre au meilleur ou au moins mauvais des deux autres, et lui donner une supériorité décidée sur son opposé. Or, l'unique moyen pour former ce tiers parti, c'est de bien faire comprendre aux citoyens neutres et irrésolus, que, dans le cas supposé, il n'y a pas d'autre ressource. Puisse cette petite note être bien entendue, et avoir son effet, dans les temps et les lieux où la mesure qu'elle indique sera nécessaire!

comme, dans la nature, le vague murmure d'un vent souterrain, et le sourd mugissement des flots qui commencent à se soulever, annoncent la tempête.

Souvent aussi, dit le poëte, *en lui découvrant les secrets mécontentemens, il lui annonce que la sédition approche ; souvent en lui révélant les complots qu'on trame sourdement contre lui, il lui prédit la guerre ouverte dont il est menacé.*

Des libelles et des discours licencieux contre le gouvernement, se multipliant rapidement et devenant publics, de fausses nouvelles tendant à blâmer ses opérations, se répandant de tous côtés, et crues trop aisément ; tous présages de troubles et de séditions. *Virgile,* donnant la généalogie de la *renommée,* dit qu'elle étoit *sœur des géans.*

Elle est sœur de Cœé et d'Encelade ; la terre, *dit-on, irritée et fécondée par la colère des immortels, l'enfanta la dernière.*

Comme si ces bruits dont nous parlons

ne se faisoient entendre qu'après que la sédition est passée, et n'en étoient que *les restes :* mais la vérité est qu'ils en sont ordinairement le *prélude.* Quoi qu'il en soit, le poëte observe judicieusement qu'il n'y a d'autre différence entre *les séditions* et *les bruits séditieux,* que celle qui se trouve *entre le frère et la sœur, entre le mâle et la femelle ;* sur-tout lorsque le mécontentement général est porté au point que les plus justes et les plus sages opérations du gouvernement, et celles qui devroient le plus contenter le peuple, sont prises en mauvaise part, et malignement interprétées ; ce qui montre que ce mécontentement est à son comble, comme l'observe *Tacite,* lorsqu'il dit : *le mécontentement public est si grand, qu'on lui reproche également et le bien et le mal qu'il fait.* Mais, de ce que ces bruits dont nous parlons sont un présage de troubles, il ne s'ensuit point du tout qu'en prenant des mesures très sévères pour les faire cesser, on préviendroit ces troubles : car souvent, lorsqu'on a le courage de les mépriser, ils tombent d'eux-mêmes; et toutes les peines qu'on se donne pour les faire cesser, ne servent qu'à les rendre plus durables (1).

De plus, certain genre d'obéissance dont parle *Tacite,* doit être suspect : *ils demeuroient tous dans le devoir,* dit-il, *de manière toutefois qu'ils étoient plus disposés à raisonner sur les ordres du gouvernement, qu'à les exécuter :*

---

(1) Toute cette peine, tous ces mouvemens que se donne le gouvernement pour les faire cesser, montrent qu'il y attache de l'importance ; cette importance qu'il y attache, le peuple l'y attache aussi : ce qu'il écoute attentivement, il le répète; et c'est ainsi que le remède même aggrave le mal. *Laissons-les dire, afin qu'ils nous laissent faire:* ainsi se parle continuellement tout homme né pour le commandement, et en général, pour exécuter de grandes choses. *La médisance est une éruption critique et nécessaire à la malignité humaine :* si vous empêchez cette évacuation peu dangereuse, vous ferez rentrer la maladie ; et ce que la langue sera forcée de taire, la main le dira. C'est une observation qu'a faite un moraliste de ces derniers

en effet, discuter ces ordres, se dispenser par des excuses de les exécuter, ou les éluder par des plaisanteries, ce sont autant de manières de secouer le joug, autant d'*essais de désobéissance ;* surtout lorsque ces raisonneurs qui défendent le gouvernement, parlent bas et avec timidité, tandis que leurs opposés parlent haut et avec insolence.

De plus, comme l'a judicieusement observé *Machiavel*, lorsqu'un prince, qui devroit être le *père commun de tous*

---

temps, qui s'exprimoit ainsi à ce sujet : *un peu de médisance est un mal nécessaire à l'homme, ce bavard et méchant animal : il a besoin de faire ou de dire du mal; s'il ne peut vous en dire, il voudra vous en faire. Souffrons qu'ils disent du mal de nous,* disoit Auguste à un de ses confidens, *trop heureux qu'ils ne puissent nous en faire.* Rien n'est plus respecté qu'un gouvernement, qui, au bruit des *pamphlets* que lancent l'un contre l'autre deux partis opposés, ou que tous deux lancent contre lui, *garde une attitude fière et silencieuse :* la *susceptibilité,* en ce genre, comme en tout autre, est *un signe de foiblesse;* et *l'impassibilité,* un *signe de force.*

ses sujets, se livre trop à l'un des deux partis, et se penche excessivement à droite ou à gauche, il en est de son gouvernement comme d'un bateau qui, étant trop chargé d'un côté, finit par chavirer; c'est une vérité qu'apprit, à ses dépens, *Henri III, roi de France;* car il ne se joignit d'abord à la ligue que pour abattre plus aisément les protestans; mais ensuite cette ligue même se tourna contre lui (1). Lorsque, dans la défense d'une cause, l'autorité royale

---

(1) Cette cause n'étoit pas la seule : la plupart des *insurrections sont provoquées par quelques exemples en ce genre,* comme on peut s'en assurer en comparant successivement ensemble les suivantes : 1°. celle de *Luther* et des *Protestans d'Allemagne;* 2°. celle des *Protestans de France;* 3°. celle des *Provinces-Unies;* 4°. celle de l'Angleterre; 5°. celle qui eut lieu en France sous la *minorité de Louis XIV;* 6°. celle de nos parlemens, en 1771 ; 7°. celle de *l'Amérique septentrionale;* 8°. la nôtre, en 1789; 9°. celles des *Etats d'Italie* (y compris Venise), *de la Suisse,* etc.

n'est plus qu'une sorte d'*accessoire*, les sujets croyant avoir un lien plus sacré que celui de l'obéissance qu'ils doivent au souverain, dès-lors le prince commence à être dépossédé de son autorité (1).

Quand les rebelles et les factieux parlent ou agissent ouvertement, et avec audace, leur insolence annonce qu'ils ont déja perdu tout respect pour le gouvernement ; car les mouvemens des grands, dans un état, doivent être subordonnés à ceux du prince qui doit

---

(1) Les trois principaux liens qui peuvent unir ou coaliser les sujets, dans une monarchie, sont *le respect pour le souverain, l'amour du bien public et la religion :* je n'ajoute pas *l'intérêt personnel,* car tout le monde sait que personne ne se laisse déterminer publiquement par un si vil motif. Ainsi, les deux mobiles extrêmes se nuisent l'un à l'autre, et nuisent tous deux à celui du milieu : d'où il suit que, pour faire prédominer celui du milieu, il faut supprimer les deux extrêmes, et que, pour faire régner complètement l'un des extrêmes, il faut supprimer l'autre.

y être le *premier mobile* : en quoi ces hautes classes doivent être semblables aux *planètes* qui, dans l'hypothèse reçue (celle de *Ptolomée*), sont emportées, d'un mouvement très rapide, d'*orient en occident*, en vertu de celui de toute la sphère qu'elles sont forcées de suivre, mais qui se meuvent beaucoup plus lentement d'*occident en orient*, en vertu de leur mouvement propre. Ainsi, lorsque les grands, n'obéissant plus qu'à leur propre impulsion, ont un mouvement très violent, c'est un signe que toutes les orbites sont confondues, et que tout le système tend à sa destruction. Car le respect des sujets est le *don* que Dieu a fait aux rois ; il est la base de leur puissance, et quelquefois il les menace de les en dépouiller : *je délierai la ceinture (le bandeau) des rois.*

Ainsi, lorsque ces *quatre piliers* (*appuis*) de toute espèce de gouvernement, la *religion*, la *justice*, la *prudence* et le *trésor public*, sont ébranlés ou affoiblis, c'est alors *qu'il faut recourir aux*

prières pour obtenir du beau temps.
Mais, terminant ici ce que nous avions à dire sur les *pronostics des séditions* (sujet d'ailleurs sur lequel les observations mêmes que nous allons faire, répandront encore beaucoup de lumière), nous allons traiter ; 1°. des *matériaux* (de l'*aliment* ou de la *cause matérielle*) *des séditions* ; 2°. *De leurs motifs* ou de leurs *causes* (*efficientes*) ; 3°. enfin, des *remèdes* et des *préservatifs* contre ce genre de calamité.

La *cause matérielle des séditions* est évidemment le premier objet qui doive fixer notre attention. En effet, n'est-il pas clair que le plus sûr moyen pour prévenir une sédition, autant que les circonstances le permettent, c'est d'en ôter d'abord la cause matérielle ; car, lorsque la matière combustible est amassée et préparée, il seroit difficile de dire d'où partira l'étincelle qui mettra le feu. Or, les séditions ont deux principales causes matérielles ; savoir : *une grande disette* et *de grands mécontentemens*

(un grand nombre de nécessiteux et de mécontens). Car il n'est pas douteux qu'autant il y a d'hommes ruinés ou obérés dans un état, autant il y a de votans pour la guerre civile (1). C'est ce que *Lucain* n'a pas manqué d'observer, lorsqu'avant de faire le tableau de la guerre civile des Romains, il en montre les véritables causes dans l'état même où Rome se trouvoit alors.

De là l'usure vorace et ces intérêts qui, en s'accumulant, donnent des ailes au temps : de là encore la foi si souvent violée, et la guerre devenue l'unique ressource pour le plus grand nombre.

Cette même situation du plus grand

---

(1) Ainsi, lorsqu'une première guerre civile, dans un état, a ruiné un grand nombre de citoyens, on doit s'attendre à une seconde ; et *le seul moyen qui puisse prévenir la seconde, est de réparer le mal qu'a fait la première,* en dépit de toutes les réclamations de ceux qui ont voulu et n'ont pas dû en profiter.

nombre, qui regarde la guerre comme son unique ressource, et qui, en conséquence, la souhaite, est un signe assuré et infaillible qu'un état est disposé aux troubles et aux séditions. Si ce grand nombre d'hommes ruinés, obérés et nécessiteux, se trouve en même temps dans les hautes classes et parmi le bas peuple, le danger n'en est que plus grand et plus imminent; car *les pires révoltes sont celles qui viennent du ventre* (1). Quant aux *mécontentemens*, ils sont dans le *corps politique*, ce que les *humeurs corrompues* sont dans le *corps humain;* leur effet ordinaire étant aussi d'exciter une *chaleur* excessive, et d'y causer une *inflammation.* Mais alors le prince ou le gouvernement ne doit pas *mesurer le danger sur la justice ou l'injustice des motifs qui ont ainsi aliéné les esprits;* ce seroit

---

(1) Les deux principales causes qui rendent *l'homme féroce*, sont *la faim et le desir de la vengeance*, comme le prouve l'exemple des sauvages de l'Amérique septentrionale.

supposer au peuple beaucoup plus de raison et de justice qu'il n'en a communément; trop souvent on le voit regimber contre ce qui peut lui être utile. Encore moins doit-il *juger du péril* par *l'importance ou la réalité des griefs* tendant à soulever la multitude : car, *lorsque la crainte est beaucoup plus grande que le mal, les mécontentemens publics n'en sont que plus dangereux,* attendu que *la douleur a une mesure, au lieu que la crainte n'en a point;* sans compter que, dans les cas où l'oppression est portée à son comble, cette oppression même qui a lassé la patience du peuple, lui ôte le courage et le pouvoir de résister. Mais il n'en est pas de même lorsqu'il n'a que des craintes. Le prince ou le gouvernement ne doit pas non plus se trop rassurer par cette seule considération, que ces mécontentemens qui se manifestent alors, ont eu lieu fréquemment, ou subsistent depuis long-temps, sans qu'il en ait encore résulté d'inconvénient notable. Car, quoique tout nuage n'excite pas une tempête, cependant s'il en passe beaucoup, à la fin il en viendra un qui crevera, et qui donnera du vent; et si tous ces petits nuages, qu'on méprise, viennent à se réunir, la tempête, pour avoir été un peu retardée, n'en sera que plus affreuse : c'est ce que dit un proverbe espagnol : *lorsqu'on est au bout de la corde, la plus petite force suffit pour la rompre* (1).

Les *motifs* ou les *causes* les plus ordinaires des *séditions*, sont les grandes et soudaines innovations par rapport à la religion, aux loix, aux coutumes antiques, etc. les infractions de privilèges et d'immunités, l'oppression générale, l'avancement des hommes sans mérite,

---

(1) L'expression, dans l'original, est un peu équivoque : voici, je crois, l'idée des Espagnols et de notre auteur. Soit une corde de cent pieds attachée à un point fixe, et que je veuille rompre; si je la prends à dix pieds de ce point fixe, j'aurai beaucoup plus de peine à la rompre, que si je la prenois tout au bout. Je crois qu'il s'agit ici de la *corde d'un cerf-volant.*

l'instigation des puissances étrangères, l'arrivée d'une multitude d'étrangers, ou une prédilection trop marquée pour quelques-uns d'entre eux, les grandes chertés, *des armées licenciées tout à coup et sans précaution,* des factions poussées à bout; en un mot, tout ce qui peut irriter le peuple et coaliser un grand nombre de mécontens, en leur donnant un intérêt commun.

Quant aux *remèdes* et aux *préservatifs* contre les séditions, il en est de généraux, que nous allons indiquer en masse, et sans nous astreindre aux loix de la méthode. Mais, pour opérer une cure complète et radicale, il faut appliquer à chaque espèce de maladie de ce genre, le remède qui lui est propre, et par conséquent faire beaucoup plus de fond sur la prudence personnelle de ceux qui gouvernent, que sur des préceptes et des règles fixes.

Le premier de tous ces remèdes, ou préservatifs, c'est d'ôter ou de diminuer, autant qu'il est possible, cette cause matérielle de sédition dont nous parlions plus haut, je veux dire la *pauvreté, la disette qui se fait sentir dans un état.* Or, les moyens qui peuvent mener à ce but, sont de dégager toutes les routes du commerce, de lui en ouvrir de nouvelles, et d'en bien régler la balance (1); d'encourager les manufactures

---

(1) La balance du commerce est le trébuchet de la sottise. *Smith* a démontré que l'intérêt même des vendeurs et des acheteurs, lorsque le commerce est libre, y établit et y entretient naturellement l'équilibre, et que tout gouvernement sottement tracassier qui veut toucher à cette balance pour la régler, la fait tôt ou tard trébucher au désavantage de l'état; que le seul vrai secours qu'il puisse donner au commerce, c'est de faire des *chemins*, des *ponts*, des *ports*, des *canaux*, etc. et des loix sévères pour assurer les traités de cette espèce. La démonstration détaillée de ces deux propositions exigeroit deux volumes aussi gros que les nôtres; mais en voici la substance : quand une denrée est rare et chère dans un lieu où le commerce jouit de la liberté physique, civile et politique, et qui a de quoi l'acheter, les vendeurs accourent, la rendent commune et en font baisser

et l'industrie nationale ; de bannir l'oi-

le prix. Lorsqu'elle y est très commune et à très bas prix, les acheteurs accourent, la rendent plus rare et en font hausser le prix. Il faut donc laisser faire les vendeurs et les acheteurs qui auront soin de tenir en équilibre la balance de votre commerce, et qui vous rendront ce service, sans que vous leur en ayez obligation. Car l'effet de toute loi tendant à tenir une denrée à un prix beaucoup plus bas que celui où elle devroit être naturellement, n'est que de la faire *cacher*, *porter ailleurs*, et même *détériorer* par dépit, ou *détruire tout-à-fait*, comme les Athéniens l'apprirent à leurs dépens, lorsqu'ayant fait des réglemens pour tenir le bled à bas prix, et nourrir plus aisément un peuple aussi stupide qu'impatient, ils l'affamèrent : réglemens qui étoient le comble et *le maximum de la sottise*. Il en est de même de la *balance du commerce, envisagée de nation à nation* : lorsqu'un grand commerce accumule les richesses dans un pays, en y faisant hausser le prix des choses nécessaires à la vie, celui de la main d'œuvre et celui des marchandises de toute espèce, elles lui donnent à la longue un désavantage visible dans tous les marchés du dehors, et il s'appauvrit : au contraire, s'il est pauvre et industrieux, à la longue, sa pauvreté même sera pour lui une source d'opulence.

siveté ; de mettre un frein au luxe et aux

Il n'est point en ce monde de puissance, ni de génie qui puisse empêcher ces augmentations et ces diminutions alternatives : elles ont lieu dans le marché d'une petite ville, dans ceux d'une capitale, dans le grand marché de l'Europe et dans le monde entier. Voilà pour les *biens réels* ; actuellement voyons les *signes* si souvent préférés aux choses.

L'argent et les *choses nécessaires, utiles ou agréables, s'attirent et s'achètent réciproquement.* Mais, plus une *chose* est *nécessaire*, plus *l'attraction* qu'elle exerce sur celles qu'on donne en échange est *forte et constante*. Ainsi, tout individu, et tout peuple qui a *de quoi acheter de l'argent*, en aura quand il voudra, si les opérations et les routes du commerce sont libres ; et comme le bled attire plus fortement l'argent que ce métal ne l'attire, parce qu'il est plus nécessaire ; non-seulement celui qui a du bled, dans le cas supposé, aura de l'argent quand il voudra, mais même, généralement parlant, il sera plus assuré d'en avoir que celui qui, ayant beaucoup d'argent, manqueroit de bled, ne seroit assuré d'avoir du grain. Car on voit quelquefois des nations qui, ayant peu d'argent et beaucoup de bled, ne laissent pas de retenir ce bled ; mais on n'en a jamais vu aucune

dépenses ruineuses, par des loix somptuaires (1); encourager aussi, par des ré-

---

qui, ayant beaucoup d'argent et très peu de bled, soit morte de faim pour n'avoir pas voulu en acheter.

Bien entendu que, dans tout pays où l'industrie et le commerce auront été gênés pendant plusieurs siècles par une infinité de loix, on ne leur rendra que par degrés cette liberté même qui leur est due ; parce qu'il faut avoir pitié de ceux-mêmes qui vivent d'un abus, et leur donner le temps de chercher un autre moyen de subsistance.

Mais voici un principe qui simplifie notre simplification même, et qui réduit à deux ou trois lignes toute l'économique, ainsi que la morale et la politique des individus et des nations. A la longue, *les loix et les réglemens les plus équitables, non-seulement par rapport aux citoyens, mais même relativement aux étrangers, sont aussi les plus utiles à l'état; toute loi partiale n'ayant qu'une utilité partielle.* C'est parce que le grand *Smith* a été continuellement guidé par ce principe, qu'il a été le *Newton de l'économique.*

Ainsi, *la vraie balance du commerce, c'est celle de la justice.*

(1) Quels seroient la force et les avantages de ces loix somptuaires, dans un pays où le luxe étant

compenses et des loix impartiales, tout ce qui tend à la perfection de l'agricul-

---

répandu dans toutes les classes, les délinquans sont en si grand nombre, qu'on ne trouveroit plus personne pour les punir; où une multitude immense de familles honnêtes et laborieuses vivent du travail dont ce luxe est le produit; où il fait une grande partie du commerce intérieur et extérieur; où la vente du produit brut, manufacturé par les artisans ou les artistes de luxe, et celle des denrées ou autres matières nécessaires pour les nourrir, les vêtir, les loger, etc. est nécessaire à la subsistance des cultivateurs mêmes, et de tous ceux qui fournissent ces matières premières. Des loix somptuaires, en tout pays très avancé dans la civilisation, seroient un immense assassinat, si un cri universel d'indignation ne les faisoit rentrer à l'instant dans le porte-feuille du *moine* qui les auroit conseillées. La plupart des politiques qui ont voulu traiter ce sujet (sans en excepter J. J. lui-même), *ne l'ont vu que de profil*. Le luxe est certainement le plus grand de tous les maux, puisqu'il nous fait *abandonner le bon pour courir au beau*, ou plutôt au *joli*, *au rare*, etc. et qu'en décorant un sot ou un fripon, il lui donne le pas sur l'homme vertueux et l'homme de génie. Mais ce fléau est devenu *un mal nécessaire*; c'est une

ture; régler le prix des denrées et de toutes les choses commerçables (1); modérer les taxes et les impositions, etc. Généralement parlant, il faut prendre garde aussi que la population, sur-tout quand les guerres ne la diminuent point,

---

loupe qu'on ne peut couper, sans occasionner une *hémorragie*. Le plus grand des abus, c'est de vouloir ôter, d'un seul coup, tous les abus, et même un seul abus invétéré; vérité gravée en traits de sang dans une histoire excessivement moderne. Car, en levant sans précaution tel abus très nuisible en lui-même, vous renverserez, du même coup, et les fripons volontairement assis sur cet abus, et les hommes honnêtes que la nécessité a forcés de s'y asseoir à côté d'eux. Il est tel homme qui, pour nous aider à bien vivre, veut nous empêcher de vivre, et qui ne comprend pas que cette plume même avec laquelle il écrit ces spécieuses sottises, fait partie de ce luxe qu'il veut détruire. Marchons plus doucement et plus paisiblement, même en donnant des conseils que personne n'écoute; tâchons de rendre les hommes un peu meilleurs sans les affamer, et de les rendre libres sans les ruiner.

(1) Pour les rendre plus rares et plus chères.

n'excède la quantité d'hommes que le royaume peut nourrir (par le produit de son agriculture, de son industrie et de son commerce). Mais pour pouvoir déterminer avec justesse la quantité de cette population, il ne suffit pas d'avoir égard au nombre absolu des têtes; car un petit nombre d'hommes, qui dépensent beaucoup et qui travaillent très peu, ruineroient plus promptement un état que ne le feroient un grand nombre d'hommes très laborieux et très économes. Aussi, lorsque le nombre des nobles et autres personnes de distinction est en trop grande proportion avec les classes inférieures du peuple, ils appauvrissent et épuisent l'état. *Il en est de même d'un clergé très nombreux qui, après tout, ne met rien à la masse;* ainsi que les gens de lettres, et en général les gens d'étude, dont le nombre ne doit pas non plus excéder de beaucoup celui que les émolumens des professions actives qui exigent des connoissances, peuvent entretenir.

Voici une autre observation qu'on ne doit pas perdre de vue : *une nation ne peut s'accroître, par rapport aux richesses, qu'aux dépens des autres, attendu que ce qu'elle gagne, il faut bien que quelqu'un le perde* (1). Or, il est trois sortes de choses qu'une nation peut vendre à une autre ; savoir : la matière première (ou *le produit brut*), *le produit manufacturé*, et *la voiture* (le *fret* ou le *nolage*). Ainsi, lorsque ces trois roues principales tournent avec aisance, les richesses affluent dans le pays. Quelquefois, suivant l'expression du poëte, la façon, et en général le travail a plus de prix que la matière, je veux dire que le prix de la *main-d'œuvre ou de la voiture*, excède souvent celui de la *matière première*, et enrichit plus prompte-

---

(1) Ce principe est faux à certains égards. Ce qu'une nation tire de ses propres terres et de sa propre industrie, elle ne l'ôte à aucune autre nation ; et ce qu'elle gagne de cette manière, elle ne le fait perdre à qui que ce soit.

ment un état : c'est ce dont nous voyons un exemple frappant dans les habitans *des Pays-Bas,* dont les mines les plus riches sont au dessus de la surface de la terre, et qui, par leur industrie, l'emportent sur toutes les autres nations.

Le gouvernement doit sur-tout prendre des mesures pour empêcher que tout l'argent comptant du pays ne s'accumule dans un petit nombre de mains, autrement un état pourroit mourir de faim au sein de l'abondance ; l'argent, ainsi que le fumier, ne fructifiant qu'autant qu'on a soin de le répandre ; but auquel on parviendra, en étouffant, ou du moins en réprimant ces trois monstres dévorans, l'*usure*, le *monopole* et la *manie de convertir en pâturages les champs à grain,* etc.

Quant aux moyens de *calmer les esprits,* et *d'appaiser* le *mécontentement général,* ou du moins d'en prévenir les plus dangereuses conséquences, nous observerons d'abord que chaque état est composé de deux principales classes, savoir : la *noblesse*, et les *roturiers* qui forment le plus grand nombre: Quand un seul de ces deux ordres est mécontent, le danger n'est pas fort grand, *les mouvemens du peuple étant toujours lents* et *de très courte durée, lorsqu'il n'est pas poussé et dirigé par les grands;* et *les grands ne peuvent presque rien en ce genre, si la multitude n'est disposée à se soulever d'elle-même*. Mais, lorsque les grands n'attendent que le moment de l'insurrection spontanée du bas peuple, pour se déclarer eux-mêmes, c'est alors que le danger est vraiment imminent. *Jupiter,* dit la fable, ayant appris que *les dieux* avoient formé le projet de le lier, se détermina, d'après le conseil de *Pallas,* à appeller à son secours *Briarée aux cents bras;* allégorie dont le vrai but, comme on n'en peut douter, est de montrer aux rois combien il leur importe de ménager le peuple, et de n'épargner aucun soin pour gagner son affection.

Laisser à un peuple la liberté de se

plaindre, et d'exhaler sa mauvaise humeur (pourvu toutefois que ces plaintes ne soient pas poussées jusqu'à l'insolence et à la menace), est encore un ménagement salutaire ; car, si vous répercutez les humeurs vicieuses, et déterminez le sang de la blessure à couler au dedans, vous y occasionnerez des ulcères malins, et de mortels apostumes.

Il est encore un autre moyen pour ramener les esprits lorsqu'ils sont aliénés, et pour assoupir les mécontentemens, c'est de *faire jouer à Prométhée le rôle d'Epiméthée*, car il n'est point de remède plus efficace. Dès qu'*Epiméthée*, dit la fable, vit que tous les maux étoient sortis de la boîte de *Pandore*, il laissa tomber le couvercle, et par ce moyen, l'espérance resta au fond de cette boîte. En effet, *amuser les hommes en les berçant d'espérances*, et *les mener avec dextérité d'une espérance à l'autre*, *est le plus sûr antidote contre le poison du mécontentement* ; et le *caractère dis-*

tinctif d'un gouvernement prudent et sage est cette adresse même à endormir les sujets, en les nourrissant d'espérances, lorsqu'il lui est impossible de leur procurer une satisfaction plus réelle; et de savoir gouverner les esprits de manière que, dans le cas même d'un malheur inévitable, il leur reste toujours quelque espérance d'en échapper; ce qui n'est pas si difficile qu'on pourroit le penser; les individus, ainsi que les factions, étant naturellement disposés à se flatter eux-mêmes, ou du moins à affecter, pour faire parade de leur courage, les espérances qu'ils n'ont point.

Une autre méthode *pour prévenir les funestes effets du mécontentement général,* méthode fort connue, mais qui n'en est pas moins sûre, c'est de n'épargner aucun moyen *pour empêcher que le peuple ne se porte vers quelque personnage distingué qui puisse lui servir de chef, en former un corps régulier et diriger tous ses mouvemens* (1). J'entends par chef, un homme d'une naissance illustre, jouissant d'une grande ré-

---

(1) *Le peuple a naturellement le droit et la force* pour l'appuyer : pourquoi donc, malgré ce droit et cette force naturelle, *ses droits sont-ils toujours violés et est-il toujours esclave?* parce que *l'enfant robuste a les bras d'un homme et la tête d'un enfant;* en un mot, parce qu'il ne sait pas user de sa force et manque de méthode; or, *il manque de méthode, parce qu'il est sans chef.* Ainsi, l'unique moyen de garantir les droits du peuple de toute usurpation, sur-tout *des usurpations graduelles et méthodiques*, c'est de lui donner un corps perpétuel de protecteurs tirés de sa classe, mais dont les membres soient amovibles et changent même fréquemment. Cependant, comme un corps qui auroit toujours le peuple pour lui, seroit trop puissant et finiroit par rester seul maître, il faut qu'il soit *très nombreux;* car *la puissance d'un corps qui n'agit que de la tête et de la langue, ou de la plume, est en raison inverse du nombre de ses membres;* un grand nombre d'hommes ne pouvant être long-temps d'accord et perdant toujours beaucoup de temps à lutter les uns

putation, assuré de la confiance du parti mécontent, ayant lui-même des sujets particuliers de mécontentement, et

---

contre les autres. Ainsi, le sénat de Rome fit une faute capitale, en ne faisant pas suggérer au peuple l'idée de demander au moins une centaine de tribuns. Sans le *patronat* qui assuroit une défense aux Patriciens, et la prudence qu'ils eurent souvent de gagner quelques tribuns et d'affoiblir ce corps, en le divisant, la république romaine n'auroit pas duré huit jours. Encore, malgré cette double ressource du sénat, son ascendant naturel, et la force qu'il tiroit du consulat ou de la dictature, *les deux Gracchus, Marius, Cinna, Carbon, Sulpicius*, etc. ne laissèrent pas d'ébranler la constitution jusque dans ses fondemens, par le moyen du tribunat; enfin, César, par le même moyen, la renversa tout-à-fait; et *Octave* lui-même, qui connoissoit bien toute la force de cette magistrature, se rendit le maître, en s'en appropriant le titre et l'autorité; en quoi il évita la grossière inconséquence de Jules-César, qui, au lieu de se faire créer seul tribun, pour conserver la souveraine puissance, par le moyen même qui l'y avoit conduit, usurpa la dictature perpétuelle, magistrature odieuse au peuple. *De toutes les magistratures* que les hommes réunis en société ont créées,

vers lequel par conséquent le peuple tourne naturellement les yeux. Lorsqu'un personnage si dangereux se trouve dans

celle qui a le plus de force réelle et de véritable autorité, c'est le tribunat, parce que le tribun étant uni, par un lien indissoluble, avec le peuple, il réunit aussi dans sa main et le droit et la force. Le peuple ne regarde un *roi*, à plus forte raison un *despote*, que comme un *maître*, et le *prince* ne peut long-temps *rester tel qu'à l'aide d'une armée sur pied :* genre *d'appui* qui prouve assez *la foiblesse* naturelle de son autorité: au lieu que le *peuple* regarde un *tribun* comme son *protecteur et son chef naturel, tiré de son ordre*, et ce magistrat a *pour armée perpétuelle le peuple tout entier.* A Rome, un tribun, à l'aide d'un simple appariteur, arrêtoit et emprisonnoit un consul environné de tout le sénat, et général-né des armées de la république. Qui a jamais vu, *dans un royaume et dans un même temps, quatorze armées sur pied et la famine?* C'est un miracle dans l'histoire du genre humain : eh bien! ce miracle, c'est la puissance tribunitienne qui l'a fait. En tout pays où le peuple a des chefs, si ces chefs, au lieu de se laisser aveugler par leur jalousie contre les grands propriétaires et contre le pouvoir exécutif, comme ils le font toujours, se contentoient de défen-

un état, il faut tout faire pour le gagner, l'engager à se rapprocher du gouvernement, et l'y attacher, non pas en passant, mais fortement, et par des avantages solides qu'il ne puisse espérer du parti opposé ; ou, si l'on n'y peut réussir, il faut lui opposer quelque autre sujet distingué dans le même parti, et qui puisse, en partageant avec lui la faveur populaire, balancer son influence : généralement parlant, la méthode de *diviser* et de *morceler*, pour ainsi dire, *les factions* et les *ligues* qui se forment dans un état, en commettant les chefs les uns avec les autres, ou du moins en semant, faisant naître entre eux des dé-

---

dre, avec une méthodique fermeté et une modération soutenue, les droits sacrés dont ils sont les dépositaires, ils seroient toujours les maîtres et auroient toujours droit de l'être. Aussi c'est avec fondement que notre auteur conseille au gouvernement d'un état menacé d'une sédition, de n'épargner aucun moyen pour empêcher que le peuple n'ait des chefs de ce caractère, ou de tout sacrifier pour les gagner.

fiances et des jalousies (1) ; cette méthode, dis-je, n'est rien moins que méprisable ; car, si ceux qui tiennent pour le gouvernement sont divisés, et luttent les uns contre les autres, tandis que les factieux agissent de concert et sont étroitement unis, tout est perdu.

J'ai aussi observé, en parcourant l'histoire, que certains mots ingénieux et piquans, que des princes, ou autres personnages éminens, ont laissé échapper, ont allumé des séditions. *César* se fit un tort irréparable par cette plaisante-

---

(1) Le moyen qu'on emploie le plus ordinairement pour parvenir à ce but, est d'envoyer fréquemment porter des paroles fort avantageuses au chef de la faction opposée, par un homme affidé qui se cache avec assez d'adresse pour que tout le monde le voie. On gagne, par ce moyen, de ces deux points l'un ; ou l'on gagne ce chef, ou on le rend suspect aux autres chefs et à tout le parti ; en quoi l'on est aidé par ceux qui rivalisent avec lui, et qui ne manquent pas de faire remarquer ces fréquens messages, et la facilité avec laquelle ils sont reçus.

rie : *Sylla n'étoit qu'un ignorant, il n'a pas su dicter;* mot qui ôta pour toujours aux Romains l'espoir qu'ils avoient de le voir tôt ou tard abdiquer la dictature. *Galba* se perdit par ce mot : *mon usage est de choisir* (1) *des soldats, et non de les acheter ;* ce qui ôta aux soldats tout espoir d'obtenir de lui le *donatif* (la gratification que les empereurs romains, à leur avénement, donnoient à leur armée); il en fut de même de *Probus* qui eut l'imprudence de dire : *si je vis encore quelques années, l'empire romain n'aura plus besoin de soldats;* paroles désespérantes pour son armée : on en peut dire autant de beau-

---

(1) Nous n'avons point, dans notre langue, d'expressions qui répondent à celle-ci, *legere milites;* comme tous les citoyens romains étoient soldats-nés, le consul et ses officiers levoient des troupes, en choisissant les hommes un à un : les deux locutions qui approchent le plus de celle que nous cherchons, sont celles-ci : *requérir* ou *mettre en réquisition;* mais ces expressions étant devenues odieuses, je n'ai pas dû les employer.

coup d'autres. Ainsi les princes, dans des circonstances difficiles, et en parlant sur des affaires délicates, doivent bien prendre garde à ce qu'ils disent ; sur-tout de lâcher de ces *mots extrêmement précis,* qui sont comme autant de *traits aigus,* et qui semblent dévoiler leurs secrets sentimens : quant aux discours plus étendus, comme ils sont moins remarqués, ils ont moins d'effet et sont moins dangereux.

Enfin, les princes doivent avoir toujours auprès d'eux, à tout événement, un ou plusieurs personnages distingués par leur courage ou leurs talens militaires, et d'une fidélité éprouvée, pour étouffer les séditions dès le commencement. Sans cette ressource, une cour prend trop aisément l'épouvante, lorsque les troubles viennent à éclater ; et elle se trouve dans cette sorte de danger dont *Tacite* donne une si juste idée en disant : *la disposition des esprits étoit telle que, peu d'entr'eux osant commettre le dernier attentat, un plus grand nombre le souhaitoit, et tous l'auroient souffert.* Mais il faut que ces généraux dont nous parlons, soient d'une fidélité plus assurée que ceux du parti populaire; autrement le remède seroit pire que le mal (1).

―――――――――――――――――

(1) Le vrai moyen de prévenir une sédition, c'est *de céder au peuple avec dignité*, c'est-à-dire, en lui faisant sentir qu'on seroit en état de lui résister, et qu'on se sent fort. Si on cède tout au peuple, et en lui accordant en une seule fois tout ce qu'il demande, il prend cette extrême facilité pour une foiblesse, c'est-à-dire, pour ce qu'elle est, et n'en devient que plus insolent. Si on lui cède sur tous les points et successivement, il s'accoutume à voir le gouvernement lui céder, et il perd l'habitude de l'obéissance. Que faire donc alors? ce qui suit. Rassemblez toutes vos forces, tenez le peuple dans la crainte pendant quelque temps, puis accordez-lui tout ce qu'il a droit de demander; mais, après ces concessions, punissez très sévèrement les premiers actes de désobéissance. Cette condescendance, après un acte de fermeté, et à laquelle il ne s'attendoit pas, lui sera doublement agréable. La force que vous avez en main, et les actes ultérieurs de sévérité, prouveront que

XVI. *De l'athéisme.*

J'aimerois mieux croire toutes les fables de la *Légende*, du *Thalmud* et de l'*Alcoran*, que de croire que cette grande machine de l'univers, où je vois un

---

ce n'est pas la crainte qui vous a obligé de céder; et la déférence que vous aurez eue pour ses justes desirs prouveront que vous n'aviez pas rassemblé ces forces pour l'opprimer, mais seulement pour le contenir, pour l'empêcher de se nuire à lui-même, en suivant sa propre impulsion ou celle des chefs factieux ; et pour ne pas vous avilir, en lui cédant. Ces trois actes réunis prouveront que, ayant tout à la fois *la force* et la *justice*, vous êtes trop juste pour abuser de vos avantages quand vous êtes le plus fort, et qu'il peut sans danger vous confier toute sa force ; en un mot, que vous avez de la *générosité*, vraie base de toute autorité légitime. Car, sans la *sévérité*, la *douceur* dégénère en *foiblesse* qui n'inspire que le *mépris*, et relâche le doux lien formé par *l'amour*; et sans la *douceur*, la *sévérité* dégénère en *tyrannie* qui n'inspire que la *haine*, et renverse en peu d'heures l'édifice qu'un siècle de *modération* a élevé ; mais la *douceur* et la *sévérité* employées tour à tour, et habilement tempérées l'une par l'autre,

ordre si constant, marche toute seule et sans qu'une intelligence y préside. Aussi Dieu n'a-t-il jamais daigné opérer des *miracles* pour convaincre les *athées*, ses ouvrages mêmes étant une sensible et continuelle démonstration de son

---

produisent le *respect*, sentiment mixte, qui, étant composé de *beaucoup d'amour*, sans mélange de *mépris*, et d'un peu de *crainte*, sans aucune teinte de *haine*, confère à ceux qui savent l'inspirer, le *droit de commander*, avec *l'autorité* nécessaire pour se faire *obéir*, et adoucit la *sujétion* pour ceux qui *obéissent*, en leur faisant de cette *obéissance* un *devoir*, et de ce *devoir* un *plaisir*. Dans ce cas, ainsi que dans les autres, les *moyens mixtes et composés des deux contraires* sont les seuls qui mènent au vrai *but*, en *réunissant* tous les *avantages* et prévenant tous les *inconvéniens*; parce que, dans tous les cas, il y a *deux extrêmes à éviter*, et qu'en n'employant que *l'un* des deux *moyens contraires*, on *n'évite l'un* des *extrêmes* qu'en *tombant* dans *l'extrême opposé*. C'est parce que cette vérité n'est pas assez généralement connue ou sentie, que les *individus* et les *empires* meurent avant le *temps*. (Voyez *la Balance naturelle*, où cette vérité est développée.)

existence. Une philosophie superficielle fait incliner quelque peu vers l'athéisme, mais une philosophie plus profonde ramène à la connoissance d'un Dieu. Car, tant que l'homme, dans ses contemplations, n'envisage que les causes secondes qui lui semblent éparses et incohérentes, il peut s'y arrêter, et n'être pas tenté de s'élever plus haut : mais lorsqu'il considère la chaîne indissoluble qui lie ensemble toutes ces causes, leur mutuelle dépendance, et, s'il est permis de s'exprimer ainsi, leur étroite *confédération,* alors il s'élève à la connoissance du grand Être qui, étant lui-même le vrai lien de toutes les parties de l'univers, a formé ce vaste système et le maintient par sa providence. L'absurdité même des opinions de la secte la plus suspecte d'athéisme, est la meilleure démonstration de l'existence d'un Dieu; je veux parler de l'*école* de *Leucippe,* de *Démocrite* et d'*Epicure.* Car il me paroît moins absurde de penser que *quatre élémens variables,* avec une *cinquième essence,* immuable, convenablement placée, et de toute éternité, puissent se passer d'un Dieu, que d'imaginer qu'un nombre infini d'atomes, ou d'élémens infiniment petits, et n'ayant aucun centre déterminé vers lequel ils puissent tendre, aient pu, par leur concours fortuit, et sans la direction d'une suprême intelligence, produire cet ordre admirable que nous voyons dans l'univers (1). Nous

---

(1) Cet ordre que l'homme suppose dans l'univers, pourroit-on dire, ne lui semble tel que par son analogie avec les arrangemens auxquels il donne lui-même le nom d'*ordre*; mais l'homme est-il bien certain que les idées qu'il a de l'ordre, sont conformes à celles qu'en a la Divinité même, et que ce qu'il appelle *ordre* ne soit pas un désordre par rapport à elle? D'ailleurs, la constance qu'il attribue à cet ordre qu'il croit voir dans l'univers, n'est relative qu'à la courte durée de l'être éphémère qui en juge. Or, 3000 ans ne sont pas même une seconde par rapport à l'éternité. Ainsi, quand il seroit prouvé que cet ordre a duré 3000 ans, cela ne prouveroit pas qu'il est constant. Sans doute, peut-on répondre : mais, *si tout est relatif*, comme vous le prétendez, l'arrangement de

trouvons dans l'Écriture sainte ces paroles si connues : *l'insensé a dit dans son cœur : il n'est point de Dieu.* Remarquez qu'elle ne dit *pas* qu'il le *pense*, mais seulement qu'il se le dit à lui-même, plutôt comme une chose qu'il souhaite et qu'il tâche de se faire accroire, que comme une chose dont il soit intimement persuadé. Les seuls hommes qui osent nier l'existence de Dieu, sont ceux qui croient avoir intérêt à sa non-existence (1), et ce qui prouve bien que l'a-

---

l'univers étant, par rapport à l'homme, un ordre constant, il y a donc un Dieu relativement à l'homme, et c'est tout ce qu'il nous faut : si le bonheur de l'homme est tout tissu de relations, et son existence toute relative, les vérités relatives lui suffisent; il n'a pas besoin des vérités absolues, et toutes les objections fondées sur des vérités de cette dernière espèce sont nulles par rapport à lui.

(1) Ce raisonnement est d'autant plus faux, qu'il peut être ainsi rétorqué contre ceux qui l'emploient. Les seuls hommes qui affirment que Dieu existe, sont ceux qui croient avoir intérêt à son existence ; et le dogme de l'existence de Dieu est si nécessaire aux hommes honnêtes, qu'ils pour-

théisme est plus sur les lèvres qu'au fond du cœur, c'est de voir que les athées aiment tant à parler de leur opinion : comme s'ils cherchoient à s'appuyer de l'approbation des autres, pour s'y fortifier. On en voit même qui veulent se faire des prosélytes, et qui prêchent leur opinion avec autant d'enthousiasme et de fanatisme que des sectaires ; en un mot, *l'athéisme a ses missionnaires, ainsi que la religion :* que dis-je ? il a même ses *martyrs,* qui aiment mieux subir le plus affreux supplice que de se rétracter (1). S'ils étoient vraiment

---

roient bien, à leur insu, n'en avoir pas de meilleure preuve que cette nécessité même. Aussi l'intérêt que les athées croient avoir à la non-existence de Dieu, ne prouve pas plus qu'il existe, que l'intérêt que les théistes croient avoir à son existence ne prouve qu'il n'existe point ; et l'inconvénient de tout argument fondé, comme celui-ci, sur des personnalités, est qu'on peut toujours le rétorquer contre ceux qui en abusent.

(1) Si tous ces signes sont communs aux athées et aux théistes, ils ne prouvent donc rien, ni pour

persuadés que Dieu n'existe point, son existence une fois niée, tout seroit fini, et ils n'auroient plus rien à dire: à quoi bon se tourmenter ainsi pour

les uns ni pour les autres; mais ne seroit-ce pas cela même que l'auteur voudroit dire? Ces trois exemples de *rétorsion* suffiront pour bannir de la philosophie toutes les personnalités, puisque tout homme qui, dans la dispute, y a recours, donne prise et provoque une récrimination. Si l'existence de Dieu n'étoit appuyée que sur de telles preuves, tout homme raisonnable seroit forcé d'être athée; mais heureusement elle a des bases plus solides : car, outre les *preuves métaphysiques, physiques et morales* qui sont connues, on peut raisonner ainsi. Il n'est pas probable que l'homme soit dans l'univers entier la suprême intelligence : il est donc probable qu'il y a dans l'univers des intelligences supérieures à la sienne; et, comme il n'est point dans la nature deux êtres parfaitement égaux, il est également probable qu'il existe une intelligence supérieure à toutes les autres, qui a fait sur la totalité de la matière ce que l'homme a fait sur une partie infiniment petite de cette matière, c'est-à-dire, qui a pu et a voulu l'arranger, y mettre de l'ordre. Cette suprême intelligence, cette cause de toutes les causes, je l'appelle Dieu.

cette opinion négative(1)? On a prétendu qu'*Epicure* dissimuloit sa véritable opinion sur ce point ; que, pour mettre en sûreté sa réputation et sa personne, il affirmoit publiquement qu'il existoit des êtres parfaitement heureux et jouissant tellement d'eux-mêmes, qu'ils ne daignoient pas se mêler du gouvernement de ce monde inférieur : mais qu'au fond

---

Ce grand être, mes sens ne me le montrent pas ; mais ils me préparent à le voir, et ma raison me le montre dans la subordination de tous les êtres, dont ils m'ont révélé l'existence. *Il est*, voilà ce qu'elle me dit ; mais *quel* est-il ? voilà ce qu'elle ne me dit pas ; car tout ce qu'elle me dit sur ce sujet, est tiré de l'homme même, et tout ce que l'homme tire de lui-même tient trop de la nature humaine, pour devoir être appliqué à l'être incommensurable qu'il veut mesurer.

(1) A se mettre en état de résister à ceux qui soutiennent l'affirmative : comme ils sont dans la charitable habitude de brûler leurs adversaires, pour les réfuter, on tâche de se faire un grand nombre de prosélytes, pour jeter de l'eau sur les fagots, et tenir de sa propre force la tolérance qu'on n'obtiendroit pas de leur charité.

il ne croyoit point du tout l'existence de la divinité, et ne parloit ainsi que pour s'accommoder au temps. Mais cette accusation nous paroît d'autant plus dénuée de fondement, que, dans ses entretiens particuliers sur ce sujet, son langage étoit quelquefois sublime et vraiment divin : *ce qui est vraiment profane*, disoit-il alors, *ce n'est pas de nier les dieux du vulgaire, mais d'appliquer aux dieux les opinions de ce profane vulgaire : Platon* lui-même auroit-il mieux parlé? Et quoiqu'*Epicure* ait eu l'audace de nier *la providence des dieux*, il n'eut jamais celle de nier *leur nature*. Les sauvages de l'Amérique ont des noms particuliers pour désigner spécifiquement tous leurs dieux ; mais ils n'en ont point qui répondent à notre mot *Dieu* (1). C'est à peu près comme si les

---

(1) C'est peut-être qu'ils n'ont pas même l'idée que nous attachons à ce mot ; et que, n'ayant pas encore de *monarque*, ils n'en ont pas *supposé un dans les cieux* : ces pauvres misérables s'imagi-

Païens n'avoient eu que ces noms de *Jupiter*, d'*Apollon*, de *Mars*, etc. et n'avoient pas eu celui de *Deus* (en latin), de *Dios* (en grec); ce qui prouve que les nations les plus barbares, sans avoir de la divinité une idée aussi étendue et aussi grande que la nôtre, en ont du moins une notion imparfaite. Ainsi, les athées ont contre eux les Sauvages réunis avec les plus profonds philosophes. On trouve rarement des athées réels, désintéressés, et purement théoriques, tels que *Diagoras, Bion, Lucien,* etc. peut-être encore se peut-il qu'ils le paroissent plus qu'ils ne le sont. Car on sait que ceux qui combattent *une religion ou une superstition reçue, sont toujours accusés d'athéisme.* Mais *les vrais athées ce sont les hypocrites qui manient sans cesse les choses saintes, et qui, n'ayant*

---

ginent que *leurs dieux sont libres comme eux.* Mais heureusement, lorsqu'ils seront plus avancés dans la civilisation, ils mettront dans *l'univers l'unité* qu'ils auront mise dans *l'état.*

*aucun sentiment de religion, les mé-,
prisent qu fond du cœur* (1).

L'athéisme peut avoir différentes causes, 1°. un trop grand partage de sentimens et les disputes sur la religion, surtout lorsqu'elles se multiplient excessivement ; car, lorsqu'il n'y a que deux opinions et deux partis qui les défendent, cette opposition même donne plus de zèle et de ferveur à l'un et à l'autre (2). Mais s'il règne une grande diversité d'opinions, cette multiplicité fait naître des doutes sur toutes, et introduit l'athéisme. 2°. La conduite scandaleuse des prêtres, quand elle est portée au point qui faisoit dire à *Saint Bernard : il ne faut plus dire, tel le peuple, tel le prêtre,*

---

(1) Je prie le lecteur de fixer son attention sur les deux phrases précédentes; de chercher contre quelle sorte de gens elles sont dirigées, et d'envoyer la lettre à son adresse.

(2) Ils aiment Dieu avec une tendresse proportionnée à la haine qu'ils se portent l'un à l'autre, chacun le regardant comme l'ennemi de son ennemi.

car aujourd'hui le prêtre est cent fois pire que le peuple. 3°. De fréquentes railleries sur les choses saintes ; ce qui extirpe du fond des cœurs, le respect dû à la religion. 4°. Enfin, les sciences et les lettres, sur-tout au sein de la paix et de la prospérité ; car les troubles et l'adversité ramènent à la religion.)

Ceux qui nient l'existence de Dieu, s'efforcent d'abolir la plus noble prérogative de l'homme. Car l'homme, par son corps, n'est que trop semblable aux brutes ; et lorsque, par son ame, il n'a pas quelque ressemblance avec la divinité, ce n'est plus qu'un animal vil et méprisable. Ils ruinent aussi le vrai fondement de la magnanimité, et tout ce qui peut élever la nature humaine. En effet, voyez combien un chien même a de courage et de générosité, lorsqu'il se sent soutenu de son maître, qui lui tient lieu d'une divinité et d'une nature supérieure ; courage que certainement il n'auroit point sans cette confiance que lui inspire la présence et l'appui d'une nature meilleure que la sienne (1). C'est ainsi que l'homme qui se sent assuré de la protection de la divinité, et qui repose, pour ainsi dire, sur le sein de la divine providence, tire de cette opinion, et du sentiment qui en dérive, une vigueur et une confiance à laquelle la nature humaine, abandonnée à elle-même, ne sauroit atteindre. Ainsi, l'athéisme déja odieux à mille égards, l'est sur-tout en ce qu'il prive la nature humaine du plus puissant moyen qu'elle ait pour s'élever au dessus de sa foiblesse naturelle. Or, il en est, à cet égard, des nations comme des individus ; jamais nation n'a égalé le peuple romain pour l'élévation des sentimens et la magnanimité : écoutez Cicéron lui-même, montrant la véritable source de cette grandeur d'ame :

Quoique nous soyons quelquefois un

---

(1) La plupart des hommes préfèrent un ami riche à un ami pauvre ; mais on ne voit pas un chien quitter un maître pauvre qui le nourrit mal, pour s'attacher à un riche qui le nourriroit mieux.

peu trop amoureux de nos institutions et de nous-mêmes, ô pères conscripts! cependant quelque haute idée que le peuple romain puisse avoir de sa supériorité naturelle, comme il ne l'emportoit ni sur les Espagnols par le nombre, ni sur les Gaulois par la hauteur de la stature et la force de corps, ni sur les Carthaginois par la ruse, ni sur les Grecs par les sciences, les lettres et les arts, ni, enfin, sur les Latins et les Italiens par cet amour inné de la liberté, qui semble être le caractère distinctif, l'instinct, et comme l'ame de tous les habitans de cette contrée; s'il a vaincu et surpassé en tant de choses toutes les nations connues, ce n'est donc point à ses qualités particulières qu'il a dû ces victoires et cet ascendant; mais à la seule piété, à la seule religion, à cette seule espèce de science et de sagesse, qui consiste à penser et à sentir que l'univers entier est mu et gouverné par l'intelligence et la volonté suprême des Dieux immortels.

XVII. *De la superstition.*

Il vaut mieux n'avoir aucune idée de Dieu, que d'en avoir une idée indigne de lui, l'un n'étant qu'*ignorance* ou *incrédulité ;* au lieu que l'autre est une *injure* et une *impiété ;* car on peut dire avec fondement que la superstition est injurieuse à la divinité. Certes, dit le judicieux *Plutarque, j'aimerois mieux qu'on dît que Plutarque n'existe point, que d'entendre dire qu'il existe un certain homme appellé* Plutarque, *qui mange tous ses enfans aussi-tôt après leur naissance,* comme les poëtes le disent de *Saturne.* Et comme la superstition est plus injurieuse à Dieu que l'irréligion, elle est aussi plus dangereuse pour l'homme ; l'athéisme du moins lui laisse encore beaucoup d'appuis et de guides, tels que *la philosophie, les sentimens de tendresse qu'inspirent la nature même, les loix, l'amour de la gloire, le desir d'une bonne réputation; toutes choses qui suffiroient pour le con-*

duire à un certain degré de vertu morale, du moins extérieure (1), *en supposant même qu'il soit tout-à-fait sans religion.* Au lieu que la superstition renverse tous ces appuis, et établit dans les ames humaines un vrai despotisme. Aussi l'athéisme n'a-t-il jamais troublé la paix des empires ; car il rend les individus très prudens par rapport à ce qui les regarde eux-mêmes, et fait qu'ils ne s'occupent que de leur propre sûreté, sans s'embarrasser de tout le reste. Nous voyons aussi que les temps les plus en-

―――――

(1) Ce ne sont rien moins que des *vertus réelles* qui font subsister les sociétés, mais seulement des *vertus apparentes* et nécessitées par des *besoins réciproques*, qui sont la vraie base de l'association ; cependant, comme ces *vertus de théâtre* ont des *effets physiques* à peu près *semblables* à ceux qu'auroient des *vertus* plus *réelles*, et qui suffisent pour *conserver les sociétés*, on s'en contente, faute de mieux ; on les exige de nous ; on nous en fait contracter l'habitude ; et les sociétés subsistent : nous n'en sommes pas plus heureux, mais du moins nous existons.

clins à l'athéisme, sont les temps de paix et de tranquillité, tels que celui d'*Auguste* : au lieu que la superstition a bouleversé plusieurs états en y introduisant *un nouveau premier mobile* qui, en imprimant son mouvement violent *à toutes les sphères du gouvernement,* démontoit tout le système politique (1). Le plus habile maître, en fait de superstition, c'est le peuple; car dans tout ce qui tient aux opinions de cette nature,

---

(1) Les religions sont très utiles; mais la superstition est très nuisible : or, le peuple est toujours superstitieux; l'intérêt des prêtres est qu'il le soit; et le peuple est la seule classe qui croie réellement à la religion. Quoi qu'il en soit, si nous consultons l'histoire, voici ce qu'elle nous dit : les *religions* sont rarement un *frein*, et souvent un *aiguillon* très dangereux. Elles ont *peu d'influence* en *bien* et comme *motifs réels,* mais elles en ont *une très grande* en *mal*, et comme *prétextes*: ce n'est le plus ordinairement qu'un *manteau de fripon* très commode, soit pour en imposer aux sots, soit pour opprimer les gens d'esprit, et sous lequel on peut se faire impunément beaucoup de bien à soi-même, ou beaucoup de mal aux autres;

les sages sont forcés de céder aux fous ; et en renversant l'ordre naturel, on ajuste tous les raisonnemens aux usages établis. On peut regarder comme une observation très judicieuse celle que firent à ce sujet certains prélats du *concile de Trente*, assemblée où la *théologie scholastique* joua le premier rôle. Les astronomes, disoient-ils, ont imaginé des *excentriques*, des *épycicles*, des *orbites*, et autres machines, pour

---

car ce n'est pas à Dieu que court l'homme superstitieux, ni le prêtre qui le pousse, mais à la chimère qu'il prend pour son intérêt ; et comme on se permet tout, quand on peut faire accroire aux autres qu'on agit au nom de Dieu, la religion est le père de tous les prétextes que l'hypocrisie puisse fournir aux passions humaines, sur-tout quand des fripons méthodiques savent combiner cet intérêt imaginaire avec des intérêts un peu plus réels. Ce qui ne doit s'entendre que des *fausses religions*, ou de la *vraie*, quand on l'a *falsifiée*, sous prétexte de *l'expliquer* ; car jamais on n'a vu la vraie religion soulever les peuples contre leur gouvernement, insulter à l'indigence publique par un faste scandaleux, ou faire rôtir des hommes à pro-

expliquer les phénomènes célestes, quoiqu'ils sussent fort bien que rien de tout cela n'existoit réellement. Les *scholastiques*, à leur exemple, ont inventé des principes très subtils et des théorêmes fort compliqués, pour motiver ou expliquer la pratique et les usages de l'église.

Les *causes* les plus ordinaires de la *superstition* sont ces *rits* et les *cérémonies* destinées à flatter la vue et les autres

---

pos de charité. Je ne hazarderai point ici de règle générale, mais voici le résultat de mes propres observations. *Plus* on trouve *de foi* dans un pays, *moins* on y trouve *de bonne-foi*. En doutez-vous? Voyagez un peu lentement depuis la *mer baltique* jusqu'aux extrémités méridionales de l'*Italie* et de la *Sicile*, en franchissant *la Hollande*, vous verrez la foi aller toujours en augmentant, et la bonne-foi en diminuant : ce qui sembleroit prouver que cette foi n'est qu'un *prétexte;* qu'il y a sur la terre beaucoup de *religions* et très peu de *religion*. Il est vrai que la *pléthôre* est proportionnelle à la *chaleur* du *climat*, et que la *foi* est, toutes choses égales, proportionnelle à la *pléthôre*.

sens; l'affectation d'une *sainteté toute extérieure* et *toute pharisaïque :* une *vénération* excessive pour les *traditions :* ce qui surcharge et complique d'autant la doctrine de l'église; le *manège des prélats pour augmenter leurs richesses et leur prérogative ;* trop de facilité à se prêter aux *bonnes intentions* et *aux vues pieuses,* ce qui donne entrée aux *innovations* dans la *doctrine* et la *discipline ;* la *manie d'attribuer à la divinité les nécessités, les facultés et les passions humaines, en assimilant Dieu à l'homme ;* ce qui mêle à la vraie doctrine une infinité d'opinions fantastiques; enfin, les *temps de barbarie,* sur-tout si les peuples sont alors affligés de désastres et de calamités. La superstition, lorsqu'elle se montre sans voile, est un objet difforme et ridicule : car, de même que la ressemblance du *singe* avec l'*homme* augmente la laideur naturelle de cet animal, de même la fausse ressemblance de la superstition avec la religion ne rend la première que plus hideuse ; et de même que les viandes les plus saines, lorsqu'elles se corrompent, se changent en vers, la superstition convertit la sage discipline et les coutumes les plus respectables en *momeries* et en *observances puériles*. Quelquefois aussi, à force de vouloir éviter la superstition ordinaire, on tombe, sans s'en appercevoir, dans un autre genre de superstition ; et c'est ce qui arrive lorsqu'on se flatte de ne pouvoir s'égarer, en s'éloignant le plus qu'il est possible de la superstition établie depuis long-temps. Ainsi, en voulant épurer la religion, il faut éviter avec soin l'inconvénient où l'on tombe par les *super-purgations*, je veux dire *celui d'emporter le bon avec le mauvais*; ce qui ne manque guère d'arriver quand le peuple est le réformateur.

XVIII. *Des voyages.*

Les voyages en pays étrangers font, durant la première jeunesse, une partie de l'éducation ; et dans l'âge mûr, une partie de l'expérience. Mais on peut dire d'un homme qui entreprend un voyage avant d'avoir fait quelques progrès dans la langue du pays où il veut aller, qu'il *va à l'école*, et non qu'il va *voyager*. Je voudrois d'abord qu'un jeune homme ne voyageât que sous la direction d'un gouverneur, ou d'un domestique, sage et de bonnes mœurs, qui eût voyagé lui-même dans ce pays où il se propose d'aller, qui en sût la langue, et qui fût en état de lui indiquer d'avance quels sont, dans ce même pays, les objets qui méritent le plus de fixer l'attention d'un observateur ; quelles liaisons plus ou moins étroites il doit y contracter, quels exercices, quelles sciences, ou quels arts y sont portés à un certain degré de perfection ; car autrement un jeune homme voyagera, pour ainsi dire, *les yeux bandés*, et quoique hors de chez lui, de ses foyers, il ne verra rien.

N'est-il pas surprenant que, dans les voyages de mer, où *l'on ne voit que le ciel et l'eau*, on ait soin de tenir des *journaux;* et que, dans les voyages de terre, où à chaque pas s'offrent tant d'objets dignes d'attention, on prenne si rarement cette peine ? comme si les objets ou les événemens qui se présentent fortuitement, méritoient moins d'être consignés sur des tablettes ou dans une relation, que les observations qu'on s'étoit proposé de faire. Il faut donc s'accoutumer à faire la relation détaillée de ses voyages. Or, les choses qui méritent le plus de fixer l'attention d'un voyageur, sont : les *cours des princes,* sur-tout dans les momens où ils donnent *audience* aux *ambassadeurs;* les *cours* de *justice,* quand on y *plaide* des *causes mémorables* : les *assemblées* du *clergé,* ou *les consistoires ecclésiastiques;* les *temples* et les *monastères,* ainsi que les *monumens* qu'on y admire ; les *murs* et les *fortifications* des *villes,* grandes ou petites ; les *ports, rades, bassins, havres,* etc. les *antiquités* et les *belles ruines;* les *bibliothèques,* les *collèges,* les *lieux* où l'on soutient des *thèses,* et ceux où l'on *en-*

seigne les *sciences*, les *lettres* et les *arts*; les *vaisseaux* et leurs *chantiers*, les *palais* les plus *magnifiques*, les plus *beaux jardins*, les *promenades publiques*, les *maisons de plaisance*, *châteaux*, etc. les *arsenaux* de *mer* et de *terre*, les *greniers* et *magasins publics*, les *changes*, les *bourses*, les plus *riches magasins* de *marchands*, les *académies* où la *jeunesse* fait *ses exercices;* la manière de *lever les troupes* et de les *exercer*, la *discipline militaire*, la *tactique*, etc. les *spectacles* où se rend la meilleure compagnie ; les *trésors* et les *dépôts* de choses précieuses ; les *gardes-meubles*, les *cabinets de raretés;* enfin, il faut voir ce qu'il y a de plus remarquable dans tous les lieux où on passe ; il faut aussi que le gouverneur, ou le domestique, qui doit conduire et diriger le jeune voyageur, prenne d'avance, sur toutes ces particularités, des informations exactes et détaillées. A l'égard des *tournois*, des *fêtes publiques, cavalcades, bals masqués, bals parés, festins,* no-

ces, pompes funèbres, exécutions, et autres spectacles de ce genre, il ne sera pas fort nécessaire d'y faire penser les jeunes gens; ils y courront assez d'eux-mêmes; cependant il ne seroit pas non plus à propos qu'ils les dédaignassent tout-à-fait.

Si l'on veut qu'un jeune homme recueille beaucoup de fruits de son voyage en peu de temps, qu'il soit en état d'en faire la relation avec autant de justesse que de précision, et de résumer le tout en peu de mots, voici la marche qu'il faut lui faire suivre :

1°. Il est absolument nécessaire, comme nous l'avons déja dit, qu'avant d'entreprendre son voyage, il sache déja passablement la langue du pays où il doit aller; et que son gouverneur, ou le domestique, qui doit le conduire, ait, comme nous l'avons dit aussi, quelque connoissance de ce pays. Il faut, de plus, qu'il soit muni d'un livre de géographie, de la topographie, ou du moins d'une bonne carte géographique du pays où il doit voyager, carte qui lui servira comme de clef pour toutes ses recherches ; qu'il ait soin de faire un journal; qu'il ne séjourne pas trop long-temps dans les mêmes lieux, mais plus ou moins, et à raison des observations qu'il peut y faire. S'il fait, dans une capitale, ou dans une ville du second ordre, un séjour de quelque durée, il doit changer fréquemment de demeure, et passer d'un quartier à l'autre, sans donner toutefois dans l'excès à cet égard. C'est le plus sûr moyen pour multiplier ses relations, et pour s'instruire complètement des loix du pays, de ses coutumes, de ses usages, etc. qu'il évite avec soin la société de ses compatriotes ; qu'il prenne ses repas dans des endroits où viennent manger aussi des personnes du pays, bien nées et instruites. Lorsqu'il partira d'un lieu pour aller dans un autre, il aura soin de se procurer des lettres de recommandation pour quelques personnes de distinction, résidantes dans le lieu où il doit aller, et qui pourront lui ménager des facilités pour y voir ou y apprendre toutes les choses qui mériteront d'exciter sa curiosité. Voilà les moyens d'abréger son voyage, et d'en recueillir promptement les fruits.

Quant aux liaisons plus ou moins étroites qu'on peut contracter dans les pays où l'on voyage, les personnes qu'il faut le plus rechercher, ce sont les *ambassadeurs, députés, résidens, secrétaires d'ambassade*, et autres membres du corps *diplomatique*. Par ce moyen, en voyageant dans un seul pays, on acquiert beaucoup de lumières, et un commencement d'expérience sur beaucoup d'autres.

Il aura soin de visiter, dans chaque lieu où il s'arrêtera, les personnages distingués en chaque genre, sur-tout ceux qui sont très célèbres dans d'autres pays, afin de pouvoir juger par lui-même si leur air, leurs manières et leurs mœurs répondent à cette grande réputation qu'ils se sont acquise au loin.

Il doit fuir avec le plus grand soin

toutes les occasions de disputes et de querelles ; elles naissent ordinairement dans les parties de débauche, ou au jeu ; ou encore pour des femmes, pour une place retenue, pour le pas, pour des paroles offensantes. Ainsi, qu'il évite avec soin toute liaison étroite avec des hommes emportés, querelleurs, et qui se font aisément des ennemis ; car ils l'impliqueroient infailliblement dans leurs querelles, et le compromettroient fréquemment.

Quand notre voyageur est de retour dans sa patrie, il ne doit pas perdre totalement de vue les pays qu'il a parcourus, mais cultiver l'amitié des hommes de mérite, ou éminens en dignité, qu'il y a connus particulièrement, et entretenir avec eux un commerce de lettres; qu'on s'apperçoive plutôt, par ses discours, qu'il a voyagé, que par ses manières et ses vêtemens. Encore faut-il que, dans ses discours, il soit retenu et attende plutôt qu'on lui fasse des questions sur ses voyages, que de raconter ses avantures à tout propos; qu'il vive et se présente de manière qu'on voie clairement qu'il n'a pas abandonné les manières, les coutumes et les mœurs de son pays, pour faire parade de celles des étrangers; mais que de tout ce qu'il a pu apprendre dans ses voyages, il n'a cueilli que la fleur, pour la transporter dans les usages et les manières de son pays.

XIX. *De la souveraineté, et de l'art de commander.*

Est-il un état plus malheureux que celui du mortel qui n'a presque rien à desirer, et presque tout à craindre! Tel est pourtant le sort le plus ordinaire des souverains. Ils sont si élevés au dessus des autres hommes, qu'il ne reste presque plus rien au dessus d'eux et à quoi ils puissent aspirer: aussi leur ame est-elle perpétuellement livrée à la langueur, à l'ennui, et au dégoût (1). Ils sont as-

---

(1) De ce vuide qui est dans leur ame, et qu'il faut remplir par des amusemens dispendieux, vient le vuide qui se fait dans leur trésor, et d'où ré-

siégés de périls, de craintes, d'ombrages et de soupçons, qui rendent leur cœur très difficile à connoître ; et c'est ce que dit formellement l'Écriture sainte : *le cœur des rois est impénétrable.* En effet, lorsqu'un homme, qui est rongé de soucis et rempli de soupçons, n'a aucun desir prédominant, qui puisse régler tous les autres et faire concourir toutes ses volontés à un but fixe, son cœur est très difficile à pénétrer. Aussi voit-on souvent les princes se créant à eux-mêmes des desirs, se passionner pour des objets frivoles, ou pour des occupations indignes d'eux, tels que la chasse, les bâtimens, l'élévation d'un favori, la création d'un ordre militaire ou religieux. Ce sera souvent tel des arts libéraux, quelque-

---

sulte un vuide sur les épaules du corps politique. Celui qui apprendroit aux rois *l'art de s'amuser à peu de frais,* épargneroit le sang de leurs sujets ; car la guerre vient presque toujours de là : elle est fille de l'ennui des fainéans qui ont du cœur, et qui s'amusent à tuer des hommes, pour tuer le temps, ou à se faire tuer, pour se désennuyer.

fois même un art mécanique, qui fera leur unique occupation. *Néron*, par exemple, étoit *musicien* ; *Domitien*, *tireur d'arc* ; *Commode*, *armurier*; et *Caracalla* étoit *cocher*. De tels goûts dans des personnages d'un rang si élevé, semblent étranges à ceux qui ne connoissent pas ce principe : *l'ame humaine se plaît beaucoup plus à avancer dans les petites choses, qu'à demeurer stationnaire dans les grandes.* Nous voyons aussi que les rois qui ont fait de rapides conquêtes durant leur jeunesse, mais qui ensuite ont été forcés de s'arrêter, parce qu'il leur étoit impossible d'aller en avant, sans essuyer quelque échec, ou rencontrer quelque obstacle, ont fini par devenir mélancoliques et superstitieux ; comme l'éprouvèrent *Alexandre-le-Grand*, *Dioclétien*, et de notre temps, *Charles-Quint*. Car, lorsque l'homme qui étoit accoutumé à avancer rapidement, trouve un obstacle qui l'arrête, il est mécontent de lui-même, et il devient tout différent de ce qu'il étoit (1).

Il est bien difficile de connoître à fond la constitution, et, s'il est permis de s'exprimer ainsi, le tempérament d'un empire, et de savoir au juste quel régime lui con-

---

(1) L'homme ne peut être heureux que lorsqu'il avance, ou s'imagine avancer vers son but, soit réel, soit chimérique; but toujours déterminé par sa passion dominante. Or, il croit reculer, lorsqu'il recule réellement, ou lorsqu'après avoir long-temps avancé rapidement, il est stationnaire. De plus, il est assez d'hommes à qui l'habitude des grands mouvemens, même sans objet, en a fait un besoin, qui font la guerre simplement pour se désennuyer (comme nous le disions plus haut), qui tourmentent les autres hommes, non pas précisément pour les rendre malheureux, ce qui est au fond assez indifférent aux héros, mais pour se délasser de leur fainéantise, et pour faire de l'exercice, à peu près comme les enfans fouettent leur sabot, et tant pis pour ce sabot s'il est sensible; car, selon eux, la chasse vaut mieux que le gibier, et la pêche vaut mieux que le poisson : il faut courir, même sans savoir où l'on va; et peu importe où l'on va, pourvu qu'on aille, le mouvement même faisant la plus grande partie du but.

vient. Car tout tempérament, bon ou mauvais, est composé de contraires. Mais savoir faire une judicieuse combinaison de ces contraires, ou les employer alternativement, en les mêlant et les confondant l'un avec l'autre, sont deux choses très différentes. Ainsi, la réponse d'*Apollonius à Vespasien*, sur ce sujet, est pleine de sens, et offre aux princes une grande leçon. Cet empereur lui demandant quelles avoient été les véritables causes de la perte de *Néron* : *Néron*, répondit-il, *savoit bien accorder sa harpe (sa guitare) et en jouer; mais dans le gouvernement il montoit ses cordes tantôt trop haut, tantôt trop bas ;* rien n'affoiblit ou ne ruine plus promptement l'autorité, que les variations d'un gouvernement qui passe souvent, et sans jugement, d'un extrême à l'autre, en tendant et relâchant alternativement les ressorts de cette autorité (1).

---

(1) Un gouvernement quelconque, quoi qu'en dise notre auteur, est obligé d'employer alterna-

Il est vrai qu'aujourd'hui toute l'habileté des ministres et des hommes d'état

tivement les deux moyens contraires, une fermeté opiniâtre et une douceur continue ayant également des inconvéniens ; mais, pour ne point paroître incertain et irrésolu, il faut mettre un suffisant intervalle de temps entre l'emploi de l'un des moyens contraires et l'emploi de l'autre. Il faut de plus les combiner toujours un peu ensemble ; par exemple, mêler à plusieurs actes de fermeté quelques actes de douceur, afin que cette fermeté ne paroisse pas une tyrannie, et joindre à plusieurs actes de douceur quelques actes de fermeté, de peur que cette douceur ne passe pour foiblesse. On doit, par la même raison, observer la même méthode, en faisant prédominer alternativement deux factions opposées ; ne faire succéder la prédominance de l'une à celle de l'autre, qu'après un intervalle de temps un peu long ; et, en donnant l'avantage à l'une, faire toujours un peu pour l'autre, afin de ne pas trop aigrir celle-ci, et d'éviter le reproche de partialité ; par exemple, en choisissant douze sujets de la faction A, pour lui donner la supériorité, y joindre trois ou quatre sujets de la faction B : et réciproquement. Le lecteur verra dans l'histoire de Henri VII, que, pour s'être trop livré à un seul parti, il essuya une infinité de révoltes.

semble se réduire à savoir trouver de prompts remèdes aux dangers les plus prochains, et esquiver les difficultés à mesure qu'elles naissent; au lieu de prévoir de loin la tempête, et de s'en garantir par des moyens et des positions solides, dont l'effet se prolonge dans l'avenir. Mais attendre les dangers comme ils le font, n'est-ce pas, en quelque manière, *braver la fortune,* et prendre plaisir à lutter contre elle? Le véritable homme d'état ne s'endort point ainsi; il ne voit point, d'un œil tranquille, la *matière première des séditions* s'amasser près de lui, et il se hâte de la dissiper; car une fois que la matière combustible est préparée, qui peut empêcher qu'une étincelle y mette le feu? et qui peut dire d'où partira cette étincelle?

Les princes sont assiégés de difficultés sans cesse renaissantes, et quelquefois insurmontables; mais la plus grande de toutes, est dans leur propre caractère. Car le défaut le plus ordinaire des princes, comme l'observe *Tacite* (et *Sal-*

luste), c'est d'avoir en même temps des volontés contradictoires ; c'est là le *solécisme* le plus fréquent du souverain : il ne peut souffrir l'exécution de l'ordre qu'il vient de donner lui-même ; il veut la fin et ne peut endurer le moyen.

Les rois ont des *relations nécessaires* avec leurs *voisins*, avec leurs *épouses* et leurs *enfans;* avec le *clergé*, la *haute noblesse* et *celle du second ordre*, ou *les simples gentilshommes;* avec les *commerçans*, avec le *peuple des classes inférieures*, avec *les troupes*, etc. sans un peu de vigilance et de circonspection, ce sont là autant d'ennemis.

A l'égard de leurs *voisins*, les circonstances et les situations sont tellement diversifiées, qu'il est impossible de donner des règles générales sur ce point, sinon une seule qui est utile dans tous les cas, et qu'il ne faut jamais perdre de vue, la voici : ayez sans cesse les yeux ouverts sur vos voisins, et n'épargnez aucun moyen pour les empêcher de s'aggrandir, de devenir plus puissans, et de se mettre ainsi plus en état de vous nuire (1), soit en étendant leur territoire surtout de votre côté, soit en attirant à eux le commerce, etc. Or, généralement parlant, ce sont les conseils d'état, toujours subsistans, qui doivent prévoir et prévenir cette sorte d'inconvéniens. Durant le triumvirat de *Henri VIII, roi d'Angleterre; de François I, roi de France;* et de *l'empereur Charles V,* ces princes observèrent parfaitement cette règle : ils s'inspectoient réciproquement, avec tant de vigilance, que pas un des trois ne pouvoit gagner un pouce de terrain, sans que les deux autres se liguassent contre lui pour rétablir l'équilibre ; et leur marche constante étoit de ne jamais faire la paix qu'après en être venu à bout. Il en fut de même de la ligue formée entre *Ferdinand, roi de Naples, Laurent de Médicis, duc de Toscane,* et

---

(1) Car une expérience continuelle prouve que, s'ils en ont le pouvoir, ils en auront tôt ou tard la volonté.

Louis Sforce, duc de Milan; ligue qui, suivant *Guichardin,* fut la sauve-garde et le salut de l'*Italie.*

Quelques scholastiques prétendent qu'*il n'est permis de faire la guerre qu'après une injure reçue et une provocation manifeste.* Mais nous pouvons renvoyer cette prétendue règle aux *moines casuistes ;* car la crainte fondée d'un péril imminent est une cause légitime de guerre. Il est permis de prévenir le coup dont on est menacé, et de l'éviter en frappant le premier (1).

---

(1) Il est évident pour tout *moine valétudinaire,* qu'un individu, après avoir reçu un soufflet, doit tendre l'autre joue pour en recevoir vingt autres, comme il est juste ; mais, non-seulement le corps politique n'est pas obligé de tendre l'autre joue, mais il a droit de donner un soufflet, de peur d'en recevoir un. Les hommes ont beau réclamer les loix de la justice et entasser de belles maximes, quand ils sont les plus foibles, *la nature qui fait entrer dans son plan les puissances destructives, ainsi que les puissances productives, parce qu'elle ne peut former de nouveaux composés, qu'avec les débris de ceux qu'elle a détruits,* se riant de

Quant aux *reines*, l'histoire offre dans plusieurs, des exemples de perfidie et de cruauté, qui sont de terribles leçons pour les rois. *Livie*, en empoisonnant son

toutes les règles humaines, donne éternellement raison au plus fort; et l'homme, à cet égard, très docile à ses loix, a toujours un profond respect pour la force. Ainsi il faut d'abord tâcher d'être le plus fort, et tâcher ensuite d'augmenter sa force par la justice, qui est le plus sûr moyen pour multiplier ses alliances. Or, comme *d'état à état*, il n'est point de *tiers permanent*, de *juge inamovible*, qui puisse *faire droit*, il n'est d'autre moyen pour se défendre contre un ennemi qui abuse de ses avantages, que de profiter des occasions où il donne prise. D'ailleurs, si la *défense* est *permise*, et même *d'obligation*, comme il est une infinité de cas où *l'attaque* est la seule *bonne défense*, il est donc une infinité de cas où la *justice permet*, et même *ordonne d'attaquer*. Tel est sur-tout le cas d'un prince qui a *un voisin puissant et ambitieux;* car une continuelle expérience prouvant que *le plus fort abuse toujours de ses avantages*, *de grandes forces, avec un caractère ambitieux*, sont une perpétuelle déclaration de guerre. Or, non-seulement *l'attaque* est quelquefois *la meilleure défense*, mais même, généralement parlant,

époux, se couvrit d'une éternelle infamie; *Roxelane*, ayant causé la perte du prince *Mustapha*, déja si célèbre, excita ensuite de grands troubles dans la

---

la meilleure manière de se défendre c'est d'attaquer. Car, lorsque vous attaquez votre ennemi couvert ou déclaré, vous avez plus de courage et il en a moins, que si vous faisiez chacun la moitié du chemin. Au lieu que, s'il vous attaquoit, il auroit plus de courage et vous en auriez moins, que si vous vous portiez tous deux en même temps l'un contre l'autre ; ce qui fait *la différence du quadruple au simple.* Or, toutes les sociétés humaines sont dans un perpétuel état de guerre, soit au dehors, soit au dedans, et la vie entière est un combat. Cette règle forme donc la plus grande partie de l'art de vivre ; règle bien connue de *Cyrus,* d'*Alexandre-le-Grand,* de *Jules-César,* des *Romains,* pris en général, et des *Français* d'aujourd'hui, qui viennent de l'imprimer avec la pointe du sabre sur la moitié de l'Europe : c'est parce que notre généreuse et immense jeunesse, qui ne sait *se défendre qu'en attaquant, brille comme l'éclair et frappe comme la foudre,* qu'elle est invincible et compte *autant de victoires que de batailles.* Cependant, comme, en toute espèce de guerre, l'aggresseur multiplie ses ennemis, couverts ou

maison et la succession de son époux. L'épouse d'*Edouard II* contribua beaucoup à la dépossession et à la mort du sien (1). Ces catastrophes sont à crain-

---

déclarés, la véritable règle sur ce point, règle qui *concilie les loix de la justice avec les maximes de la prudence*, c'est de se tenir toujours prêt à faire la guerre, d'attendre la première provocation de l'ennemi, et de fondre sur lui *avec le manifeste au bout de la pique :* ce qui diminue encore plus son courage, que s'il n'eût pas espéré de jouer le rôle d'assaillant; une des meilleures ruses de guerre, ruse bien connue de Jules-César, étant de témoigner d'abord de la crainte, avant de déployer son courage; ce qui cause une plus grande surprise à l'ennemi, sans compter que cette apparence de timidité le rend moins vigilant : au lieu que l'imprudent qui provoque son ennemi et l'irrite par des insultes (verbales ou actives), ne fait que *bander l'arc qui va tirer sur lui*. Ainsi, pour pratiquer la maxime de notre auteur, il ne seroit pas absolument *nécessaire de violer les loix de la justice.*

(1) Ajoutez Agrippine, femme de l'empereur Claude et mère de Néron; Frédégonde, l'épouse d'Alboin, roi des Lombards; Isabeau de Bavière, etc.

dre, sur-tout quand les reines, ayant des enfans d'un premier lit, veulent les élever au trône, ou quand elles ont des amans favorisés.

L'histoire offre aussi de sanglans exemples de ce que les rois ont à craindre de la part de leurs enfans; et quelquefois aussi les enfans sont les victimes des soupçons des pères. La mort violente de *Mustapha* fut si fatale à la race de Soliman, que la succession des Turcs, depuis la mort de ce prince, est fort suspecte; car on a soupçonné *Sélim II* d'avoir été supposé. La mort de *Crispe* (*Auguste*), que son père Constantin-le-Grand fit mourir, fut également fatale à sa maison: deux autres de ses fils moururent aussi de mort violente; et *Constantin III*[e]. du nom, ne fut guère plus heureux; à la vérité il mourut de maladie, mais peu de temps après que *Julien* eut pris les armes contre lui. La mort de *Démétrius*, fils de *Philippe II*, roi de *Macédoine*, retomba sur le père, qui en mourut de regret et de repentir (1).

L'histoire n'offre que trop de ces odieux exemples; et l'on n'en voit presque point où les pères aient acquis quelque avantage réel, en attentant à la vie de leurs propres fils : à moins que ceux-ci n'eussent pris les armes contre eux, comme *Sélim I*, contre *Bazajet (II)*, et les trois fils de *Henri II*, roi d'Angleterre, qui se révoltèrent aussi contre leur père.

Des prélats puissans et orgueilleux peuvent aussi se rendre redoutables aux rois, comme on en voit des exemples dans *Thomas Becquet* et *Anselme*, tous deux archevêques de *Cantorbéry*, qui eurent bien l'audace de mesurer leur *crosse* avec l'*épée* du *souverain*. Cependant ils avoient affaire à des princes qui ne manquoient pas de courage et de fierté; je veux dire : *Guillaume-le-Roux*, *Henri I* et *Henri II*. Mais les ecclésiastiques ne sont réellement à craindre pour le gouvernement, que dans deux cas; savoir : *lorsqu'ils*

---

(1) Il oublie Mithridate.

dépendent d'une autorité étrangère, et lorsque *la collation des bénéfices dépend du peuple, ou de leurs seigneurs respectifs et immédiats* (1).

Quant à *la haute noblesse*, il est bon que le prince tienne les grands à une certaine distance de sa personne, afin de leur imprimer du respect. Cependant, si *le roi les abaisse* et *les avilit excessivement*, il pourra devenir *plus absolu;* mais il sera *moins affermi sur son trône*, et moins en état d'exécuter ses desseins. C'est une observation que j'ai faite dans mon histoire de *Henri VII, roi d'Angleterre*, qui opprimoit sa noblesse; imprudence qui fut la vraie cause de ces troubles et de ces révoltes qu'il eut à es-

---

(1) Les *prêtres* des fausses religions sont presque toujours *oppresseurs*, lorsqu'ils ne sont pas *opprimés;* et quand ils ne peuvent opprimer le peuple à l'aide du prince, ils oppriment le prince à l'aide du peuple. Mais l'histoire de *Louis-le-Débonnaire* et de l'*empereur Frédéric III* prouve qu'on ne peut faire un tel reproche aux prêtres catholiques.

suyer. Car, quoique les nobles restassent soumis, cependant leur secret mécontentement les empêchant de le seconder, il étoit obligé de tout faire lui-même.

La *noblesse du second ordre*, corps dont les membres sont plus dispersés, est, par cela même, peu dangereuse. Elle parlera quelquefois un peu haut, mais elle fera *plus de bruit que de mal.* De plus, c'est un *contre-poids nécessaire pour balancer l'influence de la haute noblesse*, et l'empêcher de devenir trop puissante. Enfin, *l'autorité* que la noblesse de l'ordre inférieur *exerce sur le peuple*, étant *plus immédiate*, elle n'en est que *plus propre pour appaiser les émeutes populaires.*

Les *commerçans* sont la *veine porte du corps politique :* lorsque le commerce n'est pas florissant, ce corps peut avoir des membres robustes, mais ses parties seront mal nourries et il aura peu d'embonpoint. Les taxes imposées sur cette classe de citoyens, sont rarement avantageuses aux revenus du souverain : car ce qu'il peut gagner, par ce moyen, sur une centaine d'individus, il le reperd sur une province entière qu'il appauvrit ; la masse de ces impositions ne pouvant croître qu'aux dépens de la masse totale des fonds employés dans le commerce.

Les *classes inférieures du peuple* ne sont à craindre que dans deux cas ; savoir : quand elles ont *un chef puissant et renommé;* ou quand on *touche* trop à la *religion,* aux *anciennes coutumes,* ou aux *moyens* dont il tire *sa subsistance.*

Enfin, les *gens de guerre* sont *dangereux* dans un état, quand, restant *toujours sur pied,* ils ne forment qu'*un seul corps, et sous un seul chef,* ou lorsqu'ils sont *trop accoutumés* aux *donatifs* (aux *gratifications*), danger dont nous voyons assez d'exemples dans les fréquentes révoltes des *janissaires* de *Constantinople,* et dans celles des *gardes prétoriennes* des *empereurs romains.* Mais quand on a l'attention de lever des hommes et de les exercer en différens lieux, en mettant à leur tête plusieurs chefs, et en ne les accoutumant pas trop à ces gratifications, on procure ainsi à l'état une défense toujours subsistante et sans courir de risques.

Les *princes* peuvent être comparés aux *corps célestes*; ils font les bons et les mauvais temps; ils reçoivent beaucoup d'hommages; mais ils ont plus d'éclat et de majesté que de repos. Tous les préceptes qu'on peut donner aux rois sont compris dans ces deux avertissemens de l'Ecriture sainte : *souviens-toi que tu es homme; mais souviens-toi en même temps que tu es un Dieu sur la terre* (ou le lieutenant de la divinité (1)); avertis-

---

(1) Le *pouvoir despotique* du souverain maître de l'univers n'est point *oppressif*, parce que *sa justice est infinie, comme sa puissance*; et les rois de la terre seroient les vrais représentans de la divinité, si la mesure de leur puissance n'excédoit jamais celle de leur justice; mais, comme ces rois sont ordinairement plus puissans que justes, leur justice étant même presque toujours en raison in-

semens dont l'un doit servir de *frein* à leur *pouvoir*, et l'autre à leur volonté.

XX. *Du conseil* (et des conseils d'état.)

La preuve la plus sensible de *confiance* qu'un homme puisse donner à un autre homme, c'est de le choisir pour son *conseiller*. Car, lorsqu'il confie à un au-

---

verse de leur puissance, il est clair que, pour empêcher le pouvoir souverain de devenir oppressif, et assimiler parfaitement le dieu terrestre au roi céleste, il faudroit lui ôter en puissance tout ce qui lui manque en justice. Aussi les princes les plus sages, connoissant leurs vrais intérêts, et se défiant d'eux-mêmes, ont-ils soin de limiter leur propre pouvoir, afin de se mettre dans l'heureuse impuissance d'en abuser au point de lasser la patience des peuples, et de provoquer ces terribles réactions qui renversent les trônes. Tant que le trône est occupé par un prince qui a assez de vigueur pour soutenir la résistance que le peuple oppose naturellement à la partie usurpative du pouvoir, la monarchie subsiste; mais tôt ou tard vient le règne d'un prince foible contre lequel le peuple réagit victorieusement, et qu'il punit de la faute de ses prédécesseurs.

tre ses biens, ses enfans, son honneur même, ou telles affaires particulières, il ne lui confie encore qu'*une partie de ce qu'il a et de ce qu'il est;* au lieu qu'il met *sa personne même à la discrétion* de ceux qu'il choisit pour *ses conseillers;* c'est-à-dire, *le tout.* Mais il est juste que, de leur côté, ses conseillers soient sincères et d'une fidélité à toute épreuve.

Quand un prince est assez sage pour se former un conseil de personnes d'élite, il ne doit pas craindre que son autorité en souffre, ni que le public le soupçonne d'incapacité, puisque Dieu même a un conseil, et que le nom le plus auguste qu'il ait donné à son fils bien-aimé, est celui de *conseiller.* C'est dans le judicieux et sage conseil que réside toute stabilité : quelques sages mesures qu'on puisse prendre, les choses humaines ne seront jamais entièrement exemptes d'agitation; mais si les affaires ne sont débattues et agitées plus d'une fois dans un conseil, le gouvernement lui-même sera sujet à toutes les agitations et les vicissitudes de la fortune ; il flottera dans une incertitude et une irrésolution perpétuelle ; on le verra sans cesse faire et défaire, sans règle et sans but fixe ; en un mot, sa marche incertaine et chancelante sera semblable à celle d'un *homme ivre.* Le fils de *Salomon* sentit, par sa propre expérience, quelle est la force et le pouvoir d'un bon conseil, comme son père en avoit vu la nécessité. Car ce fut par un conseil mal choisi, que le royaume chéri de Dieu fut d'abord démembré, puis ruiné sans ressource : genre de conseil sur lequel on peut faire deux observations fort instructives, qui nous serviront à démêler les bons conseils d'avec les mauvais ; l'une, qui concerne les *personnes,* est que ce conseil étoit *tout composé de jeunes gens;* l'autre, qui regarde le *résultat de la délibération,* est que ces conseillers si jeunes ne suggéroient au prince que *des conseils violens.*

La haute sagesse de l'antiquité brille

éminemment dans une fable qui paroît avoir été inventée pour montrer aux rois combien il leur importe d'être étroitement unis, et en quelque manière incorporés avec leur conseil; mais en même temps avec quelle prudence et quelle politique ils doivent s'en servir. Car, en premier lieu, les poëtes feignent que *Jupiter* épousa *Métis*, qui est l'emblême du conseil; première fiction qui nous donne à entendre que la souveraineté et le conseil doivent être mariés ensemble. En second lieu, après que *Jupiter*, ajoutent-ils, eut épousé *Métis*, elle conçut de lui; elle devint grosse : mais le dieu ne voulant pas attendre le terme de l'accouchement, la dévora; il eut une espèce de grossesse, et ensuite il accoucha de *Pallas*, qui sortit de son cerveau *toute armée*. Cette fable, quelque monstrueuse qu'elle puisse paroître, ne laisse pas de renfermer un des plus grands secrets de l'art de gouverner; car elle nous montre, d'une manière sensible, comment le prince doit tirer parti de son conseil.

1°. Elle nous donne à entendre qu'il doit y proposer toutes les affaires importantes ; ce qui répond *à la première conception et à la première grossesse.* En second lieu, quand les matières ayant été discutées, digérées, et, en quelque manière, *couvées* dans le sein de son conseil, sont en état d'être mises au jour, il ne doit pas permettre à ce conseil de passer outre, ni souffrir qu'il s'attribue à lui-même la décision, en la publiant en son propre nom, et comme de sa seule autorité. Il faut, au contraire, que le prince évoque à lui l'affaire en totalité, afin que la nation soit persuadée que tous les édits et les statuts (qu'on peut alors comparer à Pallas armée, parce qu'ils sont prononcés avec toute la maturité, la prudence et l'autorité nécessaires); que ces statuts, dis-je, émanent uniquement du chef suprême, et non-seulement qu'ils procèdent de son autorité (ce qui seroit suffisant pour montrer sa *puissance,* et insuffisant pour augmenter ou soutenir sa réputation), mais même de sa seule volonté, de sa seule prudence, et de son propre jugement.

Cherchons maintenant quels sont les *inconvéniens* auxquels le prince s'expose, en formant un *conseil d'état*, ou en le consultant, et quels sont les moyens nécessaires pour prévenir ces inconvéniens, ou y remédier. Les principaux et les plus connus se réduisent à trois. Le premier est que les affaires étant communiquées à un assez grand nombre de personnes, on ne peut guère compter sur le *secret*. Le second est que l'*autorité du prince* en paroît *affoiblie*; qu'il semble aussi se défier de sa propre capacité, et n'avoir pas la force de se gouverner lui-même. Le troisième est le danger des *conseils perfides, intéressés,* et plus utiles à celui qui les donne, qu'à celui qui les reçoit.

Pour prévenir ces inconvéniens, les Italiens ont imaginé, et les Français ont adopté, sous quelques-uns de leurs rois, les *conseils secrets,* et connus sous le nom de *conseils du cabinet*, remède pire que le mal.

A l'égard du *secret*, rien n'oblige le prince à communiquer toutes ses affaires à son conseil, et il est maître de ne le faire qu'*avec choix* et *discernement*, soit par rapport aux matières, soit par rapport aux personnes. Il n'est pas non plus nécessaire que le prince, lorsqu'il met une affaire en délibération, déclare son propre sentiment ; il doit, au contraire, être très réservé sur ce point, et prendre garde de se laisser pénétrer. Quant au *conseil du cabinet*, on pourroit graver sur la porte ces mots : *je suis plein de fentes et d'issues.* Une seule personne assez vaine pour tirer gloire de savoir de tels secrets, et assez indiscrète pour les révéler, nuira cent fois plus qu'un grand nombre d'autres qui, avec beaucoup de mauvaises qualités, seroient du moins persuadées que leur premier devoir est de garder religieusement de tels secrets. Il est, à la vérité, des affaires qui exigent le plus profond secret, sur lequel on ne pourra guère compter, si elles sont communiquées à plus d'une ou de deux personnes, outre le prince : et après tout, ce ne sont pas celles qui réussissent le moins; car, outre le secret, dont on est alors assuré, ce qui est déja un grand avantage, il y a aussi plus de concert, de suite, de constance et de facilité dans l'exécution; un petit nombre de personnes ayant moins de peine à se bien entendre (1). Mais encore faut-il alors que le prince ait un grand fond de prudence, et qu'il ait la main assez ferme pour tenir lui-

---

(1) La puissance (la force intellectuelle) d'un corps qui n'agit que de la tête et de la langue, ou de la plume, est en raison inverse du nombre de ses membres, comme nous le disions dans une des notes précédentes ; un grand nombre d'hommes ne pouvant être long-temps d'accord, et perdant toujours à lutter les uns contre les autres, le temps qu'ils devroient employer à lutter tous ensemble contre l'ennemi commun : le vrai moyen d'affoiblir un tel corps c'est de le diviser; et le vrai moyen de le diviser c'est de multiplier ses membres.

même le timon. Il faut de plus que ces conseillers intimes auxquels il se communique ainsi, soient sincères, d'une probité reconnue, et fidèlement attachés aux vues de leur maître. C'est ce dont on voit un exemple frappant en la personne de *Henri VII, roi d'Angleterre*, qui ne confioit jamais ses affaires les plus importantes qu'à deux personnes, *Fox* et *Morton*.

Quant au second inconvénient, je veux dire l'*affoiblissement de l'autorité du prince,* c'est une crainte chimérique. Je dirai plus, lorsque le prince assiste en personne aux délibérations de son conseil, sa présence, dans une si auguste assemblée, rehausse plutôt l'éclat de la majesté royale, qu'elle ne la rabaisse. Jamais prince ne fut dépouillé de son autorité, pour avoir trop dépendu de son conseil, sinon dans deux cas ; savoir : lorsque certains membres y ont eu trop d'influence, sur-tout lorsqu'un seul y a pris trop d'ascendant, ou lorsque plusieurs membres se sont coalisés dans des vues particulières; deux inconvéniens faciles à découvrir et à éviter.

A l'égard du dernier inconvénient; savoir : *les conseils perfides et intéressés,* il est évident que ces paroles de l'Écriture sainte : *il ne trouvera plus de bonne foi sur la terre,* doivent être appliquées *à tel siècle pris en masse,* et non à *tels ou tels individus.* Très heureusement il y a encore des hommes fidèles, sincères, vrais, pleins de droiture et de franchise, détestant tout manège, tout artifice et toute dissimulation. Voilà les hommes que les princes devroient tâcher d'attirer à eux et d'attacher, par les plus forts liens, à leur personne. D'ailleurs, rarement ces conseillers d'état sont tous d'intelligence et parfaitement d'accord entre eux. Ordinairement la jalousie et la défiance réciproque les portent à s'observer de près les uns les autres, et à s'inspecter, pour ainsi dire, réciproquement; ensorte que, si tel d'entre eux se hazardoit à donner des conseils captieux et tendant à ses fins particulières, le prince en seroit bientôt averti. Mais le remède radical à cet inconvénient est que les princes tâchent de connoître leurs conseillers aussi-bien que ces conseillers les connoissent eux-mêmes; car le premier talent d'un prince est de bien connoître tous ceux qu'il emploie. D'un autre côté, il ne convient nullement à des conseillers que le prince honore de sa confiance, d'épier tous ses discours et toutes ses actions, pour pénétrer au fond de son cœur : et les conseillers les mieux constitués, sont ceux qui emploient plutôt leur talent et leur sagacité à améliorer les affaires de leur maître, qu'à étudier ses penchans et à approfondir son naturel; lorsqu'un tel esprit animera tous ses travaux, il sera plus occupé à lui donner de sages conseils, qu'à le flatter et à lui complaire. Une méthode qui peut être fort utile aux princes, c'est de prendre les avis de leurs conseillers, tantôt dans leurs assemblées, tantôt séparément; car un avis donné en particulier est plus libre et plus sincère; au lieu qu'en public, mille considérations obligent de taire une partie de sa pensée, et quelquefois le tout. Dans un entretien particulier, on se livre plus hardiment à son propre génie; mais dans une assemblée, on cède davantage à celui des autres. Il faut donc employer ces deux moyens alternativement; consulter dans le particulier ceux d'entre les conseillers qui ont le moins d'influence, afin de les mettre plus à leur aise; et, en plein conseil, ceux qui ont le plus d'ascendant, afin de les contenir plus aisément dans les bornes du respect.

Il seroit très inutile à un prince de demander des *conseils* sur ses *affaires*, s'il n'en demandoit aussi sur les *personnes* qu'il emploie ou veut employer. Car les *affaires* sont comme des images inanimées; et toute l'*ame de l'action* est dans le *choix des personnes*. Or, ces informations qu'il faut prendre sur les personnes, ce n'est pas pour en avoir simplement une idée générale, vague, et semblable à celles qui sont la base d'un *théorème de mathématique*, mais une idée précise et spécifique ; il faut, dis-je, que toutes les questions de ce genre aient pour objet le caractère individuel et le génie propre de chaque sujet à employer ; car le choix judicieux des personnes est la preuve la plus sensible qu'un prince puisse donner de son discernement ; et les erreurs les plus dangereuses sont celles qu'on commet sur ce point (1). Les meilleurs conseillers, comme quelqu'un l'a dit, ce sont *les morts;* ils ne flattent et ne craignent plus qui que ce soit ; au lieu qu'un conseiller vivant est souvent tenté et quelquefois même forcé de pallier, d'affoiblir ou d'adoucir la vérité. Ainsi il est utile de con-

---

(1) Chaque erreur de ce genre est une erreur sommaire et collective ; car la sottise qu'on fait, en choisissant mal une personne qu'on sera souvent obligé de consulter, ou d'employer pour l'exécution, est grosse de toutes les sottises qu'elle fera, ou conseillera, et de tous les inconvéniens qui en résulteront.

férer quelquefois avec les livres, surtout avec ceux qu'ont écrit des hommes qui ont été eux-mêmes acteurs sur le théâtre du monde (1).

Aujourd'hui, et en beaucoup de lieux, les *conseils* ne sont que des espèces de *cercles* et d'entretiens familiers où l'on discourt sur les affaires plutôt qu'on ne les discute : on s'y presse trop d'arriver

---

(1) Mais qui ne le sont plus; car le spectateur voit mieux l'acteur que l'acteur ne le voit; et celui qui regarde jouer voit mieux les coups que celui qui joue; mais, pour bien juger les coups, il faut avoir joué, et pour être bon spectateur, il faut avoir été acteur. Ceux qui sont encore dans le tourbillon des affaires, regardent l'objet de plus près, et ils le regardent de si près qu'ils ne le voient pas. C'est sur-tout parce que cet objet qu'ils considèrent les regarde eux-mêmes, qu'ils le voient si mal ; leur rôle est *d'être vus*, et non *de voir*. Ils sont si occupés à faire des sottises, qu'ils n'ont pas le temps d'apprendre à les éviter, ou à les réparer; en faisant beaucoup, ils croient toujours bien faire, et prennent la quantité pour la qualité. Cependant, avant de courir, il seroit bon de savoir où l'on va.

à la conclusion, et de convertir en *décrets* ces résultats superficiels. Il vaudroit beaucoup mieux, lorsqu'il s'agit d'une affaire très importante, prendre un jour pour la proposer, et remettre au lendemain la décision; car la *nuit donne conseil*. Ce fut ainsi qu'on en usa par rapport au *traité d'union* proposé entre *l'Angleterre et l'Ecosse*. Aussi régna-t-il dans cette assemblée beaucoup d'ordre et de régularité. Je voudrois qu'on assignât *un jour fixe* pour les *requêtes* ou *pétitions* des particuliers. Par ce moyen, les demandeurs ou pétitionnaires, assurés du jour où ils seroient entendus, n'auroient besoin de se préparer que pour ce jour-là, et perdroient beaucoup moins de temps. Moyennant cette même disposition, dans les assemblées où l'on ne devroit traiter que d'affaires importantes, on ne seroit plus distrait par les petites, et l'on seroit tout à la chose.

Dans le choix des *commissaires* qui doivent *rapporter des affaires au con-*

seil, il vaut mieux employer des personnes tout-à-fait indifférentes, et qui n'aient point encore d'opinion fixe, que de prétendre établir une sorte d'égalité ou d'équilibre à cet égard, en combinant ensemble des personnes d'opinions opposées, et dont chacune soit en état de défendre la sienne.

Je souhaiterois encore qu'on établît des *comités* (commissions) *perpétuels*, pour différens objets, tels que le *commerce*, les *finances*, la *guerre*, les *griefs*, etc. pour telles espèces d'affaires, pour telles provinces, etc. dans les états où il y a plusieurs conseils subordonnés, et un seul conseil supérieur, comme en *Espagne*; ces conseils inférieurs ne sont, à proprement parler, que des *commissions perpétuelles*, analogues à celles dont nous parlons ici, mais revêtues d'une plus grande autorité.

S'il arrive que le conseil ait besoin de prendre des informations relativement à ce qui concerne différentes professions, comme celles de *jurisconsulte*, de *navigateur*, de *négociant*, d'*artisan*, etc. il consultera de préférence les hommes mêmes qui exerceront ces professions, et qui devront être ouis d'abord par les commissaires, puis par le conseil, si les circonstances l'exigent. Au reste, il ne doit pas leur être permis de se présenter en foule et tumultuairement, ni de s'expliquer en criant à pleine tête et dans le *style tribunitien;* ce qui serviroit plutôt à étourdir et à fatiguer l'assemblée, qu'à l'instruire.

Une table fort longue ou quarrée, ronde ou ovale, etc. ou des siéges placés tout autour de la salle et près de la muraille, ne sont point du tout des choses indifférentes; quoique ces dispositions semblent ne tenir qu'à la forme et être purement extérieures, elles ne laissent pas d'avoir des effets très réels. Par exemple, lorsque la table est fort longue, le petit nombre de personnes assises au haut bout, ont un avantage naturel et emportent souvent l'affaire; au lieu qu'à une table quarrée, ce seront les conseillers assis au bas bout qui auront l'avantage.

Lorsque le prince assiste en personne au conseil, il doit être très réservé et bien prendre garde de laisser deviner trop tôt son sentiment; car s'il se laisse pénétrer de bonne heure, tous les assistans ne s'appliqueront qu'à lui complaire; et au lieu de lui donner librement un avis salutaire, ils lui chanteront : *Placebo tibi, Domine* (Seigneur, *je tâcherai de vous complaire;* commencement d'un pseaume de *David.*)

XXI. *Du délai et de la lenteur dans les affaires.*

La fortune est semblable à un marché où assez souvent, en attendant un peu, on achète à plus bas prix. Quelquefois, au contraire, elle est semblable à la Sybille, qui, à mesure qu'elle brûle ses livres, surfait d'autant ceux qui lui restent, et demande, pour le dernier, le prix qu'elle avoit d'abord demandé pour le tout. *L'occasion,* dit le poëte, *est che-*

velue par-devant, et chauve par-derrière : en offrant son vase, elle présente d'abord l'anse, puis la panse, qui est plus difficile à saisir. Le plus haut degré de la prudence humaine consiste à bien saisir l'instant où il faut commencer et à semer à temps : lorsque le danger paroît petit, il n'en est que plus grand, et il nuit plutôt aux hommes en les surprenant, qu'en leur faisant violence. De plus, il vaut quelquefois mieux aller au-devant du danger, que de rester trop long-temps en sentinelle, et de le laisser venir ; car celui qui veille trop, court risque de s'endormir ; mais celui qui, en prenant trop tôt ses précautions, attire, en quelque manière, le danger, donne dans l'extrême, l'excès opposé. Il peut lui arriver la même chose qu'à ces soldats qui, se laissant abuser par l'effet de la lune qui, étant fort basse, donnoit au dos de leurs ennemis, et projetoit leur ombre en avant, les crurent plus proches qu'ils n'étoient, et lancèrent trop tôt leurs traits. Il faut, avant d'agir, bien s'assurer si l'affaire est à son point de maturité, et, généralement parlant, pour réussir dans un grand dessein, il faut *en confier le commencement à Argus aux cent yeux, et la fin à Briarée aux cent bras;* c'est-à-dire, être d'abord très vigilant, puis voler au but. Ce casque de Pluton, lequel, suivant la fable, couvre la marche de l'homme habile et le rend invisible, ne figure autre chose que le *secret* dans les *conseils,* et la *célérité* dans *l'exécution.* Car, lorsque le moment d'agir est venu, le secret n'est rien en comparaison de la diligence, et quelquefois aussi ce secret est l'effet de la célérité même, comme la balle de mousquet échappe à la vue par sa vîtesse.

XXII. *De la ruse et de la finesse.*

Par ce mot de *ruse,* ou de *finesse,* nous entendons une fausse et criminelle prudence, qui ne marche que par des voies obliques et tortueuses. Il y a, certes, une différence infinie entre un homme fin et un homme prudent, non-seulement par rapport à l'*honnêteté*, mais même par rapport à l'*habileté;* et tel qui sait mêler les cartes, n'en joue pas mieux (1). De même on voit assez de cabaleurs qui peuvent jouer un rôle parmi les factieux, et qui n'en sont pas moins des hommes sans talens. Connoître les hommes et connoître les affaires, sont deux genres de connoissances très différens, et qui ne se trouvent pas toujours réunis dans les mêmes personnes : car on en voit assez qui savent saisir le foible de chaque individu, ou les momens de foiblesse des personnes d'un caractère plus soutenu, et qui ne laissent pas de manquer de capacité relativement à la *partie réelle et substantielle des affaires.* C'est le caractère distinctif de ceux qui *ont plus étu-*

---

(1) Un homme fin est un homme sot ; car tôt ou tard connu pour tel, il perd la confiance des autres, qui vaut mieux que tout ce qu'il peut gagner par ses ruses. D'un point à un autre point, la ligne droite est la plus courte.

dié les hommes que les livres. Les hommes de cette trempe ont plus d'aptitude pour la *pratique* que pour la *spéculation*; et pour l'*exécution*, que pour les *délibérations*. Ils peuvent être de quelque service dans les routes qu'ils connoissent le mieux ; mais si, les éloignant un peu de leur routine, vous les mettez avec d'autres hommes, ils n'y sont plus, et toutes leurs ruses sont en défaut. *Voulez-vous connoître la différence qui se trouve entre un homme sage et un insensé*, disoit un ancien philosophe? *envoyez-les tous deux en pays étranger, et vous verrez*. Cette règle appliquée aux hommes dont nous parlons, montreroit bientôt leur peu de fond ; et comme ces hommes si fins sont assez semblables aux petits merciers, il ne sera pas inutile de mettre au grand jour le fonds de leur boutique.

Une méthode familière aux hommes rusés, c'est de considérer attentivement le visage de leurs interlocuteurs, comme les *Jésuites*, qui en ont fait un précepte, le recommandent, et comme ils le font eux-mêmes. Car on voit assez d'hommes prudens, circonspects, et dont le *cœur* est, pour ainsi dire, *opaque*, mais dont le *visage* est comme *transparent*, et dont la physionomie se démonte aisément; bien entendu que celui qui regarde fixément son interlocuteur, aura l'attention de baisser de temps en temps les yeux, comme le font aussi les *Jésuites*.

Une autre ruse du même genre, qu'on peut employer pour obtenir plus aisément et plus promptement ce qu'on veut demander à une personne, c'est de l'entretenir sur quelque autre sujet qui l'intéresse, avant de lui faire la demande; ce qui, en détournant ou partageant son attention, la met hors d'état de voir tous les inconvéniens de ce qu'on lui propose, et de faire des objections. Un personnage de ma connoissance, qui étoit conseiller et secrétaire d'état sous le règne d'*Elizabeth*, employoit souvent cette ruse pour obtenir d'elle ce qu'il vouloit. Lorsqu'il se rendoit auprès de cette princesse, pour lui faire signer quelque *bill*, il commençoit par l'entretenir sur quelque affaire très importante, pour la distraire et empêcher qu'elle ne fît trop d'attention à ce *bill*.

On peut encore obtenir par surprise le consentement d'une personne, en lui faisant la demande au moment où on la voit occupée d'une affaire très pressée, qui l'intéresse vivement, et où elle n'a pas le temps de faire une attention suffisante à ce qu'on veut lui proposer.

Un des plus sûrs moyens pour faire manquer un projet qu'une autre personne pourroit faire adopter en le proposant, avec autant de dextérité que de bonne foi, c'est de se charger soi-même de la proposition, en feignant d'avoir l'affaire à cœur, et de la proposer de manière à la faire rejeter (1).

---

(1) Quelle scélératesse! Notre auteur ne s'apperçoit pas qu'en mettant au jour le fonds de la boutique du petit mercier, il travaille à l'assortir: ces prétendus avertissemens qu'il pense donner aux honnêtes gens, sont autant de leçons qu'il donne

S'interrompre au milieu de son discours, comme si l'on s'appercevoit qu'on a parlé mal à propos, est un moyen pour *tenir en appétit* l'interlocuteur, et lui faire naître le desir d'entendre la suite du discours commencé.

De plus, comme ce que vous dites est toujours plus intéressant, et fait un meilleur effet, lorsque vous êtes invité par une question à le dire, que si vous le disiez de vous-même, et l'offriez, pour ainsi dire, sans qu'on vous le demandât; vous pouvez provoquer cette question en changeant de visage et de contenance, afin d'exciter l'interlocuteur à vous de-

---

aux fripons; car, en dévoilant ces ruses aux dupes qui ne s'en doutent point, il les apprend aux hommes fins qui ne les savent pas encore. Sans compter qu'il les encourage, par l'autorité attachée à son illustre nom, à continuer d'être fins; et que, pour donner de *bonnes leçons de friponneries*, il faut être soi-même *un maître fripon*: car ils ne prendront pas ses *indications* pour des *reproches* ou des *dénonciations*, mais pour des *conseils*.

mander quelle est la cause de votre émotion (1). Tel fut l'expédient que *Néhémias* employa pour exciter l'attention de son souverain : et à la question que le prince lui fit à ce sujet, il répondit: *c'est la première fois que mon visage paroît triste devant le roi.*

Lorsqu'on est obligé d'apprendre à un roi, ou à tout autre supérieur, une nouvelle affligeante, et, en général, de lui dire des choses désagréables, il faut employer, pour rompre la glace sur ce sujet, un subalterne dont les paroles aient moins de poids, et réserver le principal mot pour une personne plus considérée; de manière cependant que ce mot étant la réponse naturelle à une question provoquée par ce qu'aura dit la première, la seconde semble le dire seulement *par occasion*, et n'être qu'*auxiliaire ;* expédient que Narcisse eut la prudence d'employer pour apprendre à l'empereur

---

(1) Comment faut-il s'y prendre, pour changer de visage quand on veut?

Claude l'étrange nouvelle du mariage de *Messaline* (son épouse, avec *Silius* (1).)

Quand on veut répandre une nouvelle, ou une opinion, sans en paroître l'auteur, et, en général, sans attirer sur soi l'attention publique, on peut, dans cette vue, employer les formules suivantes: *on prétend que le bruit court que.... avez-vous ouï dire que....* etc.

Certain homme de ma connoissance, lorsqu'il écrivoit une lettre pour quelque affaire qu'il avoit fort à cœur, ne parloit point, dans le corps de cette lettre, de ce qui l'intéressoit le plus, mais le mettoit dans le *post-scriptum*, comme une chose oubliée et presque indifférente.

Un autre homme de ma connoissance employoit une ruse à peu près semblable; lorsqu'il alloit trouver une personne

---

(1) *Claude* étant allé passer quelques jours à Ostie, *Messaline*, son épouse, épousa publiquement, durant son absence, Silius, jeune Romain d'une rare beauté. L'empereur, à son retour, fit mourir l'un et l'autre.

pour l'entretenir sur une affaire qu'il avoit à cœur, il mettoit la conversation sur d'autres sujets, et ne parloit point du tout de ce qui l'intéressoit le plus ; puis il s'en alloit, mais ensuite il revenoit sur ses pas, et lui parloit de l'affaire comme d'une chose qu'il avoit presque oubliée (1).

D'autres, à l'heure où il est probable qu'une personne à laquelle ils veulent parler d'une affaire, viendra les trouver,

---

(1) Ce moyen et le précédent rentrent l'un dans l'autre, et ne sont tous deux que des conséquences de cette triste vérité : la plupart des hommes sont si obligeans, que le plus sûr moyen pour ne pas obtenir d'eux ce qu'on leur demande, c'est de paroître le souhaiter vivement : ils vous accordent très volontiers ce que vous ne demandez pas, pour avoir droit de vous refuser ce que vous demandez. Ainsi, le plus sûr moyen pour obtenir d'eux tout ce qu'on veut leur demander, et sans leur en avoir obligation, c'est de leur demander toujours le contraire de ce qu'on veut obtenir d'eux, ou de leur faire ces demandes d'un ton si indifférent, qu'en les accordant, ils soient presque sûrs de ne pas faire plaisir.

s'arrangent pour qu'elle les trouve tenant à la main une lettre relative à cette affaire, ou se livrant à quelque occupation extraordinaire qui s'y rapporte, afin que cette personne, à son arrivée, croyant les surprendre, et leur faisant des questions à ce sujet, leur fournisse ainsi l'occasion de s'expliquer sur ce qui les intéresse, et d'en parler comme par hazard.

Une autre ruse comparable aux précédentes, mais d'un genre plus odieux, c'est de lâcher à dessein des paroles un peu hardies, devant un homme sujet à s'approprier l'esprit des autres, et de les laisser comme tomber, afin qu'il les ramasse, et qu'en les répétant ailleurs il se fasse du tort à lui-même (1). Deux

---

(1) Ce genre de ruse employé dans une telle vue est encore une perfidie; mais elle pourroit l'être d'une manière plus innocente. On sait que, pour suggérer une mesure utile et la faire plus aisément adopter, il faut renoncer à la gloire de l'invention, et la faire proposer par un de ces ramasseurs de l'esprit de leurs voisins : or, on pourroit

hommes de ma connoissance, sous le règne d'*Elizabeth*, briguoient en même temps l'office de secrétaire. Quoiqu'ils fussent concurrens, ils ne laissoient pas de vivre ensemble assez amicalement, et leur concurrence même étoit quelquefois le sujet de leur conversation : un jour l'un des deux dit à l'autre : *briguer l'emploi de secrétaire lorsque le souverain est sur son déclin, c'est s'exposer beaucoup ; pour moi, je n'ambitionne point du tout un tel honneur.* L'autre se saisit de ce propos lâché à dessein, et dans un entretien fort libre avec quelques amis, eut l'imprudence de dire que, *pour lui, il n'étoit point du tout ambitieux de devenir secrétaire, lorsque le souverain étoit sur son déclin.* Le premier ayant su cela, manœuvra de manière que ce propos fut redit à la reine, mais attribué à son adversaire : cette princesse qui se croyoit

---

les aider à faire ces petits vols, à l'aide de cette formule : *n'est-ce pas vous qui m'avez dit qu'on vouloit faire telle chose ?*

encore dans la vigueur de l'âge, en sut si mauvais gré à ce dernier, que depuis elle ne lui permit jamais de reparler de l'emploi auquel il aspiroit.

Il est une autre ruse du même genre, que les Anglois désignent, je ne sais pourquoi, par cette expression proverbiale : *retourner le chat dans la poêle*, et qui consiste à attribuer à une autre personne ce qu'on lui a dit soi-même dans le tête-à-tête ; or il est très facile d'en imposer aux autres sur ce point : car lorsque ces paroles ont été dites dans une conversation, entre deux personnes seulement, comment les autres pourroient-ils savoir laquelle des deux les a dites, et prouver que c'est l'une plutôt que l'autre? Souvent même les deux interlocuteurs ne pourroient dire ce qui en est.

Un autre moyen, non moins perfide, c'est d'accuser indirectement son adversaire, en se justifiant soi-même par des *propositions négatives*, en disant, par exemple: *moi, je ne fais pas telle chose;* moyen que *Tigellinus* employoit pour rendre *Burrhus* suspect à *Néron; pour moi*, disoit-il, *on ne me voit pas faire des projets pour un autre règne; mon unique ambition est de voir l'empereur jouir d'une santé prospère, et régner long-temps.*

Il y a des personnes qui ont une telle provision de contes et d'historiettes, qu'ils ont toujours sous la main un apologue dont ils enveloppent tout ce qu'ils veulent faire entendre et insinuer; ce qui leur sert en même temps à ne point donner de prise par des assertions positives, et à faire goûter davantage tout ce qu'ils ont à dire.

Lorsqu'on veut faire une demande à une autre personne, il est bon d'exprimer cette demande, de manière que la réponse même qu'on veut obtenir, s'y trouve énoncée en propres termes; ce qui lui épargne de l'embarras, et l'aide à se décider.

Il est des personnes qui, dans la conversation, attendent pendant un temps infini l'occasion de pouvoir hazarder ce qu'elles ont à vous dire ; combien de circuits elles font autour de ce point auquel à la fin elles en veulent venir! Et combien de sujets différens elles traitent avant d'en venir là! C'est un art qui exige beaucoup de patience, mais qui ne laisse pas d'avoir son utilité.

Une question hardie et imprévue suffit quelquefois pour étourdir l'homme le plus attentif sur lui-même, et le surprendre au point de le forcer à se découvrir. Ce fut ce qui arriva, il y a quelques années, à un homme qui, ayant été banni de *Londres*, et y étant revenu, avoit changé de nom pour être moins aisément reconnu. Tandis qu'il se promenoit dans l'*église de Saint-Paul*, une personne qui étoit derrière lui, s'étant avisée de l'appeller tout à coup par son vrai nom, il se retourna involontairement, et se décela ainsi (1).

---

(1) Toute personne qui, étant dans une église, en entendra une autre appeller une troisième à haute voix, se retournera naturellement. Pour

Au reste, toutes ces ruses, vraiment dignes d'un petit mercier, sont en grand nombre; et il ne seroit pas inutile d'en faire une collection : car rien n'est plus nuisible, dans un état, que cette erreur qui fait si souvent *confondre la finesse avec la prudence*.

Cependant il est beaucoup de gens qui, dans une affaire, ne sont bons qu'au départ et à l'arrivée; mais qui, dans le cours du voyage, ne sont d'aucun service. Ils ressemblent à ces maisons qui ont une fort belle porte et un magnifique escalier, mais où l'on ne trouveroit pas un appartement passable. Aussi, lorsqu'une affaire est à sa fin, trouveront-ils quelquefois une heureuse issue et un bon résultat; mais dans la discussion et le débat, ils ne sont bons à rien : cependant ils savent quelquefois tirer avantage de ce dé-

---

qu'on puisse s'assurer que le nom prononcé est vraiment celui de la personne qui se retourne, il faut de plus que celle-ci fasse un mouvement vers celui qui appelle, mouvement que tout autre ne fera pas.

faut même de talens, et acquérir, par ce moyen, une certaine réputation. S'il faut les en croire, ils ne sont pas nés pour *disputer*, mais seulement pour *décider* et pour *diriger les autres*. Certains hommes aiment mieux bâtir leur fortune et leur réputation sur les piéges qu'ils tendent aux autres, que sur des moyens justes et solides. Ils doivent s'appliquer cette sentence de *Salomon* : *le sage se contente d'être attentif sur lui-même, et de veiller sur ses propres démarches; l'insensé se détourne du droit chemin, et se jette dans les tortueux sentiers de la ruse.*

XXIII. *De la fausse prudence de l'égoïste.*

La *fourmi* est un animal qui entend fort bien ses petits intérêts, et n'en est pas moins un fléau pour les jardins et les vergers. Les hommes qui s'aiment trop eux-mêmes, sont, comme elle, un fléau pour le public. Sachez donc vous partager sagement entre votre propre intérêt et l'intérêt commun ; soyez juste envers vous-même, sans être injuste envers les autres, sur-tout envers votre patrie et votre roi. Est-il rien de plus vil que de faire de son seul intérêt le centre de toutes ses actions? c'est être tout *matériel* et tout *terrestre*. Car la terre est fixe et immobile sur son centre; mais tout ce qui a de l'affinité avec les cieux, tend à quelque autre être, comme à son centre, et auquel il est utile. L'égoïsme d'un prince qui rapporte tout à son seul intérêt, est, à certains égards, un mal plus supportable; car l'intérêt du prince n'est pas l'intérêt d'un seul homme, mais encore celui d'un grand nombre d'autres, le bien et le mal qui lui arrivent intéressant presque toujours la fortune publique. Mais, lorsque ce vice est l'unique mobile d'un sujet dans une monarchie, ou d'un citoyen dans une république, c'est une vraie calamité. Toutes les affaires qui passent par ses mains, se sentent de ses vues intéressées. Il les détourne de leur direction naturelle, pour les diriger vers ses fins particulières, qui sont presque toujours *excentriques*, et fort différentes de celles du maître ou de l'état. Ainsi, que les princes, ou les états, ne donnent leur confiance qu'à des hommes exempts de ce vice, s'ils ne veulent que leur service ne soit plus que l'accessoire. Ce qui rend les hommes de ce caractère plus dangereux, c'est qu'il n'y a aucune proportion entre le bien qu'ils se font à eux-mêmes, et le mal qu'ils font aux autres. Ce seroit déja une assez grande disproportion, que l'intérêt du sujet fût préféré à celui du maître; mais c'est bien pis, quand les plus grands intérêts du maître sont sacrifiés au plus petit avantage du sujet. Or, telle est la conduite de ces *ministres, trésoriers, ambassadeurs, généraux, officiers*, ou autres serviteurs infidèles et corrompus, dont nous parlons ici. En ajoutant dans la balance le poids de leur vil intérêt, ils la font toujours trébucher de leur côté, et ruinent ainsi les plus importantes affaires de leur maître. Le plus souvent l'avantage qu'ils tirent de ces infidélités, n'est proportionné qu'à leur fortune; au lieu que le mal qu'ils font en échange, est proportionné à celle de leur maître. Car ces égoïstes ne sont rien moins que scrupuleux, et *ils ne feront pas difficulté de mettre le feu à la maison de leurs voisins pour cuire leurs œufs*. Cependant ces mêmes hommes sont souvent en faveur auprès de leur maître; parce qu'après leur propre intérêt, ils n'en ont point de plus cher que celui de plaire à ce maître; et ils sacrifient sans cesse à l'un ou à l'autre de ces deux buts, les plus grands intérêts du souverain ou de l'état.

Cette prudence de l'égoïste s'ébranche en plusieurs espèces, toutes plus pernicieuses les unes que les autres. C'est tantôt la prudence des *rats*, qui ne manquent pas d'abandonner une maison, quand elle est près de s'écrouler; tantôt celle du *renard*, qui chasse le bléreau du trou qu'il avoit creusé pour lui (1);

---

(1) Le traducteur latin dit: *pour lui-même;* mais le texte anglois dit: *to him*, et non *to himself*.

quelquefois aussi celle du *crocodile*, qui répand des larmes, quand il veut dévorer. Mais, ce qu'il ne faut pas oublier, c'est que ces hommes qui sont ainsi amans d'eux-mêmes, sans avoir de rivaux (genre de caractère que *Cicéron* attribue à *Pompée*), finissent ordinairement par échouer dans leurs desseins; et après n'avoir, durant toute leur vie, sacrifié qu'à eux-mêmes, finissent par être eux-mêmes des victimes immolées à l'inconstance de la fortune, à laquelle pourtant ils se flattoient d'avoir coupé les ailes par leur prudence intéressée (1).

---

(1) L'égoïsme est tout à la fois un *crime* et une *sottise*; tout homme qui dupe les autres finissant toujours par être dupe de lui-même; et l'*égoïste n'est qu'un ignorant qui ne voit pas que l'égoïsme des autres hommes* réagit *naturellement contre le sien*. Car tout être sensible est forcé, par cela seul qu'il est sensible, et par conséquent a droit de vouloir son propre bonheur et de le vouloir sans cesse : son bonheur, dis-je, est sa première, sa seconde, sa centième, sa millième, *sa dernière fin, le but de tous ses buts*, et le bonheur des

XXIV. *Des innovations.*

Tout animal naissant est d'abord informe, et n'est encore qu'une espèce

---

autres n'est tout au plus pour lui que le *moyen*, et plus souvent encore n'est que le *prétexte* : quoi qu'on puissent dire cette multitude immense d'hypocrites-égoïstes qui, en vendant leur sotte personne, ou leur sotte denrée, le plus cher qu'ils peuvent, feignent de la donner gratis, et ces autres hypocrites qui feignent de croire ce mensonge impudent, afin de pouvoir, à leur tour, mentir aussi impudemment, sans s'exposer à recevoir un démenti. Or, si chaque individu de notre espèce, à titre d'être sensible, est forcé de vouloir sans cesse son propre bonheur; et si celui des autres ne peut être pour lui qu'un moyen de se rendre heureux lui-même, tout homme qui vit en société, ayant besoin des autres qui ont aussi besoin de lui, comme tous ceux avec lesquels il est obligé de vivre, sont d'une nature toute semblable à la sienne, il ne peut donc espérer d'être long-temps épargné et secondé par les autres, qu'autant que les autres le croiront habituellement disposé à les épargner et les seconder eux-mêmes; et ils ne lui croiront long-temps une telle disposition, qu'autant qu'il aura soin de la leur prouver par des services très

d'*ébauche*: il en est de même des innovations, qui sont les *enfans du temps*: principe toutefois qui a ses exceptions;

---

réels et très effectifs. Car à la longue il est impossible de faire illusion sur ce point, même aux sots, qui sont, au contraire, les plus spirituels sur l'article de leur intérêt immédiat, parce qu'ils n'ont que ce genre d'esprit, et ne pensent qu'à cela. Ainsi, *dans toutes ses entreprises, sur-tout dans celles dont l'exécution exige un certain temps*, il faut tâcher de *combiner et de concilier perpétuellement l'utilité de tous ceux qu'on emploie, avec sa propre utilité;* d'abord *celle des autres*, afin d'être *juste envers eux*, et de *pouvoir long-temps compter sur eux;* puis sa *propre utilité, afin d'être juste envers soi-même*, de n'être pas dupe et de pouvoir long-temps compter sur sa propre activité. Car les actes de générosité, même dans l'homme le plus généreux, ne sont que des actes passagers. Et s'il l'étoit toujours, il ne pourroit l'être long-temps, la plupart des hommes n'ayant pas même assez de prudence pour travailler à conserver l'instrument dont ils ont besoin, et finissant par oublier un homme qui s'oublie trop lui-même. *On ne boit point pour étancher la soif de son voisin, mais pour étancher sa propre soif; il en est de même des besoins du cœur et de l'es-*

car on sait que ceux qui les premiers ont illustré leurs familles, sont ordinairement plus dignes de cette illustration que

---

prit : et si l'on aide les autres à satisfaire leurs besoins, c'est pour satisfaire actuellement, ou dans un autre temps, ses propres besoins. Ainsi, celui qui ne s'occupe que des autres, est une *dupe*; celui qui ne s'occupe que de lui-même, est un *fripon*; et à la longue il est dupe de son propre égoïsme. Mais celui qui, s'occupant toujours et des autres et de lui-même, sème son propre bonheur dans celui des autres, et celui des autres dans le sien, est l'homme tout à la fois *juste* et *prudent*; c'est *l'homme complet*.

Ajoutez à ce motif si clair, si sensible et si solide, cet amour machinal que la nature inspire à l'homme pour tout animal d'une forme semblable à la sienne ;

La tendre commisération qui le force à s'identifier avec l'homme souffrant, et à le secourir ;

Ce plaisir qu'éprouve un homme expansif et généreux, en faisant rayonner sur le visage d'un infortuné une douce joie qui reflue dans son propre cœur.

Ajoutez encore l'amour de la belle gloire, et l'estime expansive des gens de bien ;

Le plaisir d'influer sur les autres hommes, de leur communiquer ses pensées, ses sentimens, ses

leurs successeurs : or, ce que nous disons des hommes, il faut le dire aussi des choses; et dans la plupart des institu-

---

mouvemens, son ame et sa vie, en réveillant dans leurs esprits ce germe de raison que la nature y a déposé, et au fond de leur cœur, ce germe de vertu que la nature y a planté ;

Le desir de plaire au sexe formé pour plaire lui-même, et qui à la longue n'estime que ce qui est vraiment estimable ;

Le suave plaisir d'aimer et d'être aimé ;

Celui d'être content de soi, de se sentir dans l'ordre, d'être parfaitement d'accord avec soi-même, et d'être *un instrument bien accordé*;

La paix avec les autres, ainsi qu'avec soi-même, et une douce sécurité ;

Enfin, l'espoir fondé de reposer, dans un éternel accroissement de lumières et d'amour, sur le sein du grand Être, par qui tout est, et qui est tout.

Voilà bien des *appuis* pour nos *devoirs*, et bien des garans pour assurer à tout homme qui les remplit, la jouissance de ses véritables droits; et le plus souvent le prix est dans la tâche même. La vertu n'est donc rien moins qu'une chimère poétique; mais la vraie semence du bonheur, et la plus douce de toutes les réalités. La morale est donc susceptible de démonstrations géométriques,

tions humaines, le premier plan, qui est comme le *premier modèle* et l'original, est rarement égalé par les imi-

---

et cent fois plus géométriques que celles de la géométrie même, qui, après tout, n'est qu'une vaste hypothèse ayant pour base la particule *si*.

Concluons. Ainsi, non-seulement *Pompée* qui fut vaincu, mais même *Jules-César*, son vainqueur, ne fut qu'un sot éclatant ; il fut un *sot*, parce qu'il ne fut qu'un *vaste fripon*. Et cette sottise, s'il en doutoit, *Decimus-Brutus*, qui, avant les *ides de mars*, étoit son plus intime ami, la lui démontra géométriquement en lui plongeant son poignard dans le cœur. Tel sera toujours le dernier prix de tout *élégant Cartouche* qui aura audacieusement pratiqué cette maxime si opposée à la nôtre : le plus sûr moyen pour n'être pas pendu après avoir volé, c'est de voler la potence même, et le terrain où elle est plantée.

Ainsi, lorsque notre auteur termine cet article, en disant que les égoïstes finissent toujours par échouer, sa conclusion est parfaitement d'accord avec le raisonnement et l'expérience : j'ai cru devoir confronter, pour ainsi dire, dans cette note, la maxime fondamentale de toute la morale avec le sort affreux du plus brillant scélérat qui ait jamais existé. Mais je n'ai pas tout dit.

tations ou les copies qu'on en fait dans les temps ultérieurs (1); car le mal,

---

(1) Ce principe n'est rien moins que général; et il est faux, absolument faux que tout ou presque tout décline et dégénère : *assertion de vieillard cacochyme qui se prend lui-même pour l'univers entier, et qui, se sentant décliner, croit que tout décline comme lui* : le fait est que les *qualités physiques*, de telle espèce, ne peuvent croître, sans que les qualités opposées décroissent en même proportion, et *vice versâ* : il en est de même des *qualités morales* (telles que les vices et les vertus, les talens, les défauts ou les travers), attachées aux qualités physiques de l'une ou de l'autre espèce. Ainsi, les institutions physiques, morales, civiles, politiques ou religieuses, dont la perfection dépend des qualités physiques et morales, qui vont en croissant, à mesure qu'un peuple avance dans la civilisation, doivent aussi se perfectionner de plus en plus; et celles dont la perfection dépend des qualités qui vont en décroissant, doivent dégénérer. Or, les *qualités* qui vont en *décroissant*, à mesure qu'un *peuple vieillit*, sont les *qualités masculines*, et celles qui vont en *croissant* sont les *qualités féminines*, comme le prouve l'histoire du genre humain, où l'on voit toutes les nations *s'efféminer* et *s'abâtardir*, en

ET DE POLITIQUE. 253

auquel la nature humaine se porte d'elle-même, depuis qu'elle est *perver-*

---

avançant en âge; à quoi il faut ajouter le bénéfice de l'expérience. Or, si, dans une nation qui a vieilli, la *foiblesse* se trouve *combinée avec l'expérience*, elle peut être figurée sous l'emblême d'une *vieille femme* : aussi en a-t-elle les goûts ; elle aime ce qu'elle appelle l'*utile*, le *solide*, c'est-à-dire, ce qui remplit *la bourse;* par exemple, le *commerce*, l'*industrie*, l'*agriculture*. Dans les arts et les lettres, elle ne monte plus le *pégase poétique*, mais plus souvent l'*âne* ou le *mulet mathématique, logique, nomenclaturier;* en un mot, elle aime l'*argent* et les *jetons*. Cependant cette vieille femme, un jeune homme peut la ressusciter pendant quelques heures, et c'est alors un miracle de l'amour et de ses enfans. Mais quelles sont ces qualités *masculines* et ces *qualités féminines?* Voyez, dans le quatrième livre de *la méchanique morale, les deux tables de signes physionomiques,* à l'aide desquels on peut connoître *le sexe de l'esprit et du caractère* d'un peuple ou d'un individu. Cette méthode de rapporter aux deux sexes tout ce qui concerne l'homme, les animaux, les plantes, etc. soit effets et causes, moyens et buts, signes et significations, explications, prédictions et exécutions, tout, en un mot;

tie (1), va naturellement toujours en croissant; au lieu que le bien, auquel elle

cette méthode, dis-je, comme je l'ai dit dans une des notes de l'ouvrage précédent, est une grande clef.

(1) Le premier homme, disoient Voltaire et quelques autres incrédules, ayant eu l'imprudence de se vendre aux esprits infernaux, et de troquer l'éternité toute entière pour une pomme, il est clair que ses enfans, qui n'ont pas goûté de ce fruit, ne peuvent plus se sauver du feu éternel qu'en se rachetant; ce qui exige un *rédempteur* et des *courtiers* bien salariés, dogme très dispendieux pour ceux qui l'achètent, et très lucratif pour ceux qui le vendent; mais il doit être à très haut prix, comme toutes les marchandises de l'Inde; car il vient de là, et il a pris naissance dans cette vaste contrée, qui fut le berceau du genre humain et de toutes les (fausses) religions. Les philosophes, dans plusieurs parties de l'Asie, ne pouvant concilier avec la connoissance ou la supposition d'un Dieu tout à la fois infiniment bon et infiniment puissant, ces maux innombrables qu'ils voyoient répandus sur la terre, et dont les hommes vertueux ne sont pas plus exempts que les scélérats, furent naturellement portés à imaginer que ces maux devoient être le châtiment de quelque faute très an-

ne se porte qu'en se faisant une sorte de
violence à elle-même, va naturellement

cienne, et à laquelle tous les rameaux de la grande
famille du genre humain participoient, par leurs
relations nécessaires avec la souche; qu'un premier
homme ayant mérité ces maux par sa désobéissance, le châtiment de cette faute qui, selon eux,
devoit être proportionné, non à la foiblesse de l'offenseur, mais à la grandeur de l'offensé, dut s'étendre sur toute la postérité du coupable; invention vraiment asiatique, et vraiment digne de ces
odieuses contrées où le crime d'un seul individu
est puni dans toute sa famille, et quelquefois même jusqu'à la quatrième ou cinquième génération.
L'Asie, condamnée à une servitude éternelle, mit
dans la main du despote de l'univers le sceptre de
fer qu'elle voyoit dans la main de ses tyrans, et
l'Europe, peuplée par les nations orientales, adopta le rêve mélancolique de l'Asie. Mais et l'Asie
et l'Europe, en supposant dans les cieux ce qu'ils
voyoient sur la terre, n'ont fait que l'apothéose
de la foiblesse humaine. Car ce n'est qu'après avoir
attribué à ce grand Être auquel, ni les hommages,
ni les blasphèmes humains, ne peuvent atteindre,
sa propre foiblesse et sa propre vanité, que l'homme le croyant aussi sensible aux injures et aussi
susceptible à cet égard, qu'il le seroit lui-même,

en décroissant. Tout remède est une innovation, et quiconque fuit les remèdes nouveaux, appelle, par cela même, de nouveaux maux; car le plus grand de tous les novateurs, c'est le temps même : or, le temps changeant naturellement les choses en pis, comme nous venons de le dire, si l'homme, par sa prudence et son activité, ne s'efforce pas de les changer en mieux, quand verra-t-il la fin de ses maux? Il est vrai que ce qui est établi

---

le suppose tirant de la faute très légère d'un époux foible et complaisant, une vengeance terrible et perpétuelle, étendant sur toute la postérité du coupable la faute du premier père, punissant, dans une multitude immense d'innocens, la faute d'un seul individu; et donnant ainsi lui-même l'exemple de l'injustice à l'être foible auquel il commande la justice. Supposez Dieu et l'homme tels qu'ils sont; laissez entre ces deux êtres incommensurables la distance infinie que la différence même de leur nature y a mise, et n'ayant plus de faute commise, vous n'aurez plus de faute à réparer : chaque individu alors ne sera plus condamné pour la faute du père de tous les hommes, ni justifié par les mérites du fils de Dieu, mais absous par ses

depuis long-temps, et enraciné par l'habitude, peut, sans être très bon en soi-même, être du moins plus convenable; et que les choses qui ont long-temps marché ensemble, se sont ajustées et, pour ainsi dire, mariées les unes aux autres; au lieu que les institutions nouvelles ne s'ajustent pas si bien aux anciennes; et quelque utiles qu'elles puissent être en elles-mêmes, elles sont toujours un peu nuisibles, par ce défaut de convenance et de conformité. Il en est d'elles comme

---

propres vertus, et condamné par ses propres vices, conformément aux idées de justice et d'équité que Dieu même lui a données. Le vrai péché originel c'est l'orgueil de l'homme qui l'a inventé, en se donnant dans l'univers une importance qu'il n'y a pas; et la véritable offense faite à Dieu, c'est d'oser dire que Dieu est capable de s'offenser. Tel est, dis-je, le langage de l'incrédulité et de cette raison présomptueuse qui ose juger Dieu même; mais la religion s'armant du feu de la charité, appuyé du feu temporel prolongé par le feu éternel, sait lui imposer silence; et c'est elle seule que l'homme doit écouter, dans la simplicité de son cœur et la pauvreté de son esprit.

des étrangers, qui sont plus admirés et moins aimés.

Tout ce que nous venons de dire seroit parfaitement vrai, si le temps lui-même n'introduisoit naturellement aucun changement; mais le fait est que le temps s'écoule sans interruption comme un fleuve, et son instabilité est telle, que l'excessive stabilité des institutions, et un attachement opiniâtre aux anciennes coutumes, causent autant de troubles que les innovations mêmes (1), et

---

(1) C'est précisément parce que les uns sont obstinément attachés aux anciennes coutumes, que les innovations des autres sont dangereuses; et les premiers sont attachés à *leurs vieux habits*, parce qu'ils s'y trouvent *plus à l'aise que dans un neuf*; les innovations convertissent les *vieillards en écoliers*, et *les jeunes gens en maîtres*; les premiers se trouvant obligés de recommencer le voyage à l'heure où ils espéroient et avoient droit d'espérer du repos : mais les novateurs doivent compter sur cette obstination des vieillards et des hommes d'habitude; car toutes les réflexions philosophiques sur ce sujet ne *rajeuniront pas ce qui a vieilli*, et *n'assoupliront pas ce qui est devenu roide.*

ceux qui ont trop de vénération pour l'antiquité, ne sont qu'un objet de ridicule pour leurs contemporains. Ainsi les hommes, dans leurs innovations, devroient imiter le temps même, qui amène sans doute de grands changemens, mais par degrés et presque sans qu'on le sente. Autrement toute nouveauté est vue de mauvais œil, et en améliorant certaines choses, on fera que beaucoup d'autres empirent : car alors celui qui gagne au changement, n'en rend grace qu'au temps seul ; au lieu que celui qui y perd, le regarde comme une injustice, et s'en prend aux novateurs (1).

---

(1) Une grande innovation ôte toujours à un grand nombre de citoyens leur principal moyen de subsistance, leur habileté relative, leur réputation, leurs jouissances habituelles, leurs principes et leur repos; *elle fait actuellement un mal très certain en vue d'un bien très incertain* : ce n'est pas au hazard que j'ai ajouté : *leurs principes* ; car un homme qui a cru, pendant soixante ans, telle action juste, et qui se trouve tout à coup obligé de la croire injuste, est naturellement porté à

On ne doit pas non plus se décider trop aisément à faire de nouvelles expériences sur le corps politique, pour remédier à ses maux, hors le cas d'une urgente nécessité, ou d'une utilité manifeste. Et, avant de se déterminer à ces innovations, il faut être bien sûr que c'est *le desir de réformer qui attire le changement, et non le desir de changer, qui attire la réforme.* En un mot, toute innovation doit être sinon toujours rejetée, du moins toujours un peu sus-

---

soupçonner *que ce qui lui paroît juste depuis deux jours, ne l'est pas plus que ce qui lui avoit paru tel depuis son enfance,* et s'il est de bonne foi avec lui-même, il perd ses principes : au lieu que ceux qui n'ont point de principes, en changent tant qu'on veut, et, à la faveur de cette souplesse très méritoire, sont de très bons citoyens, à l'ordre du premier venu : combien de jours, de semaines, de mois ou d'années faut-il attendre, pour avoir droit de violer un premier serment, et d'en faire un second ? Telle est peut-être la vraie cause de l'irrésolution et de l'inertie de certains individus, dans un vaisseau qui a perdu sa boussole, et que des fous actifs pourront sauver par hazard. Trop sou-

pecte; et c'est ce que nous apprend l'Écriture sainte, lorsqu'elle nous dit : commençons par nous tenir sur les voies antiques, puis, regardons autour de nous pour découvrir la meilleure route; puis, quand nous l'aurons découverte, ayons le courage d'y marcher.

XXV. *De l'expédition dans les affaires.*

Une diligence affectée est un vrai fléau dans les affaires. On peut la comparer à ce que les médecins appellent *prédigestion*, ou *digestion trop hâtive*, dont l'effet est de remplir le corps de crudités et d'humeurs vicieuses qui sont des semences de maladies. Ainsi, ne mesurez pas

---

vent les seuls qui gagnent à une grande innovation, sont ceux qui la font, et ils la font, parce qu'ils y gagnent : après quoi, ils sont tout étonnés que ceux à qui elle fait tout perdre, ne soient pas précisément du même avis, et aussi pressés que ceux à qui elle fait tout gagner.

votre diligence par le temps employé dans une affaire, mais par vos progrès vers le but. Et de même que, dans la course, ce n'est pas en faisant de grandes enjambées, ou en levant fort haut les pieds, qu'on arrive plus vîte au terme, mais en allant toujours droit au but et sans se lasser ; de même aussi l'expédition, dans les affaires, ne consiste pas à embrasser tout en une seule fois, mais à suivre l'affaire avec constance et sans s'écarter. On voit assez d'hommes, qui, se piquant d'être de grands travailleurs, et plus jaloux de paroître expéditifs que de l'être réellement, ne donnent pas aux affaires le temps qu'elles exigent, et précipitent tout. Cependant, abréger une affaire, en simplifiant les matières, ou l'abréger en la tronquant, sont deux choses bien différentes. Mais, quand on traite une affaire avec précipitation, à chaque séance, ou entrevue, on la voit tantôt avancer, tantôt reculer, et l'on est obligé d'y revenir à plusieurs fois.

Un personnage, de ma connoissance, avoit coutume de dire à ceux qu'il voyoit se presser trop de finir : *allez un peu plus doucement, afin que nous finissions plutôt* (1).

D'un autre côté, la vraie diligence est une qualité précieuse. Car le temps est la vraie mesure de la valeur des affaires, comme l'argent est la mesure de celle des marchandises; et quand elles consument trop de temps, c'est acheter trop cher le succès. La lenteur des *Spartiates*, parmi les *anciens*, et celle des *Espa-*

---

(1) Il est une activité turbulente qui passe pour diligence, et qui n'est rien moins que ce qu'elle paroît; très souvent ces hommes si pressés d'arriver à la fin du travail, ne sont que des paresseux qui courent au repos. Quand on aime à voyager, on tâche de faire durer le voyage; mais quand on ne veut qu'arriver, on prend la poste. Tandis que le fou court, le sage temporise et chemine à pas lents, de peur de s'égarer; il est toujours trop tôt, on est toujours à temps pour faire une sottise, et mieux vaut l'éviter que de la réparer.

gnols, parmi les *modernes*, ont passé en proverbe. *Mi venga la muerte de Spagna* (puisse ma mort venir de l'*Espagne!*) car alors elle sera un peu long-temps à venir.

Prêtez une oreille attentive à ceux qui vous donnent la première information sur une affaire ; et, au lieu d'interrompre le fil de leurs discours, contentez-vous de les diriger un peu dans le commencement, afin qu'ils ne s'écartent point ; car tout homme qu'on empêche de suivre l'ordre qu'il s'étoit tracé, ne sait plus où il en est ; il redit vingt fois la même chose ; il est obligé de prendre du temps pour se rappeller ses idées, et il devient ainsi beaucoup plus prolixe qu'il ne l'eût été, si on l'eût laissé s'expliquer à sa manière. Car le souffleur même devient quelquefois plus ennuyeux et plus fatiguant que l'acteur qui ne sait pas bien son rôle.

Les *répétitions* font sans doute perdre du temps ; cependant rien n'abrége autant que celles dont le but est de *bien déterminer l'état de la question;* ce qui épargne la plus grande partie des discours inutiles qu'on retranche par ce moyen. Les discours prolixes et recherchés sont précisément aussi commodes pour l'expédition des affaires, qu'une robe à longue queue l'est pour la course.

Les discours préliminaires, les digressions, les excuses, les complimens, et autres accessoires qui n'intéressent que la personne qui parle, font perdre beaucoup de temps, et quoiqu'ils semblent être des preuves de modestie, c'est encore la vanité qui les suggère. Cependant, si vous vous appercevez que la disposition des personnes auxquelles vous avez affaire vous est fort contraire, gardez-vous d'entrer trop tôt en matière; car toute forte prévention exige un exorde et un préambule pour la détruire; comme une fomentation est nécessaire pour faire pénétrer un onguent.

La véritable *source*, l'*ame* de l'*expé-*

dition dans les affaires, c'est l'*ordre*, la *méthode*, une *judicieuse distribution*, et des *divisions exactes*. Cependant il ne faut pas que ces divisions soient en trop grand nombre, ni fondées sur des distinctions trop subtiles. Car celui qui ne divise point du tout, ne pourra jamais pénétrer dans une affaire, et celui qui divise trop la matière, l'embrouillant ainsi, au lieu de l'éclaircir, n'en sortira jamais avec honneur. Le vrai moyen d'*épargner le temps*, c'est *de bien prendre son temps*; car une motion faite à contretemps n'est que de l'*air battu*. Il y a dans toute affaire trois parties essentielles; la *préparation*, l'*examen*, ou la *discussion*, et la *perfection*, ou la *conclusion*. Si l'on veut expédier, c'est l'examen qui demande le plus de temps et de personnes, les deux autres en exigeant beaucoup moins.

Procéder par écrit, au commencement d'une affaire, est un moyen qui, en facilitant la discussion, contribue à l'expédition. Car, en supposant même que ce premier écrit soit rejeté, cependant cette négative même procurera toujours plus de lumières qu'une considération vague et simplement verbale de l'affaire, comme les cendres sont plus productives que la poussière.

XXVI. *De l'affectation de prudence, et du manège des formalistes.*

Si nous devons en croire l'opinion commune, *les Français sont plus sages qu'ils ne le paroissent, et les Espagnols le paroissent plus qu'ils ne le sont.* Quoi qu'il en soit des nations, à cet égard, cette distinction peut être appliquée aux individus. Car l'apôtre, en parlant des faux dévôts, dit *qu'ils n'ont que les apparences et les dehors de la piété, sans avoir les effets et la réalité.* Tels sont aussi, en fait de prudence et de capacité, les hommes que nous avons en vue dans cet article; ils ont le talent de ne faire, avec beaucoup d'appareil et de gravité, rien du tout, ou presque rien. C'est un spectacle assez plaisant, et même ridicule pour un homme judicieux, de considérer leur manège, et de voir avec quel art ils se mettent, pour ainsi dire, *en perspective, pour donner à une simple superficie l'apparence d'un corps solide.* Quelques-uns sont si retenus et si réservés, qu'ils n'étalent jamais leur marchandise au grand jour, ils feignent toujours d'avoir quelque chose en réserve; et lorsqu'ils ne peuvent se dissimuler qu'ils parlent de choses qui excèdent leur capacité, ils tâchent de paroître les savoir, mais les taire seulement par prudence. Il en est d'autres qui, ne parlant que du visage et du corps, sont, pour ainsi dire, *sages par signes,* comme *Cicéron* l'observoit au sujet de *Pison : vous répondez,* disoit-il, *en haussant un de vos sourcils jusqu'au front, et en abaissant l'autre jusqu'au menton, que vous avez en horreur la cruauté.* D'autres croyant en imposer, à l'aide d'un grand mot qu'ils prononcent d'un air tranchant et sentencieux, vont toujours leur train, comme si on leur avoit accordé ce qu'au fond il leur seroit impossible de prouver. D'autres encore, se donnant l'air de mépriser tout ce qui excède leur capacité, et feignant de le laisser de côté comme une bagatelle, voudroient ainsi faire passer leur ignorance réelle pour une preuve de jugement et de sagesse. D'autres encore ont toujours sous leur main quelque frivole distinction, et tâchant de vous amuser à l'aide des ces subtilités minutieuses, ils déclinent le point essentiel de la question. *Aulugelle* s'exprime ainsi au sujet d'un homme de ce caractère : *c'est un diseur de rien qui, à force de distinctions, pulvérise le sujet le plus solide.* *Platon* en donne un exemple dans son *Protagoras*, où il introduit *Prodicus,* en lui prêtant un discours tout composé de distinctions depuis le commencement jusqu'à la fin (1).

---

(1) Un homme de lettres très célèbre, ou plutôt très fameux, qui ne goûtoit point le style concis, sec, décousu et *poussif* de Sénèque, s'exprimoit ainsi à ce sujet : *c'est du sable sans chaux :* cet homme de lettres, c'étoit *Caligula.*

En toute délibération, les hommes de ce caractère ont grand soin d'adopter la négative (1). Car une fois que la proposition, mise sur le tapis, est rejetée, il n'y a plus rien à faire; au lieu que, si on la met en discussion, c'est une nouvelle besogne qui se présente. Cette fausse prudence ruine toutes les affaires. Pour ter-

---

(1) Chaque individu peut observer en lui-même que, lorsqu'il est dans *un état de foiblesse*, il est naturellement porté à *chercher* les *différences*, les *exceptions*, les *inconvéniens*, les *argumens négatifs*, les *personnalités*, en un mot, les *ridicules*, les *défauts*, et le *côté foible des personnes, des choses, des opinions, des discours, des productions*, etc. Or, ce que nous disons d'un individu actuellement foible, il faut le dire des individus en qui cette foiblesse est habituelle : *les personnes foibles cherchent, dans tout, le côté foible, c'est-à-dire, ce qui leur ressemble;* ce qu'on peut expliquer ainsi. Lorsqu'on se sent foible, le sentiment de cette foiblesse n'est rien moins qu'agréable. Or, tout individu qui est mécontent de soi, est mécontent de tout; il l'est de toutes les personnes et de toutes les choses qui, en réveillant sa sensibilité d'une

miner cet article, nous observerons qu'il n'est point de marchand prêt à faire faillite, ni de pauvre honteux, qui emploie autant de petits artifices pour cacher sa misère et soutenir son crédit, que ces hommes vuides de sens, dont nous parlons, en emploient pour acquérir ou conserver une réputation de prudence et de

---

manière quelconque, lui font sentir plus souvent ou plus vivement sa pénible existence. Comme l'ame humaine regarde, pour ainsi dire, tous les objets à travers ce corps auquel elle est unie, elle est naturellement portée à attribuer à ces objets qu'elle considère, les perfections ou les défauts de sa lunette; et l'homme, lorsqu'il est mal disposé, croyant voir sur tous les objets la tache qui est dans son œil, ses discours tachent tout. L'auteur de *la Balance naturelle* et de *la Méchanique morale* a indiqué un grand nombre de *signes physionomiques* et de *signes moraux*, pour reconnoître cette classe d'individus dont il est question ici, et qu'il a désignés par les noms de *contractifs* ou de *négatifs*, en désignant leurs opposés par ceux d'*expansifs* ou de *positifs*. Mais voici leurs *signalemens* en peu de mots.

L'expansif ajoute à ce que vous dites; le *con-*

capacité : ils y réussissent quelquefois, et parviennent à jouer un certain rôle ; mais gardez-vous de les employer dans les affaires de quelque importance, car vous tirerez plus aisément parti d'un homme un peu plus sot et un peu plus rond, que de ces formalistes (1).

---

tractif en retranche ; l'un abat continuellement, l'autre rebâtit ; l'un blesse, l'autre guérit ; mais ne guérit de la fièvre qu'en donnant la colique : l'un vous pousse, l'autre vous retient ; l'un agit, l'autre conseille ; l'un prend son imagination pour l'expérience, l'autre invoque sans cesse l'expérience, et ne veut pas qu'on fasse d'essais ; l'un dit tout et fait tout ; mais quand tout est fini, l'autre a tout dit et a tout fait. L'un est le soleil, et l'autre la lune ; deux astres qui se peignent dans leurs yeux mêmes, brillans ou ternes. En un mot, c'est le feu et l'eau ; toujours ennemis, mais toujours nécessaires l'un à l'autre et à la société, ils se trouvent presque toujours ensemble, et prédominant alternativement, ils maintiennent ou rétablissent ainsi presque toujours l'équilibre en eux-mêmes et dans les individus ou les sociétés sur lesquels ils ont de l'influence.

(1) Le *métier* d'un *formaliste*, d'un *négatif*,

XXVII. De l'amitié.

Un homme qui se plaît dans la solitude, est ou une bête sauvage, ou un Dieu. Celui qui parloit ainsi ne pouvoit réunir en moins de mots, plus de vérités et d'erreurs. Car, en premier lieu,

d'un *charlatan froid*, d'un *druide*, d'un *prêtre* (chinois), *est de ne rien faire et de paroître tout faire;* de tracasser les hommes laborieux, pour paroître plus occupés que ceux qui travaillent, et de bourdonner autour des abeilles, avant de s'emparer de leur miel. Mais l'excuse naturelle de cet infortuné est cette paresse incurable qui l'a condamné pour toujours à faire un si honteux métier, et à *ne vivre que d'apparence.* Car *tout homme qui ne sème point, moissonne dans le champ d'autrui; ceux qui ne travaillent point, vivent aux dépens de ceux qui travaillent; et quand on ne sait pas s'amuser à bien faire, on se désennuie à mal faire.* Au reste, la plupart des hommes ayant été élevés par d'hypocrites fainéans, il n'est pas étonnant que les hommes de ce caractère soient si communs. Les instituteurs se sont, pour ainsi dire, *greffés eux-mêmes sur toute l'espèce humaine.*

il n'est pas douteux que tout homme qui a une aversion naturelle et secrète pour la société des autres hommes, tient un peu de la bête sauvage (1). Mais il est

---

(1) Si, par hazard, cet homme, étant né très sociable, s'est apperçu que les autres hommes ne sont pas réellement en société, mais dans un perpétuel état de guerre, un peu masqué par la politesse ou par l'hypocrisie ; état qui a pour causes la *défiance* et la *jalousie réciproques*, *filles de l'excessive inégalité*, *fille de la propriété exclusive*, *fille du partage* (inévitable) *de tous les biens*, tels que *force*, *adresse*, *talens*, *fortune*, *réputation*, etc. partage qui produit dans les *riches* (sous l'un ou l'autre de ces rapports), *l'orgueil* et la *défiance*, et dans les *pauvres*, la *jalousie* et la *bassesse d'ame*; s'il avoit, dis-je, fait cette triste découverte, ne seroit-ce pas, au contraire, parce que les autres hommes ne seroient que d'*élégans sauvages*, qu'il fuiroit leur compagnie, et que, ne pouvant vivre *réellement en société* avec eux, il s'isoleroit pour y vivre du moins, *par hypothèse*; et pour avoir *avec lui-même la paix* qu'il ne pourroit *avoir avec eux*? L'homme que les autres recherchent, et qui les évite, est plus sociable que ceux qu'il fuit; car, puisqu'ils recherchent la société de cet homme

très faux qu'il entre quelque chose de
divin dans le caractère de celui qui montre un éloignement si marqué pour ses
semblables ; à moins que ce goût pour la

qui fuit la leur, ils trouvent donc en lui des
qualités sociales qu'il ne trouve pas en eux. Mais
si la plupart des hommes, tout en affectant les
qualités sociales, sont réellement insociables, ce
n'est pas eux qu'il faut en accuser, mais cinq ou
six vieillards stupides qui, en faisant de leurs
propres goûts autant de loix ou de règles, et en
abusant de leur influence sur les autres hommes,
ont tout perdu. Voilà ce que les *Gymnosophistes
indiens* faisoient entendre au député d'Alexandre,
et ce que le *grand homme de Nazareth* avoit senti
comme nous. Mais ce dernier s'étant trop hâté de
remédier à ce terrible inconvénient, il périt. Le
vrai remède seroit de former paisiblement de petites sociétés beaucoup plus étroites que les nôtres, et dont le principal but fût de se mettre en
état de mieux servir la grande. Car nous sommes
amis, et *en société*, par *tout ce que nous voulons nous donner les uns aux autres, ou posséder en commun*; et *ennemis*, ou *en guerre*, par
*tout ce que nous voulons posséder exclusivement,
ou nous disputer sans cesse les uns aux autres.*
Telle est, ô mes infortunés semblables ! la véri-

retraite n'ait pour principe, non le plaisir d'être seul, mais le desir de fuir toute distraction, et de s'entretenir avec soi-même, dans un recueillement plus parfait, sur des sujets relevés; avantage dont quelques païens, tels qu'*Epiménide de Crète, Empédocle de Sicile, et Apollonius, de Thyanne*, se sont faussement vantés de jouir, et dont ont réellement joui plusieurs d'entre les anciens Anachorètes, et d'entre les Pères de l'Église

---

table cause de vos plus grands maux, et des soucis rongeurs qui vous font tous mourir avant le temps. Voilà le mal, voilà le moyen d'y remédier; reste à trouver un moyen pour pouvoir employer ce moyen. Mais en attendant que vous ayez la volonté et le pouvoir d'appliquer le remède indiqué, l'unique préservatif, c'est une occupation honnête, utile, forte et presque continuelle, pour se distraire continuellement d'un mal qu'on ne peut empêcher, et l'effacer presque entièrement, en n'y pensant pas; distraction qu'on peut légitimer, en contractant quelque amitié, dont un travail commun et utile soit la base; amitié sûre, amitié solide, amitié sainte, et la seule réelle dans l'état présent des choses.

chrétienne. Mais il est peu d'hommes qui comprennent bien en quoi consiste la vraie solitude, et qui en aient une idée assez étendue : car *une foule n'est rien moins qu'une société ; une multitude de visages n'est tout au plus qu'une galerie de portraits ; et une conversation entre des personnes qui n'ont que de l'indifférence les unes pour les autres, n'est guère plus agréable que le son d'une cymbale.* Cet adage latin : *grande ville, grande solitude,* a trait à ce que nous disons ; car assez ordinairement, dans une grande ville, des amis se trouvent écartés les uns des autres, et ne peuvent se rejoindre que rarement. Quoi qu'il en soit, nous pouvons dire qu'il n'est point de solitude plus affreuse que celle de l'homme sans amis, et que, sans l'amitié, ce monde n'est, à proprement parler, qu'un désert. Ainsi, en ce sens, celui qui est incapable d'amitié, tient plus de la bête sauvage que de l'homme.

Le principal *fruit* de l'amitié est qu'elle fournit continuellement l'occasion de se décharger du fardeau de ces pensées souvent affligeantes que font naître et renaître sans cesse les passions qui nous rongent; en un mot, de soulager son cœur (1). On peut prendre de la *salsepareille* pour les *obstructions du foie*; des *eaux calybées* pour l'*opilation de la rate*; de la *fleur de soufre* pour l'*affection pulmonique*, et du *castoreum* pour fortifier le *cerveau*; mais il n'est point de recette plus sûre, pour dilater son cœur et le soulager, qu'un véritable ami, auquel on puisse communiquer ses joies, ses afflictions, ses craintes, ses soupçons, etc. genre de communication qui a quelque analogie avec la *confession auriculaire* (2).

───────────────

(1) L'ame, ainsi que le corps, a besoin d'émissions périodiques; sans ces évacuations, l'un et l'autre contractent de la roideur et de la dureté; les ames bien assorties se fécondent et se multiplient réciproquement.

(2) Tel étoit aussi, en partie, le but des grands hommes qui ont établi cet usage; mais depuis, quelques hypocrites en ont abusé, pour *mettre*

On est, au premier coup d'œil, étonné de voir les princes attacher tant de prix à cette sorte d'amitié dont nous parlons, que, pour se l'assurer, ils vont quelquefois jusqu'à exposer leur personne, leur autorité, et leur couronne même;

---

le monde entier à leurs genoux, et pour surprendre les secrets des familles; cependant l'abus d'un moyen utile et saint en lui-même, ne prouve point du tout qu'il faut l'abolir. Tout homme a besoin d'un confident, auquel il puisse, avec sûreté, dire tout ce qu'il pense, lorsqu'il est mécontent des autres ou de lui-même, et à l'aide duquel il puisse obtenir un commencement de justification, par l'aveu ingénu de ses propres fautes. Mais comme il n'est presque point d'ami, disions-nous plus haut, qui ne soit un peu ennemi, et qui n'abuse, les jours où il est ennemi, des confidences qu'on lui a faites les jours où il étoit ami, révéler son foible à son ami, c'est presque toujours armer son ennemi. Il falloit donc, pour ces confidences si délicates, une sorte de *magistrat*, contenu par les peines les plus sévères, et dans le sein duquel on pût, sans danger, déposer de tels secrets. L'église catholique y a pourvu. Tout homme qui, après avoir

car les princes sont dans une telle élévation, qu'ils ne peuvent cueillir ce doux fruit de l'amitié, qu'en élevant à leur hauteur quelqu'un de leurs sujets, pour en faire, en quelque manière, *leur égal* et *leur compagnon;* ce qui les expose à

───────────────────────────────

commis un crime, désespère de pouvoir l'expier, est livré, pour le reste de ses jours, au *dépit le plus amer*, et il s'enfonce de plus en plus dans le crime avec un affreux plaisir; il voue une haine éternelle à ses semblables, qui lui défendent de les aimer, et qui ont noté d'une éternelle infamie son amitié : il est implacable comme eux. Or, les loix positives, les loix tacites de la société, et l'opinion publique, ne pardonnent jamais une faute éclatante; elles ne donnent jamais d'absolution complète. Le christianisme accepte le repentir et l'expiation de l'être foible qu'un perfide concours de circonstances a pu jeter hors de son caractère, par une violence à laquelle tout mortel, tant qu'il respire, est exposé. Si cet homme est né généreux, ce pardon formel et complet le fait redevenir juste, en lui persuadant qu'il est justifié; et la religion rend ainsi un homme à la société, qui ne sait pas se défaire d'un ennemi, en le convertissant en ami, mais seulement en le tuant.

beaucoup d'inconvéniens(1). Les langues modernes, qui désignent les amis du prince par les titres de *favoris*, de *privados*, etc. semblent faire entendre par ces dénominations, que ce n'est, de la part du prince, qu'une *faveur*, une *grace*, ou une *simple privauté*. Mais l'expres-

---

(1) *Les amitiés trop exclusives sont aussi nuisibles qu'injustes; elles nous privent du secours de toutes les personnes exclues, et les privent du nôtre; elles nous font de tous ceux que nous semblons dédaigner, autant d'ennemis : inconvénient qui se fait sur-tout sentir à ceux qui jouent un rôle public, et dont l'amitié est la plus recherchée ou briguée; tels que rois, grands, magistrats, guerriers illustres, hommes de lettres célèbres, etc. inconvénient dont ils ont bien de la peine à se défendre, chaque individu voulant s'emparer d'eux et en avoir la propriété exclusive : « comme vous n'êtes qu'une partie infiniment petite de ma patrie, ou plutôt du genre humain (pourroit-on dire à ces amis tyranniques), je ne vous dois qu'une partie de mes affections et de ma personne; ainsi consentez à me partager avec ceux auxquels je me dois aussi, sinon vous ne m'aurez point du tout. »*

sion que les Romains employoient à ce sujet, en montre beaucoup mieux la véritable *cause* et la vraie destination ; ils les nommoient *participes curarum* (*participans des soins et des soucis.*) Et ce sont en effet des communications de cette espèce qui resserrent le plus le nœud de l'amitié entre le prince et son sujet : vérité dont on ne pourra douter, si l'on considère que ce ne sont pas seulement les princes foibles et esclaves de leurs passions qui recherchent avec tant d'ardeur cette sorte d'amitié, mais aussi les princes les plus sages, les plus politiques et les plus fermes. Quelques-uns d'entre eux ont favorisé tels de leurs sujets, au point de leur donner et de recevoir d'eux le nom même d'*ami;* voulant aussi que les autres les désignassent tous deux par ce terme, dont on n'use ordinairement que de particulier à particulier.

Lorsque *Sylla* fut en possession de la souveraine puissance, il éleva *Pompée*, qui depuis fut décoré du surnom de

Grand, à un tel degré d'autorité, que celui-ci osa se vanter dans la suite d'être plus puissant que lui. Car *Pompée* ayant obtenu le consulat pour un de ses amis, malgré la brigue de Sylla, et le dictateur lui témoignant, avec hauteur, son mécontentement à ce sujet, le jeune homme lui imposa silence par cette réponse si fière : *le soleil levant a plus d'adorateurs que le soleil couchant* (1). *César* vivoit dans une telle intimité avec *Decimus-Brutus,* que, dans son testament, il le désigna pour son héritier, immédiatement après son neveu (son petit neveu *Octave*); et ce prétendu ami eut assez d'ascendant sur son esprit, pour l'attirer au sénat, où les conjurés l'attendoient pour lui donner la mort : car *César,* intimidé par quelques mauvais présages, et par un songe de son épouse *Calpurnie,* étant déterminé à renvoyer le sénat et à ne pas sortir ce

---

(1) Aussi Jules-César le paya-t-il très libéralement de son ingratitude envers Sylla et Cicéron.

jour-là, il le prit par la main, en lui disant : *nous espérons que vous n'attendrez pas, pour aller au sénat, que votre épouse ait fait de meilleurs rêves;* et il le détermina ainsi à sortir (1).

Il jouissoit à un tel point de la faveur et de la confiance de *Jules-César,* qu'*Antoine,* dans une lettre rapportée mot à mot par *Cicéron,* dans une de ses *philippiques,* le qualifioit d'*enchanteur* et de *sorcier* (2), voulant faire entendre qu'il avoit comme ensorcelé *César.* L'histoire observe qu'*Auguste* avoit

---

(1) César avoit violé sa mère (Rome) et trompé tous ses amis : voilà le crime, et voici le châtiment : *Decimus-Brutus,* qu'il regarde comme *son plus intime ami, le frappe au cœur;* et *Marcus-Brutus,* que le dictateur *croit son propre fils, le frappe aux parties naturelles :* quel *supplice!* et quelle terrible *leçon !* Voilà ce qui arrive toujours, soit en grand, soit en petit : un égoïste est puni par un continuel assassinat, durant la plus longue vie, l'égoïsme des autres réagissant naturellement contre le sien.

(2) *Venefica* (sorcière, enchanteresse), disoit *Antoine,* au féminin, et pour cause.

élevé à un si haut degré d'honneur et de puissance *Agrippa*, homme de basse extraction, qu'ayant un jour consulté *Mécène* sur le choix d'un époux pour sa fille *Julie*, il reçut de lui cette réponse : *il faut la marier à Agrippa, ou le faire mourir; car vous l'avez fait si grand, qu'entre ces deux partis extrêmes il n'y a plus de milieu* (1). L'amitié de *Tibère* pour *Séjan* étoit si étroite, et il l'avoit tellement approché de soi, qu'on ne les regardoit plus que comme une seule et même personne, et que le prince, dans une lettre qu'il lui écrivoit, s'exprimoit ainsi : *j'ai cru qu'en considération de notre amitié, je ne devois pas vous cacher cela*. Aussi le sénat, voulant consacrer cette amitié si extraordinaire, fit-il ériger un autel à l'amitié du prince, comme à une déesse. On vit régner une amitié au moins égale entre *Septime-Sévère* et *Plantianus*;

---

(1) *Mécène* étoit *l'œil droit* d'Auguste, et *Agrippa*, son *bras droit*.

liaison si étroite, qu'il le soutenoit en toute occasion, même contre son propre fils, que cet ami osoit quelquefois traiter fort durement; et dans une lettre qu'il écrivit à son sujet au sénat, il s'exprimoit ainsi : *j'ai une telle affection pour ce personnage, que je souhaite qu'il me survive.* Si ces princes eussent été d'un caractère semblable à celui de *Trajan*, ou de *Marc-Aurèle*, on pourroit attribuer cette tendresse à un excès de bonté naturelle : mais si l'on considère combien ceux dont nous parlons étoient politiques, fermes, sévères, et attachés à leurs propres intérêts, on est forcé d'en conclure que ces princes, quoique placés au plus haut point de grandeur et de puissance auquel un mortel puisse aspirer, auroient jugé leur propre félicité imparfaite, si l'acquisition d'un ami ne l'eût complétée : mais ce qui doit principalement fixer notre attention, est que ces mêmes princes avoient une épouse, des enfans, des neveux, etc. Cependant ces objets si chers ne pouvoient leur tenir lieu d'un ami. Nous ne devons pas non plus oublier ici une observation judicieuse de *Philippe de Comines*, au sujet de *Charles-le-Hardi, duc de Bourgogne*, son premier maître : « Il ne voulut jamais, dit-il, communiquer ses affaires à qui que ce fût, ni même parler des soucis qui le rongeoient, et moins encore de ses chagrins les plus cuisans. Cette réserve excessive, ajoute-t-il, augmenta encore dans les derniers temps de sa vie, et finit par altérer un peu sa raison. » Certes, si *Comines* l'avoit jugé nécessaire, il auroit pu appliquer cette même observation à *Louis XI, roi de France*, son second maître, à qui ce caractère sombre et caché servit de bourreau, sur la fin de ses jours. Ce précepte *symbolique* de *Pythagore* : *ne ronge pas ton cœur*, quoique un peu obscur et énigmatique, ne laisse pas d'être plein de sens ; et si l'on ne craignoit pas d'user d'une qualification trop dure, on pourroit dire que ceux qui manquent de vrais amis auxquels ils puissent s'ouvrir et se communiquer, sont des espèces de *cannibales qui dévorent leur propre cœur* (1). Mais une dernière observation à faire sur ce *premier fruit* de l'*amitié*, c'est que cette libre communication d'un homme avec son ami a deux effets qui, bien qu'*opposés*, sont *également salutaires ;* savoir : de *redoubler les joies*, et de *diminuer les afflictions.* Car il n'est personne qui, en faisant part de ses succès à son ami, ne sente augmenter sa joie en la communiquant, et qui, au contraire, en répandant, pour ainsi dire, son ame dans le sein de son ami, et en lui révélant ses chagrins les plus secrets, ne se sente soulagé. Ainsi, l'on peut dire avec raison que l'amitié produit, dans l'ame humaine, des effets analogues à ceux que les *alchymistes* attribuent à leur

---

(1) Il vaut peut-être mieux le manger soi-même, que le faire manger aux autres; car la *véritable amitié* étant *fort rare*, les *vrais amis* ne sont donc que *des exceptions*, et la *règle* même nous défend d'attacher notre *bonheur* à des *exceptions*.

pierre philosophale; laquelle, si nous voulons les en croire, produit sur le corps humain des effets qui, bien qu'opposés, lui sont également avantageux. Mais, sans chercher des objets de comparaison dans les opérations mystérieuses de l'*alchymie*, nous trouvons, dans le cours ordinaire de la nature, une image sensible des avantages de l'amitié; car nous voyons que, dans les composés physiques, l'union facilite et renforce les actions naturelles; au lieu qu'elle affoiblit et amortit toute impression violente: l'union des ames produit aussi sur elles ce double effet.

Le *second fruit de l'amitié* n'est pas moins utile pour *éclairer l'esprit,* que le *premier* l'est pour *augmenter les plaisirs et diminuer les peines du cœur.* Car si, d'un côté, ces communications libres et amicales, en dissipant les tempêtes et les orages des passions, peuvent ramener dans l'ame humaine le calme et la sérénité; de l'autre, en dissipant la confusion et l'obscurité des pensées, elles répandent une lumière aussi vive que douce dans l'entendement humain : ce qu'il ne faut pas entendre seulement des *conseils salutaires et désintéressés* qu'on peut, par ce moyen, recevoir de *son ami;* autre avantage dont nous parlerons ci-après, mais d'un effet un peu différent et également avantageux. Tout homme, dis-je, dont l'esprit est agité, et comme obscurci par une multitude confuse de pensées qu'il a peine à débrouiller, sentiroit sa raison se fortifier et ses idées s'éclaircir, quand il ne feroit que les communiquer à son ami, et discourir avec lui sur ce qui l'occupe; car alors il discute ses opinions avec plus de facilité, et il range ses idées avec plus d'ordre; enfin, il juge mieux de la vérité et de l'utilité de ses pensées, quand elles sont exprimées par des paroles (1).

---

(1) Comme toute pensée utile est destinée à être communiquée et à être mise au jour; pour la bien communiquer, en grand, il faut commencer par la communiquer en petit, et l'exposer au crépuscule des raisons particulières, avant de la mettre au grand jour de la raison publique; en communi-

Enfin, par ce moyen, il devient, pour ainsi dire, plus prudent, plus sage que lui-même; effet qu'il obtiendra plus sûrement par une conversation d'une heure, que par une méditation d'un jour entier. *Thémistocle* usoit d'une comparaison fort juste, lorsqu'il disoit au roi de Perse que les discours des hommes étoient semblables à des tapisseries à personnages déroulées et tendues, où l'on voyoit nettement les figures qui y étoient réprésentées : au lieu que leurs pensées, avant d'être communiquées, ressembloient à ces mêmes tapisseries, encore pliées ou roulées. Or ce *second fruit* de l'amitié, qui consiste à *ouvrir l'esprit* et

---

quant ses pensées à un homme judicieux, on fait avec lui une espèce de *répétition de la grande communication;* et il est prudent d'essayer ses pensées sur la partie la plus indulgente du public, avant d'en risquer l'essai sur le tout, qui est toujours plus sévère. Or, ce que nous disons du public, on peut le dire d'une société moins nombreuse, que tel de nos lecteurs regarde comme son public.

à *éclaircir les idées*, il ne faut pas croire qu'on ne puisse le cueillir qu'avec des amis d'un esprit supérieur, et capables de donner un bon conseil, un tel interlocuteur, sans doute, vaudroit mieux; cependant on s'instruit encore soi-même en produisant ses pensées au dehors, en les communiquant à une personne quelconque, et en *aiguisant*, pour ainsi dire, *son esprit contre une pierre qui ne coupe point* (1). En un mot, il vaudroit encore mieux parler à une statue, ou à un tableau, que de ne point parler du tout,

───────────────

(1) Sans doute, mais *toutes les pierres coupent*, parce qu'elles ont été *taillées à angles tranchans, par la vanité* que nous ont inspirée les *hommes vains* qui nous ont *élevés*, en nous faisant accroire que le *vrai bonheur* consiste à *briller*. Par nos *besoins réels et réciproques*, nous sommes *tous amis nés*, mais *tous accidentellement ennemis* par les *mille et une prétentions de la vanité* : chacun voulant être le premier parmi des hommes qui ont la même prétention, chaque individu est l'ennemi de tout le monde, et a tout le monde pour ennemi.

et de demeurer dans un silence continuel qui étouffe, pour ainsi dire, les meilleures pensées.

Actuellement, pour rendre plus complet ce second fruit de l'amitié, ajoutez-y cet autre avantage qui est plus sensible et plus généralement connu; je veux dire, les *conseils salutaires et désintéressés* qu'on peut recevoir d'un *véritable ami. Héraclite* a dit avec raison, dans une de ses énigmes, que *la lumière sèche est toujours la meilleure*. Or, il n'est pas douteux que la *lumière* qu'on reçoit par le *conseil* d'un *ami*, ne soit *plus sèche* et *plus pure* que celle qu'on *peut tirer de son propre entendement*, et qui est toujours, en quelque manière, détrempée et teinte par nos passions et nos goûts habituels. Ensorte qu'il n'y a pas moins de différence entre le conseil qu'on reçoit d'un ami et celui qu'on se donne à soi-même, qu'entre le conseil d'un ami et celui d'un flatteur; car le plus grand de tous nos flatteurs, c'est notre amour-propre; et le plus sûr remède contre cette flatterie, est la franchise et la liberté d'un ami. Il est deux sortes de conseils, dont l'une se rapporte aux *mœurs*, et l'autre aux *affaires*. Quant à ceux de la première espèce, les avis sincères d'un ami sont le plus sûr et le plus doux préservatif pour se conserver un cœur sain. Se demander à soi-même un compte exact et sévère, est un remède trop pénétrant et trop corrosif. La simple lecture des livres de morale est un remède extrêmement foible. Observer ses propres fautes et les considérer dans un autre individu comme dans un miroir, est un remède d'autant moins sûr, que ce miroir est souvent infidèle, et ne rend pas toujours exactement les images. Mais la recette la plus sûre et la plus douce c'est, sans contredit, le conseil d'un véritable ami. Les personnes qui n'ont pas en leur disposition un ami qui puisse leur parler librement d'eux-mêmes, et leur donner à propos un conseil nécessaire, tombent dans une infinité de fautes et d'inconséquences grossières, qui finissent par ruiner leur réputation et leur fortune ; on peut leur appliquer ce mot de S'. Jacques : *tel homme, après s'être regardé dans un miroir, oublie aussi-tôt son visage.* A l'égard des affaires, un proverbe ancien dit, *que deux yeux voient mieux qu'un ; celui qui regarde jouer voit mieux les fautes que celui qui joue.* Un homme encore irrité est moins sage que celui qui, après un premier mouvement de colère, a prononcé les vingt-quatre lettres de l'alphabet ; enfin, on tire plus juste en appuyant son mousquet sur une fourchette, qu'en ne l'appuyant que sur le bras. De même un ami sage et fidèle est un secours et un appui continuel, pour tout homme qui n'a pas la présomption de croire qu'il sait tout, et que toute la sagesse humaine est dans sa tête. En un mot, le bon conseil est ce qui dirige toutes les affaires, en les faisant marcher directement vers le but. Celui qui, au lieu de consulter toujours une même personne, d'une sagesse et d'une fidélité reconnue, consulte telle personne sur une affaire, et telle autre sur une autre, fait certainement beaucoup mieux que celui qui ne prend conseil de qui que ce soit; mais il s'expose à deux grands inconvéniens; l'un est de ne recevoir que des conseils intéressés, car les amis sincères et désintéressés sont extrêmement rares, et le conseil donné est presque toujours dirigé vers l'intérêt de celui qui le donne (1); l'autre est qu'on recevra souvent

---

(1) Tout homme qui demande conseil à tout le monde, est fort mal conseillé, parce qu'il y a autant d'avis que de têtes, et autant d'intérêts que d'avis. *Si j'étois à votre place, vous dit-on, je ferois telle chose; et moi aussi*, peut-on répondre, *si j'étois à votre place, je ferois ce que vous me conseillez; mais comme je ne suis qu'à la mienne, je n'en ferai rien* : le conseil de *Parménion* et la réponse d'*Alexandre* représentent la plupart des conseils qu'on nous donne, et des réponses qu'on y peut faire; la plupart des hommes vous conseillent ce qui n'est bon qu'à eux, ou ce qui n'est bon à rien. *Le seul qui sache bien où le soulier le blesse, c'est celui qui le porte, car c'est le seul qui le sente* : ainsi le plus sûr pour tout homme qui croit avoir besoin de conseil, c'est

des conseils très nuisibles, ou du moins mêlés d'avantages et d'inconvéniens, et qui ne laisseront pas d'être donnés de très

───────────────────────

de consulter d'abord les différens hommes dont il est composé, et de s'en rapporter à la pluralité de ces hommes intérieurs; à moins qu'une passion tyrannique ne forme en lui une minorité insidieuse qui accapare la majorité et généralise sa propre volonté, en faisant accroire au grand nombre qu'elle est générale. Car alors de même qu'un médecin, qui se sent malade, se défiant de son propre jugement, appelle un autre médecin; un homme qu'une passion domine, et dont l'ame est malade, doit se défier de sa propre raison, et demander une consultation à un ami sûr, vrai médecin de l'ame. Or tout homme est dominé par une passion quelconque. Ainsi, tout homme qui ne prend conseil que de lui-même, a un sot pour conseiller. Pour se bien conseiller, il faut se bien connoître. Or nul homme ne se voit et n'est vu par les autres précisément tel qu'il est; car, et *l'homme qui se juge lui-même, et ceux qui le jugent, sont juges et parties.* Ainsi, pour *se bien connoître, il faut prendre un milieu entre l'idée qu'on a de soi, et l'idée qu'en ont les autres;* comme pour *connoître* le véritable *prix* d'une *marchandise*, il faut *prendre un milieu entre le prix du vendeur et ce-*

bonne foi (1). Si vous appelez un médecin, expert dans la maladie dont vous êtes atteint, mais qui ne connoisse pas bien votre tempérament, vous courez risque qu'il ne vous ôte la fièvre qu'en vous donnant *la colique*, *et qu'il ne tue la maladie qu'en tuant le malade*. Mais vous n'aurez plus un tel risque à courir avec un véritable ami, qui, connoissant à fond votre naturel, vos habitudes et votre situation, ne vous donnera que des remèdes convenables à vo-

***

lui de l'acheteur; car *chaque individu se surfaisant lui-même et étant mis par les autres au rabais, il est clair que son véritable prix est entre ces deux estimations*. Ainsi, pour être *bien conseillé*, il faut, après avoir *consulté les autres*, et s'être aussi *un peu conseillé soi-même*, prendre un milieu entre le conseil qu'on a reçu, et celui qu'on s'est donné.

(1) Souvent aussi ces conseillers intéressés n'étant pas plus sages que sincères, en nous donnant un conseil doublement mauvais, qui tend à leur propre but, et qui vous le fait manquer, vous mènent ainsi au vôtre.

tre complexion actuelle, et non des palliatifs qui, après vous avoir été un peu utiles, vous seroient très nuisibles. Ainsi, ne faites point fond sur ces conseils donnés par tant de personnes différentes ; conseils dont l'effet seroit plutôt de vous jeter dans l'incertitude et l'irrésolution, que de vous diriger et de vous fixer.

A ces deux fruits de l'amitié, qui consistent à *calmer et à régler les affections de l'ame*, ou à *faciliter* et à *diriger les opérations de l'entendement*, se joint le troisième et dernier fruit, que je comparerois volontiers à une *grenade remplie d'une infinité de petits grains ;* car l'amitié procure une infinité de petits secours, de petits soulagemens, dans les différentes actions ou situations de la vie. Pour embrasser d'une seule vue les différens avantages attachés à l'amitié, il suffit de considérer combien il est de choses *qu'on ne peut bien faire par soi-même*, et alors nous comprendrons que les anciens, en disant qu'*un ami est un autre nous-mêmes*, ne disoient pas assez, puisqu'*un* ami est quelquefois pour nous *beaucoup plus que nous-mêmes*. Tous les hommes sont mortels; et trop souvent leur vie ne dure pas assez pour qu'ils aient la satisfaction de voir l'entier accomplissement des desseins qu'ils ont eu le plus à cœur; tels que ceux d'établir leurs enfans, de mettre la dernière main à un ouvrage commencé, etc. Mais celui qui possède un véritable ami, peut s'assurer que ce qu'il aura souhaité ne sera pas oublié après lui; et par ce moyen, il aura, pour ainsi dire, *deux vies en sa disposition*. Chaque individu n'a qu'un seul corps qui est circonscrit dans le lieu qu'il occupe, et n'en peut occuper deux en même temps. *Deux amis* se doublent, pour ainsi dire, *réciproquement;* car ce qu'on ne peut faire par soi-même, on le fait par son ami. Or, que de choses un homme ne peut, avec bienséance, dire, ou faire lui-même! Par exemple: on ne peut, sans blesser la modestie, parler des services qu'on a rendus, et moins encore les exagérer; on ne sauroit quelquefois s'abaisser à demander soi-même une grace, et à supplier, etc. mais toutes ces mêmes choses, qui seroient peu séantes dans la bouche de celui qu'elles intéressent personnellement, ont toujours bonne grace dans celle d'un ami. De plus, il n'est personne qui n'ait des relations d'où naissent certaines convenances qu'il ne doit pas oublier, et qui le gênent souvent. Par exemple: on est obligé de prendre, avec son fils le ton d'un père; avec sa femme, le ton d'un époux; avec un ennemi, un ton soutenu, etc. au lieu qu'un ami peut prendre le ton et le style qu'exigent les circonstances, sans être lié alors par de telles convenances. Mais si je voulois faire l'énumération de tous les avantages qu'on peut tirer de l'amitié, cet article seroit immense (1). Tout est

---

(1) Notre auteur auroit pu, sans grossir excessivement cet article, ajouter aux avantages dénombrés et analysés, *le plaisir d'aimer et d'être aimé;* plaisir qu'on peut goûter en attachant peu d'importance à sa fortune et à sa réputation, et en regardant le monde comme une *auberge* et comme une *auberge ambulante.*

compris dans cette règle : lorsqu'un homme ne peut jouer seul et complètement son personnage, s'il n'a point d'amis, il est de toute nécessité qu'il abandonne la partie.

XXVIII. *Des dépenses.*

Les richesses ne sont de vrais biens qu'autant qu'on les dépense, et que cette dépense a pour but l'honneur, ou de bonnes actions : mais les dépenses extraordinaires doivent être proportionnées à l'importance des occasions mêmes qui les nécessitent ; car il est tel cas où il faut savoir s'en dépouiller, non-seulement pour *mériter le ciel*, mais aussi pour le service et l'utilité de sa patrie. Quant à la dépense journalière, chacun doit la proportionner à ses propres biens, et la régler uniquement sur ses revenus, en les administrant de manière qu'ils ne soient pas gaspillés par la négligence ou la friponnerie des domestiques. Il est bon aussi de la régler dans son imagination, sur un pied beaucoup plus haut que celui où on veut la mettre réellement, afin que le total paroisse toujours au-dessous de ce qu'on avoit imaginé. Tout homme qui ne veut pas que sa fortune décroisse, et qui veut rester constamment au niveau, doit se faire une loi de ne dépenser que la moitié de son revenu ; et celui qui veut augmenter son bien, ne doit dépenser que le tiers de sa rente. Ce n'est rien moins qu'une bassesse à des grands seigneurs d'entrer dans le détail de leurs affaires : et si la plupart d'entre eux ont tant de répugnance pour les soins de cette espèce, c'est beaucoup moins par négligence que pour ne pas s'exposer au chagrin qu'ils ressentiroient s'ils les trouvoient fort dérangées. Cependant, pour pouvoir *guérir* des *blessures*, il faut commencer par les sonder. Ceux qui ne veulent pas gérer eux-mêmes leurs affaires, et veulent s'épargner tout cet embarras, n'ont d'autre ressource que celle de bien choisir les personnes qu'ils chargent de leurs intérêts ; avec la précaution de les changer de temps en temps, les nouveaux venus étant plus timides et moins rusés (1). Celui qui ne peut ou ne veut pas donner un certain temps à ses affaires, doit affermer ses biens, et mettre toute sa dépense à prix fait. Celui qui dépense beaucoup sur un article, doit être économe sur un autre ; par exemple : s'il aime à tenir une bonne table, il doit épargner sur sa mise ; et s'il aime les riches ameublemens, il doit mettre la réforme dans et sur son écurie, et ainsi du reste ; car s'il veut dépenser de toute manière, il se ruinera infailliblement. Lorsqu'on a dessein de liquider son bien, on peut nuire à sa fortune, en le faisant trop vîte, comme en le faisant trop lentement ou trop tard ; car on ne perd pas moins en se hâtant trop de vendre, qu'en empruntant de l'argent à gros intérêts. Assez ordinairement un grand dépensier qui ne prend qu'une seule fois le soin de se liquider, s'endette de nouveau ; car lors-

---

(1) Pour pouvoir entrer dans la place, il faut avoir eu le temps de faire les approches.

qu'il se voit hors d'embarras, il revient à son naturel : au lieu que celui qui ne se liquide que peu à peu, contractant l'habitude de l'ordre et de l'économie, met ainsi la réforme dans ses mœurs, comme dans ses biens et dans ses dépenses. Celui qui a un vrai desir de rétablir ses affaires, ne doit pas négliger les plus petits objets : il est moins honteux de retrancher les petites dépenses, que de s'abaisser à de petits gains. A l'égard de la dépense journalière, il faut la régler de façon qu'on puisse toujours la soutenir sur le même pied qu'en commençant : cependant on peut, dans les grandes occasions, qui sont assez rares, se permettre un peu plus de magnificence qu'à l'ordinaire.

XXIX. *De la manière de conserver sa santé.*

Il est à cet égard, pour chaque individu, une sorte de prudence qui ne se rapporte qu'à lui, et qui est plus sûre que toutes les règles générales de la médecine; elle est toute comprise dans cette seule règle : remarquez avec soin, en vous observant vous-même, ce qui vous est salutaire et ce qui vous est nuisible; telle est la plus sûre méthode pour conserver sa santé, et la meilleure espèce de médecine préservative. Cependant ce premier raisonnement : *telle chose ne convient pas à mon tempérament, ainsi je dois cesser d'en faire usage,* est mieux fondé que celui-ci : *telle chose ne me nuit point, ainsi je puis, sans inconvénient, continuer d'en faire usage.* Car cette vigueur qui est propre à la jeunesse, remédie d'abord à une infinité de petits excès qu'on se permet; mais ce sont des espèces de *dettes* qu'on *paie* dans un âge plus avancé (1). Considérez, à me-

---

(1) *Morbi sensim collecti acervatim apparent,* dit Hippocrate; *les maladies accumulées insensiblement, ne paroissent qu'en masse :* passé un certain âge, le médecin peut guérir la maladie, mais il ne peut guérir le vice de constitution qui en a été la principale cause, et qui est l'effet du temps.

sure que vous avancez en âge, que la diminution de vos forces exige des ménagemens, et ne vous permet plus de faire les mêmes choses ; car on ne brave pas impunément la vieillesse. Ne faites aucun changement subit dans les parties essentielles de votre régime ; et si la nécessité vous y oblige, ayez soin d'y approprier tout le reste de votre manière de vivre (1); car une maxime un peu mystérieuse, et qui n'en est pas moins vraie, c'est celle-ci : dans le corps humain, ainsi que dans le corps politique, un grand nombre de changemens faits tous à la fois, sont moins dangereux qu'un seul, s'il est considérable. Ainsi, examinez toutes les différentes parties de votre régime, comme *alimens, sommeils, exercices, vêtemens, logemens*, etc. et si vous y trouvez quelque chose

---

(1) Ces trois choses, les alimens, les exercices et le sommeil, doivent toujours être proportionnées les unes aux autres, et l'on ne doit jamais en augmenter ou en diminuer une, sans augmenter ou diminuer proportionnellement les deux autres.

qui vous soit nuisible, tâchez de vous en déshabituer peu à peu; mais si ce changement vous nuit, revenez à vos premières habitudes; car il vous seroit très difficile de bien distinguer ce qui est généralement salutaire, de ce qui ne convient qu'à votre constitution individuelle. Avoir l'esprit libre et l'humeur enjouée, aux heures des repas et du sommeil, est un des préceptes dont la pratique contribue le plus à la prolongation de la vie. Quant aux passions et aux affections de l'ame, évitez avec soin l'*envie*, les *craintes* accompagnées d'*anxiétés*, la *rancune*, les *afflictions profondes*, les *occupations* qui exigent des recherches *subtiles*, épineuses, contentieuses, etc. les *joies immodérées*, la *tristesse concentrée* et sans *communication* : nourrissez en vous l'*espérance* et la *bonne humeur*, plutôt que la *joie excessive*; variez vos *plaisirs*, au lieu de vous en *rassasier*; excitez fréquemment en vous le sentiment de l'*admiration* et de la *surprise*, par le moyen de la *nouveauté*; préférez les études qui présentent à l'imagination des objets nobles, grands et relevés, comme l'*histoire* (1), la *fable*, le *spectacle* de la *nature*. Si vous vous abstenez de toute espèce de médicament tant que vous êtes en santé, votre corps aura peine à en supporter les effets, lorsqu'une maladie ou une incommodité vous obligera d'en faire usage. Si au contraire vous vous y accoutumez trop dans l'état de santé, lorsqu'ensuite une maladie les rendra nécessaires, le corps n'éprouvant alors aucune impression extraordinaire, ils n'auront pas assez d'effet. La *diète réitérée périodiquement*, dans certaines saisons et pendant un cer-

---

(1) L'histoire produit cet effet, lorsque, la lisant *passivement*, on la regarde comme une sorte de *tableau mouvant*, de *lanterne magique* et de *spectacle*; mais, si l'on y joint beaucoup de réflexions, on n'y voit plus que le tableau du crime récompensé et de la vertu punie (du moins extérieurement); on y voit, ainsi que dans le spectacle de la nature, que c'est le plus fort ou le plus fin qui a raison.

tain temps, me paroît préférable au fréquent usage des médicamens; elle est plus *altérante*, mais elle occasionne moins d'agitations et elle fatigue moins les organes (1).

Lorsque le corps éprouve quelque dérangement extraordinaire, ne le négligez point; mais consultez à ce sujet un homme de l'art. Dans l'état de maladie, occupez-vous principalement de votre

---

(1) Il ne s'agit pas ici de cette *diète unique et prolongée*, dont nous avons parlé dans plusieurs notes des ouvrages précédens, et dont le but est de *remédier sur-le-champ* à une *maladie*, ou *incommodité commençante*, mais d'une diète de plus courte durée et réitérée pendant plusieurs jours ou semaines, pour se faire tomber dans un état de foiblesse analogue à celui où l'on se trouve après une longue maladie, et se révivifier tous les ans, ou tous les deux ans, par une convalescence. Lorsqu'un individu est rassasié des alimens et de la vie même, il doit se faire jeûner et, en quelque manière, mourir à demi par la *diète* et, en général, par l'abstinence, puisque l'appétit est la semence du plaisir, et que la privation est la semence de l'appétit.

santé ; mais, dans l'état de santé, agissez, allez hardiment, et sans trop vous occuper de votre corps. Car toute personne qui aura accoutumé son corps à soutenir des chocs fréquens, pourra, dans ses maladies (à l'exception toutefois des maladies aiguës), se guérir à l'aide de la seule diète et d'un régime un peu plus doux. *Celse* donne à ce sujet un conseil qu'il n'eût pas été en état de donner comme médecin, s'il n'eût été en même temps un personnage d'une prudence consommée. Selon lui, la méthode qui contribue le plus sûrement à la conservation de la santé et à la prolongation de la vie, est celle qui consiste à varier son régime alimentaire, ses exercices et ses occupations, en combinant ensemble les contraires, et en se portant vers les deux extrêmes alternativement, mais un peu plus fréquemment vers l'extrême le plus doux : par exemple, il faut s'accoutumer aux veilles et au long sommeil, alternativement, mais en donnant un peu plus au sommeil excessif qu'aux veilles excessives; ou encore faire diète, dans certains temps, et dans d'autres temps d'amples repas, mais en péchant, à cet égard, un peu plus souvent par excès que par défaut; enfin, mener une vie très active, et une vie plus sédentaire, alternativement, mais plus souvent une vie active. C'est le moyen de donner à la nature ce qui peut la flatter, et en même temps assez de vigueur pour exécuter ou supporter les choses les plus difficiles et les plus pénibles. Parmi les médecins, les uns, trop indulgens pour leur malade, et se prêtant excessivement à ses fantaisies, s'écartent trop aisément et souvent des loix d'un traitement régulier et méthodique: or, en flattant le malade, ils flattent aussi la maladie. D'autres, au contraire, trop rigides et trop esclaves des règles de l'art, ne voulant point s'en écarter dans le traitement, ne donnent point assez au tempérament individuel, à la situation, ou à des positions particulières du malade. Appellez un médecin dont la marche tienne le milieu entre ces deux extrêmes : ou, si vous ne pouvez en trouver un de ce genre, combinez ensemble les deux opposés (1). Mais, en consul-

---

(1) Et alors, pourra-t-on dire, vous serez *entre le médecin tant pis et le médecin tant mieux*. Mais une vérité dont la plupart de ces médecins qui se portent ainsi tout à droite, ou tout à gauche, ne se doutent pas plus que ceux qui les tournent en ridicule, c'est qu'il est une infinité de *maux physiques*, et probablement de maladies, ou du moins d'incommodités, qu'on peut *guérir par les deux voies opposées*; comme on peut guérir, par les deux moyens contraires, un vice moral ou politique; *la nature produisant quelquefois le même effet, par les deux causes contraires, comme elle produit quelquefois, par la même cause, les deux effets contraires*. Par exemple, soit un individu, assez robuste, qui, étant attaqué de plénitude depuis plusieurs jours, ait presque entièrement perdu l'appétit; s'il mange un peu plus qu'il ne doit manger, à raison de son état, sur-tout des alimens qu'il n'aime point; que de plus il boive deux ou trois verres d'eau fraîche, une heure après son repas, il aura probablement une demi-indigestion, bientôt suivie d'une évacuation par bas qui le purgera, et l'appétit reviendra, sous un jour ou deux:

tant l'un ou l'autre, n'ayez pas moins de confiance en celui qui connoît bien votre tempérament, qu'en celui qui a la plus grande réputation d'habileté.

---

en faisant une seule diète un peu longue, il obtiendra le même effet. Il doit y avoir beaucoup de cas semblables à celui-là : par exemple, un *purgatif* qui occasionne une évacuation convenable et suffisante, est, par ses *effets médiats* et *éloignés*, tout aussi *calmant* qu'un *narcotique*, comme le *diascordium*, l'est par ses *effets* immédiats et prochains. Il en est de même au moral. *Timoléon*, personnage d'un caractère fort doux, et *Dion*, homme très âpre, délivrèrent également de la tyrannie la ville de Syracuse. Les uns obtiennent, par la *douceur*, le même effet que les autres obtiennent par la *rigueur*. Le moyen *doux* est plus *sûr*, mais aussi il a moins *d'effet*; et le moyen *rigoureux*, qui est plus *efficace*, est aussi plus *dangereux*; mais ce qui vaut encore mieux, c'est la combinaison et l'emploi alternatif des deux moyens opposés, comme le dit notre auteur lui-même d'après *Celse* : ce qui réunit tous les avantages et prévient tous les inconvéniens; parce que, dans tous les cas possibles, il y a *deux extrêmes à éviter*, l'*excès* et le *défaut*. Bien entendu qu'on mettra, entre l'emploi de l'un des moyens contrai-

XXX. *Du soupçon.*

Le *soupçon* est, parmi nos pensées, ce que la *chauve-souris* est parmi les *oiseaux*; et comme elle, il ne voltige que dans l'obscurité. On ne doit pas l'écouter, ou du moins s'y livrer trop aisément; il obscurcit l'esprit, éloigne nos amis, et fait que l'on marche avec moins de facilité et de constance vers le but (1).

---

res, et celui de l'autre, l'intervalle de temps convenable, et qu'on ne passera de l'un à l'autre que par degrés, autrement il en résulteroit une *vacillation fatigante* et à la longue pernicieuse, soit dans le corps humain, soit dans le corps politique.

(1) Rarement le mal dont la défiance peut nous garantir, égale celui qu'elle nous fait actuellement. Sans doute il n'est presque point d'acte de confiance, sans réserve, dont on n'ait lieu de se repentir, et révéler son foible à son ami, c'est presque toujours armer son ennemi; mais, pour calculer juste, il faut joindre au mal qui a résulté de cette confiance excessive, tout le bien qu'elle nous a fait tant qu'elle a duré. La défiance est un *sentiment de vieillard* et un *signe de foiblesse*; quand on a perdu presque toutes ses forces, on se

Les soupçons disposent les rois à la tyrannie, les époux à la jalousie, et les hommes les plus sages à l'irrésolution et à la mélancolie. Ce défaut vient plus de *l'esprit* que du *cœur* (1); et souvent les ames les plus courageuses n'en sont pas exemptes : *Henri VII, roi d'Angleterre,* est un exemple frappant de cette vérité; il y a eu peu de princes

---

défie de soi-même, des autres et de tout. Mais un *jeune* homme *défiant* est un individu qui prend en *été* son *habit d'hiver,* et à *midi,* son *bonnet de nuit.*

(1) Puisqu'il peut se trouver uni avec la mauvaise foi, ou avec la probité; car il est deux sortes de défiances, savoir : celle du fripon qui, voulant lui-même tromper tout le monde, s'imagine que tout le monde lui ressemble et veut aussi le tromper; et celle de l'homme trop ingénu qui, ayant été souvent trompé, pour avoir accordé sa confiance à des hommes qui ne la méritoient pas, la refuse ensuite à ceux qui la méritent. Aussi, dans cette dernière classe, les hommes les plus indiscrets sont-ils ordinairement les plus défians; parce que, donnant plus de prise par leurs indiscrétions, ils ont ensuite plus de précautions à prendre; et

qui aient été en même temps aussi courageux et aussi soupçonneux que lui : les soupçons ont moins d'inconvénient dans un esprit de cette trempe, qui ne leur donne entrée qu'après les avoir suffisamment examinés pour en déterminer le degré de probabilité ; mais, dans un caractère foible et timide, ils prennent pied trop aisément. *Le soupçon est fils*

---

le pire inconvénient d'une excessive confiance accordée à un fourbe est qu'ensuite, pour se garantir de ses pièges, on est presque forcé de lui ressembler. A quoi bon ouvrir ainsi sa porte, pour la fermer ensuite, au risque de se faire autant d'ennemis qu'on a reçu de visites, et de perdre soi-même la confiance de ceux auxquels on ôte la sienne ? Car tel est, en deux mots, le châtiment d'un homme défiant, sur-tout celui d'un fripon qui croit se voir dans tous les autres : *il ne se fie à personne, et personne ne se fie à lui.* La vraie méthode, pour ne pas être obligé de fermer sa porte, c'est de ne pas l'ouvrir, ou de n'ouvrir que le *guichet*. Avant de *verser toute son ame dans celle d'un autre homme*, il faut voir d'abord *si le vase est bien net*; et s'il ne l'est pas, le nettoyer, ou en prendre un autre.

de l'ignorance; ainsi, le vrai *remède* à cette *infirmité,* c'est de *s'instruire,* au lieu de nourrir les soupçons et de les *couver,* pour ainsi dire, *dans le silence;* car les soupçons se nourrissent dans les ténèbres, et se repaissent de fumées. Après tout, ces soupçons et ces ombrages sont aussi injustes que nuisibles; les hommes ne sont rien moins que des anges; ils vont à leurs fins, comme vous allez aux vôtres; vous qui les soupçonnez, exigeriez-vous qu'ils s'occupassent de votre intérêt plutôt que du leur? Ainsi le plus sûr moyen pour modérer ces soupçons, c'est de prendre ses précautions, comme s'ils étoient fondés, et de les réprimer comme s'ils étoient faux. Car l'avantage de ces soupçons ainsi modérés, sera que nous nous arrangerons de manière que, dans le cas même où ce que nous soupçonnons se trouveroit vrai, nous n'en aurons rien à craindre.

Les soupçons qui ne nous viennent que de nous-mêmes, ne sont qu'un *vain bourdonnement;* mais ceux que nous inspirent et que nourrissent les propos malicieux ou inconsidérés des *rapporteurs* et des *nouvellistes,* sont une sorte d'*aiguillon* qui les fait pénétrer plus profondément. Le meilleur expédient pour sortir du labyrinthe des soupçons, c'est de les avouer franchement à la personne même qui en est l'objet. Par ce moyen, nous nous procurerons probablement un peu plus de lumières sur le sujet de notre défiance, sans compter que nous rendrons cette personne plus circonspecte et plus attentive sur elle-même, pour ne plus donner lieu à de tels soupçons. Mais gardez-vous de faire de tels aveux à une ame basse et perfide; lorsqu'un homme de ce caractère se voit soupçonné, il ne faut plus compter sur sa fidélité, comme le dit ce proverbe italien : *sospetto licenzia fede;* comme si le soupçon devoit congédier, pour ainsi dire, et chasser la bonne foi, qu'il doit, au contraire, ranimer et obliger à se manifester si clairement, qu'on ne puisse plus en douter.

XXXI. *De la conversation.*

On rencontre assez d'hommes qui, dans la conversation, sont plus jaloux de faire parade de la fécondité de leur esprit, et de montrer qu'ils sont en état de défendre toute espèce d'opinions, et de parler pertinemment sur toutes sortes de sujets, que de faire preuve d'un jugement assez sain pour démêler promptement le vrai d'avec le faux; comme si le vrai talent, en ce genre, consistoit plutôt à savoir tout ce qu'on peut dire, que ce qu'on doit penser. Il en est d'autres qui ont un certain nombre de lieux communs et de textes familiers sur lesquels ils ne tarissent point, mais qui, hors de-là, sont réduits au silence; genre de stérilité qui les fait paroître monotones, et qui les rend d'abord ennuyeux, puis fort ridicules, dès qu'on découvre en eux ce défaut. Le rôle le plus honorable qu'on puisse jouer dans la conversation, c'est d'en fournir la matière, d'empêcher qu'elle ne roule trop long-temps sur le même sujet, de la faire, avec dextérité, passer d'un sujet à un autre, ce qui est, pour ainsi dire, *mener la danse*. Il est bon de varier le ton de la conversation, et d'y entre-mêler les discours sur les affaires présentes avec les discussions, les narrations avec les raisonnemens, les interrogations avec les assertions; enfin, le badinage avec le sérieux (1). Mais elle devient languissante quand on s'appesantit trop sur un même sujet. A l'égard de la *plaisanterie*, il y a des choses qui ne doivent jamais en être le sujet, et qui doivent être, en quelque manière, privilégiées à cet égard; par exemple, la *religion*, les *affaires d'état*, les *grands hommes*, les personnes constituées *en dignité*, les *affaires graves des personnes présentes*, enfin, *toute disgrace* qui doit exciter la *compassion*. Il est aussi des personnes qui craindroient que leur esprit ne s'endormît, si elles ne lançoient

---

(1) La conversation doit être une promenade, et non un voyage.

quelque trait piquant ; c'est une habitude très vicieuse, et dont il faut tâcher de se défaire : *garçon, ne fais pas si souvent usage de l'éperon, et tiens-lui la bride haute.* Autre chose est une plaisanterie qui a du sel, autre chose, une raillerie amère, et il ne faut point confondre un bon mot avec un sarcasme. Car si un homme satyrique fait craindre aux autres son esprit, il doit, à son tour, craindre leur mémoire. Celui qui fait beaucoup de questions, apprend beaucoup, et plaît généralement ; sur-tout s'il sait bien approprier ces questions au genre d'esprit des personnes auxquelles il les fait, en leur fournissant l'occasion de parler de ce qu'elles savent le mieux ; il les rend contentes d'elles-mêmes (et de lui), et il enrichit son esprit de nouvelles connoissances qui lui coûtent peu. Cependant il faut aussi prendre garde de devenir importun, en faisant trop de questions coup sur coup, et comme si l'on faisoit subir à ses interlocuteurs une sorte d'examen ou d'interrogatoire. Laisez parler les autres à leur tour, et s'il se trouve quelqu'un qui s'empare trop souvent de la parole, ou qui la retienne trop long temps, et qui se rende ainsi le tyran de la conversation, détournez-le adroitement, afin que tel qui s'est tu trop long-temps, puisse, à son tour, *entrer*, pour ainsi dire, *en danse*. Si vous avez quelquefois l'adresse de feindre d'ignorer ce que vous savez le mieux, vous paroîtrez souvent savoir ce que vous ignorerez peut-être. Il ne faut parler de soi que très rarement, et avec beaucoup de réserve (1). Un homme de ma connoissance disoit d'un autre qui avoit ce travers : *il faut que cet homme soit d'une grande sagesse, puisqu'il parle si souvent de lui-même.* Il n'est qu'une seule manière de se louer de bonne grace, c'est de louer, dans un autre, une vertu ou un talent qu'on possède soi-

---

(1) Si l'on dit du bien de soi, l'on n'est pas cru ; si l'on en dit du mal, on est pris au mot ; on ne gagne donc jamais rien à parler de soi.

même. Gardez-vous aussi de vous permettre fréquemment des personnalités piquantes, et de tirer trop souvent sur les personnes présentes. La conversation doit être comme une promenade en pleine campagne, et non comme une route qui conduit à telle ville, ou comme une avenue qui conduit au château de monsieur N.... J'ai connu, dans une de nos provinces occidentales, deux personnes, dont l'une se distinguoit par la manière noble dont elle exerçoit l'hospitalité et qui tenoit une très bonne table, mais qui aimoit un peu trop à railler (1), et qui faisoit ainsi acheter un peu trop cher sa magnificence. L'autre demandant un jour à un de leurs amis communs qui avoit dîné chez ce magnifique railleur, si à table il n'avoit rien lâché de piquant contre quelques-uns des con-

---

(1) C'est le défaut ordinaire de ces glorieux qui paient pour être admirés, ou des avares fastueux qui se vengent avec leur langue, du peu de bien qu'ils font avec leurs mains.

vives; celui à qui il faisoit cette question lui ayant répondu qu'il avoit en effet pris cette licence : *je me doutois bien, répliqua-t-il, qu'il auroit ainsi gâté un bon dîner.*

La discrétion et l'à-propos, dans les discours, valent mieux que l'éloquence ; et bien approprier ce que l'on dit au caractère et au tour d'esprit de ses auditeurs, est un genre de talent préférable à celui d'une diction élégante et méthodique. Savoir bien parler de suite, sans avoir la répartie prompte et juste, est un signe de pesanteur dans l'esprit. Avoir la répartie vive, et ne savoir pas faire un discours de suite, décèle un esprit stérile et qui a peu de fonds. On sait que les animaux qui courent le mieux, ne sont pas ceux qui ont le plus de souplesse pour faire des détours; et c'est la différence qu'on observe entre le levrier et le lièvre. Circonstancier minutieusement tout ce que l'on dit, et se jeter dans un long préambule, avant de venir au fait, rend les entretiens fastidieux; mais aussi ne spécifier aucune circonstance, rend le discours brusque, maigre et sec.

XXXII. *Des colonies ou plantations de peuples.*

De toutes les entreprises formées dans les temps primitifs, les plus héroïques furent les *colonies* ou *plantations de peuples*. Le monde, dans sa jeunesse, faisoit plus d'enfans qu'il n'en fait à présent qu'il est devenu vieux. Car on peut regarder les *colonies* comme *les enfans des nations* plus anciennes (des peuples premiers nés.) J'aime une *plantation de peuple dans un sol pur et net;* je veux dire, dans un lieu où l'on ne soit pas obligé *de déplanter un peuple pour en planter un autre;* ce qui, à proprement parler, seroit une *extirpation* et non une vraie *plantation*.

Il en est d'une *colonie* comme d'un *bois qu'on plante;* on ne doit pas espérer d'en tirer aucun fruit avant une vingtaine d'années, ni de grands profits avant un terme beaucoup plus long. C'est l'avidité d'un gain précoce qui a ruiné la plupart des colonies. Cependant on ne doit pas trop négliger des profits qui viennent un peu vîte, lorsque le fonds qui les donne, c'est-à-dire, la colonie, n'en souffre point.

C'est une entreprise honteuse et fort mal entendue, que de vouloir former une colonie avec *l'écume* et le *rebut d'une nation;* je veux dire, avec des *malfaiteurs,* des *bannis,* des *criminels condamnés;* c'est la corrompre et la perdre d'avance (1). Les hommes de cette

---

(1) Un *peuple* qui veut se *multiplier*, y doit employer sa *semence*, et non ses *déjections*. Cependant l'exemple de Rome prouve assez qu'une colonie qui doit s'*établir* et s'*aggrandir* par la *guerre,* n'en vaut que mieux, lorsqu'elle est composée de *bandits :* pour voler, il faut des voleurs. Aussi voit-on que les Romains ont volé l'univers avec beaucoup de noblesse, et se sont conduits avec tant d'équité envers toutes les nations auxquelles ils ont eu affaire, qu'à la fin ils ont été maîtres de tout.

trempe sont incapables d'une vie réglée ; ils sont paresseux, et ont de l'aversion pour tout travail utile et paisible ; ils commettent de nouveaux crimes, consument à pure perte les provisions, se lassent bientôt d'une telle vie, et ne manquent pas d'envoyer de fausses relations dans leur pays, au préjudice de la colonie. Les hommes qu'on doit préférer pour une colonie, sont ceux qui exercent les *professions actives* et les plus *nécessaires,* comme *jardiniers, laboureurs, ouvriers en fer et en bois, pêcheurs, chasseurs, pharmaciens, chirurgiens, cuisiniers, brasseurs, etc.*

En arrivant dans le pays où vous voulez établir la colonie, commencez par observer quelles sont les *denrées,* surtout les *comestibles,* que le *sol* produit naturellement et *spontanément,* comme *châtaignes, noix, pommes de pin, prunes, cerises, olives, dattes, miel sauvage, etc.* Puis considérez quels sont, parmi le genre de comestibles qui croissent promptement et dans l'espace d'une année, ceux que ce pays produit de lui-même, ou peut produire aisément ; comme *panais, carottes, navets, oignons, raves, choux, melons communs, melons d'eau, maïs,* etc. Le *froment, l'orge* et *l'avoine* demanderoient trop de travail dans les commencemens ; mais on y peut semer des *pois* et des *féves* qui viennent sans beaucoup de culture, et qui peuvent tenir lieu de *viande,* ainsi que de *pain.* Le *riz,* qui produit beaucoup, peut remplir le même objet. On devra sur-tout être muni d'une abondante provision de *biscuit* et de *farines,* pour nourrir la colonie jusqu'à ce qu'elle puisse recueillir du bled dans le pays même. A l'égard du *bétail* et de la *volaille,* prenez les espèces qui sont les moins sujettes à des maladies, et qui multiplient le plus, telles que *porcs, chèvres, poules, oies, dindons, pigeons, lapins,* etc. Les provisions doivent être distribuées *par rations* et comme *dans une ville assiégée.* Le terrain employé au jardinage et au labour, doit être un bien commun, et ses productions doivent être serrées dans des magasins publics. Il faudra toutefois en excepter quelques petits morceaux de terre dont on laissera la jouissance à des particuliers, pour y exercer leur industrie.

Voyez aussi, parmi les productions naturelles du pays, celles qui pourroient être un objet de commerce et une source de profit pour la colonie, comme on l'a fait à l'égard du *tabac*, dans la *Virginie;* ce qui pourra défrayer en partie l'établissement; bien entendu qu'aucune de ces entreprises ne pourra porter préjudice à la colonie. Dans la plupart des lieux où l'on établit des colonies, on ne trouve que trop de *bois;* mais c'est une marchandise d'un facile débit, et dont il sera facile de tirer parti dans le pays même, pour peu qu'on y trouve des *mines de fer* et des *courans d'eau* pour les *moulins;* le *fer* étant un des meilleurs *objets* de *commerce*. Si la chaleur du climat permet d'établir des *salines* dans le pays, c'est encore un essai à faire, à cause du profit qu'on en peut tirer. La *soie végétale* (*sericum vegetabile*), si l'on en trouve dans ce pays, sera aussi un objet très lucratif. La *poix*, le *brai* et le *goudron* ne manqueront pas non plus dans un pays où il y aura beaucoup de *pins* ou de *sapins*. Les *drogues* et les *bois de senteur*, quand on en trouve, sont encore des marchandises précieuses. Il en est de même de la *soude* et de beaucoup d'autres objets de commerce. Mais ne songez pas trop aux *mines* (*métalliques*), sur-tout dans les commencemens; ce sont des entreprises dispendieuses et souvent trompeuses, le grand profit qu'on espère en tirer faisant négliger des objets plus solides (1).

A l'égard du *gouvernement*, il est bon

---

(1) N'imitez pas l'Espagne qui, à l'exemple du roi *Midas*, ayant voulu convertir en or tout ce qu'elle touchoit, et ayant pris *le signe pour la chose*, meurt de faim au milieu de ses richesses, et n'est plus que *le caissier de l'Europe*. Il semble toutefois qu'elle commence à s'appercevoir de sa méprise, et veuille réparer cette faute capitale.

qu'il soit entre les mains *d'un seul*, mais *avec un conseil*. Ce *gouvernement* doit être *militaire*, adouci toutefois par quelques *limitations ou restrictions* Mais le principal avantage que les *colons*, en vivant dans le *désert*, doivent tirer d'une telle situation, c'est d'avoir sans cesse devant les yeux l'Être suprême et son culte. Gardez-vous de mettre le gouvernement entre les mains d'un trop grand nombre de personnes, sur-tout de personnes intéressées elles-mêmes dans les entreprises de la colonie; et il vaut mieux qu'elle soit gouvernée par des *gentilshommes* que par des *marchands*, car ces derniers n'ont ordinairement en vue que le profit actuel, le gain précoce (1).

---

(1) Si la colonie est gouvernée par des marchands, ce ne sera plus un *état*, mais une *boutique*; et ils s'embarrasseront fort peu que toutes les bourses des colons soient vuides, pourvu que cette boutique soit pleine, et qu'elle leur appartienne. L'esprit mercantile n'est bon que dans le commerce, par-tout ailleurs il est pernicieux. La plus horrible constitution politique, c'est un gou-

Que la colonie soit exempte de toute espèce d'impôts, jusqu'à ce qu'elle ait pris un certain accroissement; et non-seulement elle doit être exempte d'impôts, mais même elle doit avoir une entière liberté de transporter, et de vendre ses denrées où bon lui semblera; à moins qu'on n'ait quelque raison particulière et importante pour limiter ce commerce (1).

---

vernement tout à la fois *mercantile* et *militaire*, comme celui des Hollandois, dans certaines parties des îles du détroit de la Sonde; observation que j'ai faite par mes propres yeux: c'est une combinaison des plus infernales ruses du *monopole* avec toutes les atrocités du despotisme asiatique. O peuples paisibles et infortunés, qu'une distance de 5000 lieues n'a pu garantir de la rapacité hollandoise, que n'ai-je une puissance égale à la haine que je porte à vos tyrans!

(1) Cette raison particulière, on l'aura toujours; et ce sera toujours l'intérêt des négocians de la métropole qui auront suggéré au gouvernement le dessein d'établir la colonie, pour y établir eux-mêmes un monopole; comme l'ont éprouvé les colonies de l'Amérique septentrionale, si long-temps

Ayez soin de n'augmenter la colonie que par degrés, et de ne pas la surcharger d'hommes, en les y envoyant par grosses troupes; mais transportez-y des hommes à mesure que la population diminue, et des provisions au *prorata*.

---

opprimées par un parlement mercantile, qu'une généreuse indignation a enfin conduites à la liberté, et avec lesquelles le gouvernement français a eu la prudence de s'allier durant la pénultième guerre, afin d'apprendre à ses propres sujets à le traiter lui-même, comme les Américains ont traité le leur. Toutes les colonies, dans l'état de gêne et de servitude où elles sont, coûtent beaucoup d'hommes et d'argent, en temps de guerre, à leurs métropoles respectives auxquelles elles ne fournissent presque aucun secours pour leur propre défense. Si ces métropoles leur accordoient une entière liberté par rapport au commerce, elles parviendroient à un tel point de prospérité, qu'elles seroient en état non-seulement de se défendre elles-mêmes, mais encore de contribuer à la défense de la métropole. Je ne daigne pas prouver cette proposition; c'est un axiôme. Voici une recette pour conquérir les colonies : accordez à celles de votre ennemi cette liberté entière qu'il leur refuse; et bientôt elles vous appartiendront.

Souvent les colonies sont détruites en peu de temps, pour avoir fait leur établissement trop près de la mer, des rivières, etc. ou dans des cantons marécageux. Il est bon toutefois, dans les commencemens, de ne pas trop s'éloigner des côtes, ou du bord des rivières, pour prévenir la difficulté du transport des denrées, des marchandises, ou d'autres semblables inconvéniens. Mais ensuite il vaut mieux s'étendre dans l'intérieur du pays et bâtir dans des situations plus saines, que de se placer dans des lieux où des eaux abondantes nuisent à la salubrité de l'air. Il importe aussi à la santé des colons, qu'ils aient une abondante provision de *sel*, soit pour en faire usage avec les alimens, soit pour faire des *salaisons*.

Si vous établissez votre colonie dans un pays de *sauvages*, il ne suffit pas de les amuser par de petits présens, il faut de plus gagner leur cœur par une conduite constamment honnête et juste ; sans oublier toutefois de pourvoir à votre sûreté (1). Ne gagnez point leur amitié en les aidant à attaquer leurs ennemis, mais seulement en les protégeant et en les défendant. Ayez soin d'envoyer de temps en temps quelques-uns de ces sauvages à la métropole, afin qu'ils puissent voir, par leurs propres yeux, combien la condition des hommes civilisés est plus

---

(1) Notre auteur veut dire qu'il faut pourvoir à sa sûreté, sans oublier d'être juste. Le traducteur, qui a été à portée d'observer par lui-même une horde d'*eskimaux* de la terre de l'*Abrador*, peut certifier qu'il suffit, pour gagner leur cœur, de leur donner tout ce qu'ils demandent, par exemple, des *couteaux*, des *ciseaux*, des *haches*, des *clous*, etc. en les suppliant, à l'aide de bons gros *canons* et de *fusils* toujours chargés, de ne pas massacrer deux ou trois cents hommes, dans une seule nuit, pour avoir des *aiguilles*. Quoiqu'ils aient *un goût vif et inné pour la justice*, dans les ouvrages de J. J. Rousseau, qu'ils ont peu lus, ils ont une merveilleuse disposition à *vous couper la gorge avec le couteau dont vous leur avez fait présent*, et à faire aux autres un très grand mal, pour se faire un très petit bien; car ils vivent selon la nature!

heureuse (1) que la leur, et en donner à leur horde une haute idée. Quand l'établissement est consolidé, il est temps de planter *avec des femmes*, comme on l'a fait d'abord, *avec des hommes*; afin de ne pas dépendre du dehors pour réparer le déchet de la population.

Il n'est point de lâcheté plus criminelle, ni plus odieuse, que celle d'abandonner une colonie, après avoir voulu ou souf-

---

(1) Elle n'est pas plus heureuse, auroit dit J. J. Rousseau; elle n'est que différente. Mais le fait est que l'homme sauvage est malheureux, par des besoins réels qu'il ne peut satisfaire qu'avec peine; et l'homme civilisé l'est par des fantaisies qu'il ne peut contenter; situation visiblement meilleure: l'homme civilisé pouvant, à la rigueur, se défaire de ses fantaisies, au lieu que l'homme sauvage ne peut se défaire de ses besoins réels. Le premier préfère sa liberté à sa sûreté, à sa vie même; et le dernier a sacrifié à sa sûreté la plus grande partie de sa liberté. Sans doute; et il est bon d'ajouter qu'un homme qui *ne se croit pas en sûreté et qui a peine à satisfaire ses vrais besoins, n'est pas libre.* Ainsi ces grands mots qui font des révolutions, ne me paroissent à moi que les logo-

fert, que les individus dont elle est composée, se détachassent de la métropole. Car, outre le déshonneur naturellement attaché à une telle action, ou négligence, c'est sacrifier le sang d'une infinité de malheureux, dont on a soi-même causé la détresse.

XXXIII. *Des richesses.*

Si je voulois donner une juste idée des

---

gryphes d'un rhéteur, jouant sur le mot liberté, et ne s'étant jamais avisé d'en donner une bonne définition, ou plutôt qui s'est bien gardé de donner cette définition qui auroit pulvérisé toutes ses phrases. Mais enfin, lequel des deux est le plus heureux, selon vous, me dira-t-on? Comme tous deux, répondrai-je, sont accoutumés à leur manière de vivre, le plus heureux des deux est celui qui pense le plus souvent aux avantages dont il jouit, qu'aux inconvéniens auxquels il est exposé, et qui compare le plus souvent sa situation actuelle à une pire où il a été, et de laquelle il se croit délivré; car le plus heureux c'est celui qui croit l'être. Malheureusement une telle réponse n'est pas oratoire, et ne peut contribuer qu'au bonheur de ceux qui en profiteroient.

richesses, je les appellerois le *bagage de la vertu;* qualification qui seroit encore plus exacte, si je pouvois employer un terme qui répondît exactement au mot *impedimenta* (1), par lequel les Romains désignoient le bagage d'une armée; les richesses étant, pour la vertu, ce que le bagage est pour une armée. Il est sans doute très nécessaire, mais il embarrasse sa marche, et le soin de le défendre fait souvent perdre des occasions d'où dépend la victoire (2). Les richesses n'ont d'uti-

---

(1) Empêchemens, obstacles, embarras.
(2) Durant la bataille d'Arbelle, les Perses ayant attaqué et pris le bagage de l'armée d'Alexandre, Parménion lui fit demander un détachement pour le reprendre; Alexandre lui envoya d'abord cette réponse : « si nous sommes vainqueurs, nous reprendrons notre bagage et nous prendrons celui des Perses; si nous sommes vaincus, nous mourrons tous en gens de cœur, et nous n'aurons plus besoin de bagage : ainsi, occupons-nous uniquement de la victoire, et pour être plus sûrs de vaincre, n'affoiblissons pas notre armée par des détachemens. » Mais ensuite Alexandre, craignant que ces détachemens ne se fissent d'eux-mêmes, prit le parti d'en envoyer un, qui reprit le bagage.

lité, qu'autant qu'on prend plaisir à les répandre; tout le reste n'est qu'une vaine opinion, et qu'un bonheur en idée. Où se trouve beaucoup d'opulence, se trouvent aussi beaucoup de gens qui en profitent. Quel avantage, au fond, procure-t-elle à celui qui en est le possesseur? tout au plus celui de voir tout ce gaspillage, le simple plaisir des yeux. Ainsi, on ne jouit point soi-même de la totalité d'une grande fortune (1). Voici tout le fruit des richesses : la peine de les garder, le soin de les dispenser, ou le sot plaisir de les étaler, voilà tout; mais elles ne procurent au possesseur aucun avantage solide. Savez-vous pourquoi on a attaché un prix imaginaire à certains cailloux brillans, et pourquoi on a entrepris tant de fastueux ouvrages? C'étoit afin que les grandes richesses semblassent être bonnes à quelque chose. Mais, di-

---

(1) On jouit soi-même d'une partie, et on jouit de l'autre, en en faisant jouir ceux à qui on la donne.

rez-vous, celui qui les possède, ne peut-il pas s'en servir, pour se racheter, en quelque manière, des dangers, des peines et des incommodités sans nombre auxquels les pauvres sont exposés? Non, vous répondrai-je; et c'est Salomon lui-même qui me suggère cette réponse. *Le riche, dit-il, en contemplant ses immenses biens, se croit bien fort; c'est une espèce de forteresse qu'il se bâtit dans son imagination.* Mais ce prince observe, avec sa sagesse ordinaire, que cette prétendue *forteresse* n'est que dans l'*imagination* du riche et non dans la *réalité*. En effet, les richesses vendent plus souvent le possesseur qu'elles ne le rachètent, et perdent plus de riches qu'elles n'en sauvent. Ainsi, gardez-vous d'aspirer à une fastueuse opulence; et n'est-ce pas assez pour vous d'une fortune que vous puissiez acquérir justement, dispenser judicieusement, donner gaiement et abandonner sans peine. Cependant, n'affectez pas non plus un *mépris philosophique*, ou *monacal*, pour les richesses;

apprenez plutôt à en faire un bon usage, à l'exemple de *Rabirius-Posthumus*, dont Cicéron fait l'éloge en ces termes : *la nature même des moyens qu'il emploie pour augmenter sa fortune, prouve assez qu'en aspirant à l'opulence, il n'y cherche pas une proie pour son avarice, mais un instrument pour sa bienfaisance.* Ecoutez aussi *Salomon*, et gardez-vous ensuite de courir aux richesses : *celui qui court aux richesses*, dit-il, *ne sera pas long-temps innocent.* Suivant une fiction des poëtes, quand *Plutus*, qui est le dieu des richesses, est envoyé par *Jupiter*, il vient à petits pas et en boitant; mais quand il est envoyé par *Pluton*, il court, il vole ; allégorie qui signifie que les richesses, acquises par un travail utile et par des moyens honnêtes, ne viennent qu'à pas lents ; au lieu que celles qui viennent par la mort d'autrui, par des successions, des legs, etc. pleuvent et fondent, en quelque manière, sur ceux auxquels elles tombent en partage. On pourroit aussi, en donnant un autre sens à cette fable, et en regardant *Pluton* comme le *démon*, en faire une application également juste ; car, lorsque les richesses viennent du *démon*, et sont acquises par des moyens frauduleux ou violens, en un mot, par des injustices et des voies criminelles, elles semblent accourir.

Il est assez de *moyens* pour s'*enrichir;* mais il en est peu d'*honnêtes :* l'*économie* est un des plus sûrs ; cependant ce moyen même n'est pas entièrement *innocent;* il déroge un peu aux devoirs qu'imposent l'*humanité* et la *charité*. La perfection des méthodes d'*agriculture*, et leur amélioration en ce genre, sont la voie la plus naturelle et la plus simple pour s'enrichir ; car les présens que fait la terre aux hommes qui savent les mériter par leur travail et leur industrie, sont les dons de la mère commune des mortels. Cette voie, à la vérité, est un peu *lente;* cependant, lorsque des hommes déjà riches, appliquent leurs fonds à la culture, leur fortune, à la fin, prend un prodigieux et rapide accroissement. J'ai connu un *lord* qui avoit fait une fortune immense par cette voie ; il étoit riche en troupeaux de gros et de menu bétail , en bois, en mines de charbon , de plomb et de fer, en bled et autres choses de cette nature : ensorte que la *terre* étoit pour lui comme un *second océan* qui lui procuroit une infinité de biens par une continuelle importation. Quelqu'un observoit judicieusement à ce sujet, que dans les commencemens il en avoit coûté à ce seigneur beaucoup de soins et de travaux pour acquérir un bien médiocre ; mais qu'ensuite il étoit parvenu avec beaucoup moins de peine à la plus grande opulence (1). Car , lorsqu'un homme a de grands fonds, il a un avantage immense et continuel sur tous les autres ; il peut profiter

---

(1) *Ce sont les premiers mille écus qui sont les plus difficiles à gagner, le reste va de suite,* me répétoit sans cesse, en 1771 et 1772, *Grand Clos-Meslé*, célèbre armateur de *Saint-Malo*, qui étoit alors mon patron ; leçon perdue !

des meilleures occasions, acheter en gros et à meilleur marché, réserver ses denrées pour les temps où elles se vendent le mieux ; enfin, participer même aux profits de ceux qui, ayant moins de fonds, sont obligés d'emprunter ou d'acheter de lui ; tous moyens qui le mettent à même de s'enrichir promptement. Les *gains* et les *émolumens* des différentes *professions* sont *honnêtes* et *légitimes ;* les deux causes qui peuvent les augmenter, sont la *diligence* et la *réputation de probité* acquise par une manière de traiter toujours *droite* et *juste.* Mais les *profits* du *commerce* sont d'une nature un peu plus *douteuse,* sur-tout lorsqu'on ne les fait qu'en profitant de la détresse des autres ; lorsque, pour avoir les marchandises à meilleur compte, on corrompt les domestiques, commis, etc. des vendeurs ; lorsqu'on écarte, par des moyens frauduleux, ceux d'entre les concurrens qui seroient disposés à donner un prix plus haut. Or, quand les hommes de ce caractère achètent pour revendre, ils subornent le *cour-*

tier, pour gagner davantage des deux côtés. Les *compagnies*, ou *sociétés de commerce*, sont encore un moyen pour s'enrichir (1), quand on sait bien choisir ses associés.

L'*usure* est un des plus faciles *moyens* pour s'enrichir, mais, en même temps, un des moins *honnêtes* ; car l'*usurier mange son pain à la sueur du front d'autrui*, et *travaille le jour du sabbat*. Cependant, quoique cette *voie* soit assez *sûre*, elle ne laisse pas d'avoir aussi *ses risques*; les *notaires* et les *courtiers* exagérant assez souvent, pour leur intérêt particulier, la fortune des emprunteurs, quoiqu'ils n'ignorent pas que les affaires de ces derniers soient réellement fort dérangées. Celui qui invente une chose utile, ou très agréable, ou qui la met le premier en vogue, et qui obtient un privilège pour le débit, est quelquefois inondé de

---

(1) Parce qu'alors *chaque membre* de l'association profite des avantages sans nombre attachés à *la réunion des hommes et des fonds.*

richesses, comme l'éprouva le premier *qui fit du sucre aux Canaries*. Ainsi, lorsqu'un homme a une *bonne logique*, je veux dire, lorsqu'il est tout à la fois *très inventif* et *très judicieux*, il a en main un moyen pour s'enrichir promptement, sur-tout si les circonstances lui sont favorables. Mais celui qui ne veut que des profits assurés, parvient rarement à une grande fortune; et celui qui aime trop à risquer, finit ordinairement par *une faillite*. Ainsi, il faut combiner ensemble les entreprises périlleuses avec celles dont les profits sont plus assurés, afin que les dernières mettent en état de supporter les pertes auxquelles exposent les premières. On s'enrichit encore promptement par les *monopoles* et les *accaparemens;* ou seulement en achetant en gros, pour revendre aux marchands en détail, quand les loix ne mettent pas trop d'entraves aux commerces de ce genre; sur-tout lorsqu'on spécule avec assez de justesse pour prévoir dans quels temps et dans quels lieux la demande de la marchandise qu'on achète sera la plus forte.

Les *richesses* qu'on acquiert au *service* des *rois*, ou des *grands*, sont *honorables* en elles-mêmes; mais si elles sont le prix de la flatterie, ou de bas artifices, elles avilissent et dégradent, au lieu d'honorer. Cependant, cet *art de chasser*, pour ainsi dire, *aux successions* et *aux legs* des riches, art que *Tacite* reproche à *Sénèque* (1), en disant qu'il sembloit *prendre au filet les successions et les hommes riches* qui n'avoient point d'enfans; cet art, dis-je, est, pour s'enrichir, une voie encore plus honteuse que la précédente, et d'autant plus infame que, dans ce dernier cas, on est obligé de flatter et d'abuser des personnes d'un rang

---

(1) Ce n'est pas *Tacite* qui l'a reproché à *Sénèque*; mais, autant que je puis m'en souvenir, un personnage célèbre qui, étant condamné à mort, et n'ayant plus rien à ménager, s'expliquoit librement sur les favoris de *Néron*, et qui s'exprimoit ainsi : quels sont les préceptes de philosophie, *ô Sénèque!* dont la pratique vous a valu tant de millions?

bien inférieur. Ne croyez pas trop à ces gens qui affectent de mépriser les richesses ; car ceux qui les méprisent si hautement, sont ordinairement ceux qui désespèrent de les acquérir : et vous n'en trouverez point qui y soient plus attachés, quand ils les ont une fois acquises.

Ne poussez pas l'*économie* jusqu'à la *lésine* : les *richesses* ont des *ailes*; quelquefois elles s'envolent d'elles-mêmes pour ne plus revenir; mais quelquefois aussi, il faut les faire voler au loin, afin qu'elles en rapportent d'autres.

Les hommes, en mourant, laissent leurs richesses, ou au *public*, ou à leurs *enfans*, ou à leurs *collatéraux*, ou à leurs *amis*. Lorsque les legs ou les successions de ces différentes espèces sont modérés, ils ont des effets plus avantageux. De grands biens laissés à un héritier, sont un appât qui attire les oiseaux de proie autour de lui; et ils le dévorent en peu de temps, à moins que l'âge et un jugement mûr ne le garantissent de leur avidité. De même les dons magnifiques faits au public par les mourans, et les fastueuses fondations, qui font partie de leurs dispositions testamentaires, sont comme des *sacrifices sans sel*, et des *aumônes semblables aux sépulcres blanchis*, qui ne renferment bientôt que corruption. Ainsi, ne *mesurez* pas vos *dons* et vos *legs* par la *valeur matérielle* de ce que vous donnez, mais par la *convenance*, et observez en cela, comme en toute autre chose, les *justes proportions*. Enfin, ne différez point ces dons jusqu'à l'article de la mort; car, à proprement parler, un mourant donne le bien d'autrui et non le sien.

XXXIV. *Sur les prophéties (et autres prédictions.)*

Nous ne parlerons, dans cet article, des prophéties sacrées et déposées dans les livres saints, ni des oracles des païens, ni des prédictions naturelles, mais seulement des prophéties qui ont eu un certain renom, et dont les sources sont tout-à-fait inconnues; par exemple : on lit dans l'ancien Testament, que la *Pythonisse*, consultée par *Saül*, lui dit: *demain, toi et ton fils vous serez avec moi* (1). On trouve dans *Virgile*, des vers imités d'*Homère*, et qui disent en substance : *un jour les enfans d'Enée régneront sur toutes les nations de l'univers : à cet empire succéderont leurs descendans, et la postérité même de leur postérité, sans fin et sans terme;* prophétie qui semble désigner l'*empire romain*. On connoît aussi ces vers de *Sénèque-le-Tragique*. *Un jour, et dans les siècles les plus reculés, des navigateurs audacieux se frayant une route nouvelle à travers l'océan, découvriront une terre immense qu'il embrasse dans son vaste sein; alors un monde nouveau paroîtra aux yeux des mortels étonnés; et* THULÉ (*l'*ISLANDE) *ne sera plus la dernière limite du monde connu.* Cette prophétie

―――――――

(1) Ce ne fut pas la *Pythonisse* qui parla ainsi à *Saül*, mais l'ombre *du prophète Samuel*, qu'elle avoit évoquée.

semble annoncer la découverte de l'*Amérique*. La fille de *Polycrate* (*tyran de Samos*) vit en songe, son père baigné par Jupiter, et recevant l'onction par le ministère d'Apollon En effet, peu de temps après, ce tyran ayant été mis en croix, dans un lieu découvert, son corps exposé à un soleil très ardent se couvrit de *sueur*, et fut ensuite baigné par la pluie. *Philippe, roi de Macédoine*, rêva qu'il apposoit son sceau sur le ventre de son épouse, et en expliquant ce songe à sa manière, s'imagina que son épouse étoit stérile ; mais *Aristandre*, son devin, lui dit qu'au contraire son épouse étoit enceinte, attendu que, ordinairement, on ne cachetoit pas les vaisseaux vuides (1). Le fantôme qui apparut à

---

(1) Ce devin ajouta : « puisque le *sceau* auquel vous avez rêvé, portoit l'effigie d'un *lion*, il est clair qu'*Olympias* vous donnera un fils qui sera un jour un *homme très courageux*. » Il est étonnant qu'un fripon aussi consommé que l'étoit ce *Philippe*, ait pu ajouter foi à de tels contes, et n'ait pas compris que ces *prêtres* ou ces *devins* étoient du métier.

Brutus, dans sa tente, lui dit : *tu me reverras à Philippe.* *Tibère* dit un jour à *Galba* : et *toi aussi, Galba, tu goûteras un peu de la souveraine puissance.* Lorsque *Vespasien* étoit encore en *Judée*, une prophétie, très répandue dans les contrées orientales, annonçoit que celui qui, en partant de la *Judée*, marcheroit vers l'Italie, obtiendroit l'empire de l'univers ; prophétie qu'on pourroit appliquer au Sauveur du monde ; mais que *Tacite*, qui l'a rapportée, appliquoit à *Vespasien*. *Domitien*, dans la nuit qui précéda le jour où il fut tué, vit en songe une tête d'or naissant de la nuque de son cou. En effet, les princes qui lui succédèrent, firent, du temps de leur règne, un nouveau siècle d'or. *Henri VI*, roi d'*Angleterre*, dit un jour, en se lavant les mains et en montrant un jeune seigneur qui tenoit l'aiguière et qui régna depuis, sous le nom de Henri VII : *ce sera ce jeune homme qui à la fin deviendra possesseur de cette couronne que nous nous disputons au-*

jourd'hui. Je me souviens d'avoir ouï dire au docteur *Pena*, lorsque j'étois en France, que la reine mère (*Catherine de Médicis*) qui croyoit à *l'astrologie*, ayant fait tirer l'horoscope de *Henri II*, son époux, mais en ne donnant que l'heure de la naissance de ce prince, et en lui supposant un autre nom; l'astrologue, après avoir fait son calcul, répondit à cette princesse, *que son époux seroit tué en duel :* à cette réponse, la reine se mit à rire, se croyant bien assurée que son époux, dans le rang élevé où il étoit, ne pouvoit être exposé à un malheur de cette espèce. Mais le fait est que *Henri II* fut tué dans un *tournois;* car, ce prince joûtant avec le *comte de Montgommery*, et la lance de son adversaire s'étant brisée, le tronçon l'atteignit à la visière, et entrant dans l'œil, le blessa mortellement (1). On connoît aussi cette

───────────

(1) Je suis obligé de supprimer deux prédictions conçues en vers anglois, qui se trouvoient ici ; car l'une ayant pour base les lettres d'un mot

prédiction de l'astronome *Regiomontan*, (*Jean Muller*); *l'année 88 sera une année mémorable.* On jugea que cette prédiction s'accomplissoit, lorsque *Philippe II*, roi d'*Espagne*, envoya contre l'*Angleterre* cette flotte si formidable que les *Espagnols* appelloient l'*invincibil armada*, la plus grande qui eût jamais paru en mer, sinon quant au nombre des vaisseaux, du moins quant à leur force (1). A l'égard du songe de *Cléon*, on

---

de cette langue et l'ordre de ces lettres, ne peut, en conséquence, subsister dans la traduction. Quant à l'autre, l'auteur lui-même avoue qu'il ne l'entend pas; et, par cet aveu, dispense le traducteur de l'entendre.

(1) Cette prédiction pouvoit aussi regarder l'année *1638*, année mémorable par les tempêtes affreuses qui se sont fait sentir dans toutes les parties du monde, et qui ont causé tant de naufrages; car il n'est pas probable qu'un *astronome* si distingué se soit amusé à faire le *prophète*; il l'est beaucoup plus que sa prédiction avoit pour base *la correspondance des retours périodiques des grands météores, et en général, des constitutions de l'atmosphère, avec les retours périodiques des*

peut croire que ce n'étoit qu'une plaisanterie ; il rêva qu'un dragon d'une longueur prodigieuse le dévoroit, et il fut très effrayé par l'explication qu'un *chair-cuitier* lui donna de ce songe.

Les prédictions de cette espèce sont en

---

mêmes situations respectives du soleil et de la lune, les deux causes principales et concourantes de ces phénomènes. Il pouvoit avoir déjà quelque connoissance d'une période découverte depuis. Car on sait aujourd'hui (d'après les observations du Père *Cotte* et de *Toaldo*), qu'à la révolution des nœuds de l'orbite lunaire, révolution qui ramène, après dix-neuf ans, les éclipses aux mêmes jours, et à peu près aux mêmes heures, répond une période assez semblable dans les météores ; retours beaucoup plus exacts après six périodes semblables, dont la somme forme 114 ans. Or, dans le dix-neuvième siècle, l'année répondant à 1688, est 1802, ou peut-être 1803 (car ces quantités ne sont pas précises). Ainsi, pour peu que cette grande période soit aussi réelle que la petite (dont j'ai la preuve sous les yeux), dans l'une ou l'autre de ces deux années, 1802 et 1803, les puissances maritimes qui tiendront en mer, vers le temps des équinoxes, de nombreuses flottes ou escadres, courront risque de les perdre.

très grand nombre, sur-tout si l'on y joint celles des *astrologues*, et les *songes prophétiques*. J'ai cru devoir m'en tenir ici aux plus connus et aux plus accrédités qui pourront du moins servir d'exemples en ce genre. Mon sentiment est, que ces prétendues prophéties doivent être toutes également méprisées, et peuvent, tout au plus, tenir lieu de ces contes dont on berce les bonnes gens auprès du feu, durant les longues nuits de l'hiver. Mais, lorsque je dis, *méprisées*, je veux dire seulement qu'elles ne méritent pas qu'on *y ajoute foi*: car d'ailleurs, le soin que certaines gens prennent de les publier, de les répandre et de les accréditer, mérite d'autant plus l'attention d'un gouvernement, qu'elles ont quelquefois causé de grands malheurs. Je vois même en plusieurs lieux des loix expresses et très sévères, établies pour les supprimer; mais actuellement on peut me demander comment des prédictions si hazardées ont pu s'accréditer ainsi; et c'est ce qu'on peut attribuer à trois causes. 1°. Lorsque l'événement prédit est conforme à la prédiction, les hommes remarquent cette conformité ; mais, dans le cas opposé, ils ne remarquent point du tout le défaut d'accord : genre de méprise où ils tombent également par rapport aux songes et à tout autre genre de prédiction superstitieuse. 2°. Souvent des *conjectures* assez *probables*, ou d'*obscures traditions*, se convertissent en *prophéties;* l'homme abusé par un penchant inné pour tout ce qui tient de la *divination*, et un vif désir de connoître l'avenir, s'imaginant trop aisément qu'il peut *prédire hardiment* ce qu'au fond il ne peut que *conjecturer;* explication qu'on peut appliquer aux *vers prophétiques de Sénèque-le-Tragique*. Car les terres connues de son temps, ne formant alors qu'une très petite partie de la surface du globe, il étoit aisé de concevoir qu'il devoit y avoir au-delà de l'*océan atlantique* des terres d'une grande étendue ; et il n'étoit nullement probable que tout cet espace ne fût qu'une vaste mer, sans continent et sans île ; raisonnement qui, étant encore appuyé de cette antique tradition qu'on trouve dans le *Timée* de *Platon*, et sur ce qu'il dit de son *Atlantide*, put fort bien enhardir le poëte à *convertir la conjecture en prophétie* (1). La troisième, la dernière et la principale cause, est que la plupart de ces

---

(1) On peut ranger dans cette classe cette prédiction si ancienne et si connue : *la France périra faute de bois*. Un spéculatif, ou, si l'on veut, un spéculateur, considérant, 1°. que les grands abusoient de leur crédit pour violer ouvertement les loix établies par rapport aux forêts, et qu'obtenant fréquemment des coupes avant le temps, ils finiroient par mettre ainsi tout notre sol à découvert ; 2°. que les professions et les entreprises qui occasionnoient une immense consommation de bois, se multiplioient d'années en années, aura publié sur ce sujet une *conjecture*, que le vulgaire aura ensuite convertie en *prophétie*, afin de se la faire accroire plus aisément; car une prédiction fondée sur un raisonnement clair, net et intelligible pour tous, ne fait pas fortune; et ce que tout le monde entend, personne ne l'écoute.

prédictions, dont le nombre est infini, et qui sont un fruit de l'imposture ou de la folie, ont été *faites après coup* (1).

---

(1) On peut appliquer cette dernière explication à la prédiction du poëte *Virgile*, sur la longue durée de l'empire romain, et qui, selon notre auteur, étoit tirée d'Homère. Je ne me souviens pas de l'avoir vue dans le poëte grec; mais en supposant qu'elle s'y trouve réellement, il se pourroit que ce ne fût pas *Virgile* qui eût imité le *poëte grec*, mais que ce fussent, au contraire, les *Grecs* qui eussent imité *Virgile*; et il ne seroit pas impossible que, sous les premiers empereurs, les Grecs, pour les flatter, eussent inséré ces deux vers dans les dernières copies d'Homère. Au reste, comme nous l'avons dit ailleurs, *souvent la prédiction même est l'unique ou la principale cause de l'événement prédit; savoir : lorsque les espérances ou les craintes qu'elle fait naître, et les actions ou omissions qui naissent de ces sentimens, sont des causes suffisantes pour produire cet événement.* Supposons, par exemple, que deux armées étant prêtes à se livrer bataille, l'une des deux, supérieure à l'autre par le courage des soldats et l'habileté du général, soit actuellement intimidée par de sinistres présages, cette opinion pourra lui faire perdre la

XXXV. *De l'ambition.*

L'*ambition* est une *passion* dont les

---

bataille. Mais s'il se trouve, dans cette armée, un charlatan qui, en lui promettant la victoire avec assurance, parvienne à la lui faire espérer, cette prédiction, en lui rendant sa supériorité naturelle, et l'augmentant même, par la confiance et le courage qu'elle lui inspirera, la rendra probablement victorieuse, et le charlatan qui lui aura promis la victoire, la lui aura donnée par sa promesse même. Supposons encore qu'une nation, par exemple, les *Syracusains*, après avoir long-temps vécu sous des tyrans, les chassent et se constituent tout à coup en *démocratie*, mais en conservant les mœurs dont ils ont contracté l'habitude sous la tyrannie; un politique médiocre pourra leur prédire qu'ils retomberont sous le joug, et que les vices qu'ils auront oublié de chasser, rappelleront la tyrannie, (attendu que les *causes accidentelles* n'ont que des *effets momentanées*, et que l'esprit national est une *cause continue*, universelle et immédiate qui, à la longue, dévore toutes les autres); à l'aide de deux ou trois prédictions, de l'une ou de l'autre espèce, un charlatan obtiendra aisément du vulgaire *un brevet de prophète*, et ce

effets sont très semblables à ceux de la *bile.* Car on sait que cette humeur, lorsqu'elle est parfaitement libre dans son cours, rend les hommes ardens, actifs, entreprenans. Mais lorsque ses voies sont obstruées, elle devient *maligne* et *vénéneuse;* il en est de même de *l'ambition:* tant qu'un ambitieux trouve la route libre pour s'élever et aller toujours en avant, il est plus tracassier et plus bruyant que dangereux. Mais si ses desirs rencontrent des obstacles insurmontables, un mécontentement secret qui le ronge, lui fait regarder de mauvais œil les hommes et les affaires ; il n'est satisfait que lorsque tout va de travers ; ce

---

brevet, le vulgaire le donnera même à un homme de bonne foi, qui n'en voudra point, et qui n'aura donné ses conjectures que pour des conjectures. Ainsi, la meilleure méthode pour acquérir, à peu de frais, la réputation de *prophète,* c'est de ne hazarder de prédiction que dans le cas où cette prédiction peut concourir avec l'action combinée de plusieurs causes puissantes, et tendant à produire l'événement prédit.

qui est la plus criminelle et la plus dangereuse de toutes les dispositions dans un homme attaché au service d'un prince, ou d'un état. Ainsi, lorsqu'un prince se croit dans la nécessité de se servir d'un ambitieux, il doit l'employer et le récompenser de manière qu'il aille toujours en avançant et sans jamais rétrograder. Mais comme ce mouvement toujours progressif dans un sujet, expose le maître à bien des inconvéniens, il vaudroit peut-être mieux ne pas employer du tout un homme de ce caractère ; car, si ses services ne le font pas monter, il fera ensorte que ses services tomberont avec lui. Mais, comme nous venons de dire que le prince ne doit employer ces ambitieux que dans le cas d'une urgente nécessité, reste à montrer quels sont les cas où ils peuvent être nécessaires. Il faut choisir, pour *le commandement des armées*, les hommes *les plus habiles* en ce genre, sans considérer s'ils sont *ambitieux*, ou non ; les services de cette espèce sont si nécessaires, qu'ils compensent tous les autres inconvéniens; et vouloir ôter à *un homme de guerre* son *ambition*, ce seroit vouloir lui ôter *ses éperons*. Un prince peut encore se faire, d'un ambitieux, une sorte de bouclier, ou de plastron, pour se garantir des coups de l'envie, et des dangers de toute autre espèce. Car ce rôle si dangereux, qui voudroit le jouer, sinon l'ambitieux, semblable à un pigeon aveugle qui va toujours en montant, parce qu'il ne voit pas autour de lui? On peut aussi se servir d'un ambitieux, pour abaisser un autre ambitieux qui s'élève trop, comme *Tibère* employa *Macron*, pour abattre *Sejan*. Ainsi, les *ambitieux* pouvant être *utiles* dans les cas que nous venons de spécifier, reste à dire *comment* on peut les *réprimer* et les *employer*, de manière à n'avoir rien à craindre de leur part. Or, un *ambitieux* est *moins à craindre* lorsqu'il est *de basse extraction*, que lorsqu'il joint à ses autres avantages celui d'une *naissance illustre*. Il est aussi moins à craindre, lorsqu'il a des *manières brusques*, *inciviles* et *repoussantes*, que lorsqu'il est *affable, gracieux* et *populaire*. Enfin, il est moins dangereux lorsque son *élévation* est encore *récente*, que lorsqu'ayant, pour ainsi dire, *blanchi* dans les postes honorables qu'il occupe, il s'y est comme enraciné.

Bien des gens taxent de *foiblesse* un *prince* qui a un *favori* : je ne suis point du tout de leur sentiment; et c'est au contraire le meilleur remède à l'ambition des grands; car, lorsque la faveur, ou la disgrace, dépend d'un favori, il n'est point à craindre qu'un autre s'élève trop. Une méthode non moins sûre pour tenir en bride un ambitieux, c'est de lui opposer quelque autre personnage aussi ambitieux, et aussi fier que lui, pour le balancer : mais alors il faut avoir quelque *personnage moyen*, et d'un *caractère modéré*, pour maintenir l'équilibre entre eux, et prévenir les troubles; *sans ce lest, le vaisseau rouleroit trop*. Enfin, le prince peut au moins protéger et encourager quelque sujet d'un ordre inférieur, qui lui servira comme de *fouet*, pour corriger les ambitieux. Quant à la méthode de *leur faire envisager une disgrace et une ruine prochaine*, elle peut être *suffisante*, lorsqu'ils sont *timides*. Mais ce parti seroit très dangereux, s'ils étoient *audacieux* et *entreprenans*; il pourroit, loin de les arrêter, les exciter, au contraire, à précipiter l'exécution de leurs desseins. A l'égard des moyens de les abattre, lorsque la nécessité des affaires l'exige, et qu'on ne peut, sans danger, le faire tout d'un coup, la conduite la plus adroite qu'on puisse tenir avec eux, c'est d'*entre-mêler tellement les faveurs et les disgraces, qu'ils ne sachent plus au juste ce qu'ils ont à espérer ou à craindre*, et se trouvent perdus comme dans un labyrinthe. Au reste, une noble ambition et le desir de se distinguer par les grandes choses, est beaucoup moins dangereuse que celle d'un homme plein de prétentions, qui veut briller dans tout, et qui, en conséquence, se mêle de tout : cette dernière est une source de confusion et de désordre. Cependant un ambitieux, qui se mêle de tant de choses, et qui est fort agissant, est encore moins dangereux que celui qui est puissant par le grand nombre de ses créatures, et des personnes qui dépendent de lui. L'homme qui veut tenir le premier rang parmi les plus habiles, s'impose une grande tâche; et pour la bien remplir, il est forcé de se rendre réellement utile au public.

Les honneurs peuvent procurer trois sortes d'avantages; le pouvoir de faire le bien, la facilité d'approcher du prince et des grands; enfin, celui d'augmenter sa réputation et sa fortune. Le sujet dont l'ambition n'aspire qu'au premier de ces trois avantages, est l'homme honnête et vertueux; et la vraie sagesse, dans un prince, consiste à savoir démêler, parmi ceux qui le servent, celui qui agit par un tel motif. Ainsi, les princes et les états doivent préférer, pour les emplois publics, les sujets plus jaloux de bien remplir leurs devoirs, que de s'élever;

ceux qui, en se chargeant des affaires, les prennent en affection, et qui aspirent plus au bon témoignage de leur propre conscience qu'à des succès éclatans. Enfin, ils ne doivent pas confondre un homme tracassier et intrigant, d'avec un homme dont l'activité a pour principe le desir de bien faire.

XXXVI. *Du naturel (envisagé dans l'homme.)*

Le naturel est souvent *voilé* ou *déguisé ;* quelquefois *vaincu,* rarement tout-à-fait *détruit :* si on lui fait violence, il revient avec plus de force quand il reprend le dessus. L'instruction et de sages préceptes peuvent modérer son impétuosité ; mais l'habitude seule a le pouvoir de le changer et de le dompter. Celui qui veut vaincre son naturel, ne doit s'imposer ni une trop grande, ni une trop petite tâche. Dans le premier cas, il se décourageroit, parce que ses efforts seroient souvent impuissans; et, dans le second cas, il ne gagneroit pas assez sur son naturel, quoiqu'il eût souvent le dessus. Dans les commencemens, pour rendre ses exercices moins pénibles, il doit employer quelques *adminicules;* comme une personne qui apprend à nager emploie des vessies, ou des faisceaux de jonc, pour se soutenir plus aisément sur l'eau. Mais, au bout d'un certain temps, il doit augmenter à dessein les difficultés, en s'exerçant, à l'exemple des danseurs qui, pour se rendre plus agiles, s'exercent avec des souliers fort pesans. Car, lorsque les exercices sont plus difficiles que les actions ou les occupations ordinaires, on se perfectionne davantage et plus promptement (1).

---

(1) On ne peut bien faire que ce qu'on fait avec plaisir; on ne fait avec plaisir que ce qu'on fait aisément, et l'on ne fait aisément que ce qu'on fait après avoir fait quelque chose de plus difficile, dans le même genre, ou dans le genre analogue. Car tout est relatif, et l'on ne juge de la facilité, ou de la difficulté de chaque action, ou occupation, qu'en la comparant avec ce qu'on a fait auparavant. Ainsi, pour travailler avec plus de talent,

Lorsque le naturel ayant plus de force et d'énergie, la victoire est, en conséquence, plus difficile, il faut aller par degrés. Or, voici en quoi consiste cette gradation : 1°. Il faut tâcher de réprimer tout-à-fait, et d'arrêter, pour ainsi dire, son naturel pour le moment, et pendant un certain temps ; à l'exemple de celui qui, lorsqu'il se sentoit en colère, prononçoit les vingt-quatre lettres de l'alphabet, avant de rien faire. 2°. Il faut modérer son naturel, en lui cédant de moins en moins, comme le feroit une personne qui, voulant perdre l'habitude du vin, boiroit d'abord deux coups au lieu de trois, puis un seul coup au lieu

---

de plaisir et de facilité, dans le genre dont on fait profession, il faut s'exercer fréquemment sur quelque chose de très difficile, dans ce même genre, ou, ce qui vaudroit encore mieux, dans un genre qu'on n'aime point, mais un peu analogue au genre habituel. Si l'on fait ces exercices au commencement de chaque journée, mais sans les soutenir jusqu'au point de se lasser, on y gagnera une grande facilité pour tout le reste du jour.

de deux; ou qui, au lieu de boire de grands coups, n'en boiroit d'abord que de moyens, puis de petits, et à la fin s'abstiendroit tout-à-fait de l'usage de cette liqueur. 3°. Enfin, dompter tout-à-fait son naturel, en ne lui cédant plus en rien. Mais si l'on avoit assez de force d'ame et de constance pour s'affranchir d'un seul coup de la tyrannie de son naturel, cela vaudroit encore mieux. *Le seul mortel dont l'ame ait recouvré toute sa liberté, c'est celui qui, ayant su rompre tous les liens qui la blessoient, a enfin cessé de sentir la violence qu'il s'est faite.*

Il ne faut pas non plus rejeter cette antique règle qui prescrit de plier son caractère, ou son esprit, en sens contraire de son naturel, pour le rectifier plus aisément; comme on fléchit un bâton en sens contraire de sa courbure, pour le redresser : règle, toutefois, qu'il ne faut appliquer qu'au seul cas où cet extrême opposé n'est pas lui-même un vice.

Quand vous vous exercez pour contracter une nouvelle habitude, ne le faites point par un effort trop continu ; mais prenez de temps en temps un peu de relâche. Car un peu d'interruption et de repos donne plus de vigueur et d'élan pour recommencer l'attaque. Sans compter qu'une personne qui n'est pas encore suffisamment perfectionnée dans les choses qu'elle pratique sans interruption, contracte ainsi l'habitude des défauts ainsi que des perfections; inconvénient dont le plus sûr remède est d'interrompre à propos cette occupation. Cependant ne vous fiez pas trop à cette prétendue victoire sur votre naturel; il pourra rester assez long-temps enseveli; mais la première occasion tentative le ressuscitera tout à coup; comme l'éprouva cette chate dont parle Esope dans une de ses fables, et qui, ayant été changée en femme, se tint fort décemment assise à table, jusqu'au moment où elle vit courir une souris. Evitez donc avec soin ces occasions tentatives, ou tâchez de vous y accoutumer assez pour qu'elles ne fassent plus d'impression sur vous. Le naturel d'un individu se manifeste d'une manière plus sensible dans une vie privée et dans un commerce étroit, parce qu'alors, étant plus à son aise, on se montre sans affectation. Il se décèle aussi dans les violentes émotions qui font oublier toutes les règles et tous les préceptes. Enfin, dans une situation nouvelle et imprévue; cas où nos habitudes nous quittent.

Heureux le mortel dont la vocation s'accorde avec son naturel ; autrement il peut dire : *mon ame a été long-temps hors de chez elle!* En effet, quelle vie plus insupportable que celle d'un homme qui est continuellement occupé de choses qu'il n'aime point? A l'égard des études, il faut avoir des heures fixes pour s'appliquer à celles auxquelles on n'est pas naturellement porté. Quant à celles qui vous plaisent, vous ne devez pas vous inquiéter des heures, à cet égard, vos pensées n'y voleront que trop d'elles-mêmes, et vous pourrez y employer le temps que ne réclameront ni les affaires, ni des études moins agréables, mais plus nécessaires.

La nature a, pour ainsi dire, semé, dans notre ame, de bonnes et de mauvaises herbes: ainsi, employons notre vie entière à cultiver les premières, et à déraciner les dernières.

XXXVII. *De l'habitude et de l'éducation.*

Les pensées des hommes dépendent de leurs inclinations et de leurs goûts; leurs discours dépendent de leurs lumières, des maîtres qu'ils ont eus, et des opinions qu'ils ont embrassées; mais c'est l'habitude seule qui détermine leurs actions, comme l'observe judicieusement *Machiavel;* mais en appliquant cette observation à un cas de nature odieuse. En fait d'exécution, il ne faut s'en fier ni à la force du naturel, ni aux plus magnifiques promesses, si tout cela n'est fortifié et comme *sanctionné* par l'habitude. « Par exemple, dit-il, pour exécuter un grand attentat, soit conspiration, soit tout autre, ne vous fiez ni à la férocité naturelle de l'individu, ni à l'audace avec laquelle il l'entreprend ; mais choisissez un homme qui *ait déja trempé ses mains dans le sang*. Sans doute ; mais Machiavel n'avoit pas entendu parler du moine *Jacques Clément*, ni de *Ravaillac*, ni de *Jaureguy*, ni de *Balthazard Gérard*. Cependant sa règle n'en est pas moins sûre, et il n'est pas douteux que, ni le naturel, ni les engagemens les plus sacrés, n'ont un pouvoir égal à celui de l'*habitude*. Cependant la seule superstition peut rivaliser avec elle ; elle a fait, de nos jours, tant de progrès, que les assassins les plus novices qu'elle inspire, ne le cèdent pas aux bouchers les plus endurcis ; et les vœux dictés par le fanatisme, ont, pour les sanglantes exécutions, une force égale à celle de l'habitude. Mais, dans tout autre cas, la prépondérance de l'habitude est manifeste. Eh! qui peut encore douter de son pouvoir, lorsqu'il voit les hommes, après tant de promesses, de protestations, d'engagemens formels et de grands mots, faire et refaire précisément ce qu'ils ont déja fait, comme s'ils étoient autant *d'automates, et de machines montées seulement par l'habitude.* Voici quelques exemples de son pouvoir tyrannique : On voit des *Indiens* (je ne parle que de leurs *Gymnosophistes*) s'asseoir tranquillement sur un bûcher, et se sacrifier ainsi par le feu. On voit même les veuves se disputer l'honneur d'être brûlées avec leurs époux. Les jeunes garçons de *Sparte* se laissoient fouetter jusqu'au sang, sur l'autel de Diane, sans pousser un seul cri. Je me souviens qu'au commencement du règne de la reine Elizabeth, *un rebelle d'Irlande*, qui avoit été condamné au gibet, fit présenter un placet au *lord député*, pour obtenir la grace d'être pendu avec une corde à puits (d'osier tors), et non avec une corde ordinaire; parce que la coutume de son pays, disoit-il, étoit d'employer à cet usage celles de la première espèce. En *Mos-*

covie, certains moines, durant l'hiver, se plongent dans l'eau par pénitence, et y demeurent jusqu'à ce qu'elle soit toute gelée autour d'eux. Or, si tel est le pouvoir de l'habitude, tâchons donc de n'en contracter que de bonnes.

Les habitudes contractées dès l'âge le plus tendre sont sans contredit les plus fortes. C'est ce que nous appellons l'*éducation*, qui n'est au fond qu'une *habitude contractée de bonne heure*. Par exemple : on sait que les enfans et les jeunes gens apprennent plus aisément les langues que ne le peuvent les hommes faits; parce que, dans les deux premiers âges, la langue plus souple se prête plus aisément aux mouvemens et aux inflexions qu'exige la formation des sons articulés. Par la même raison, les membres ayant plus de souplesse et d'agilité, dans les jeunes gens, leur corps se forme plus aisément à toutes sortes d'exercices et de mouvemens. Au lieu que ceux qui apprennent plus tard, ont beaucoup plus de peine à prendre le pli : il faut toutefois en excepter un très petit nombre d'individus, qui ont soin de laisser leur ame toujours ouverte aux nouvelles impressions, et de ne point contracter d'habitude dont ils ne puissent se défaire, afin de pouvoir se perfectionner continuellement.

Or, si l'habitude a déjà tant de force, dans un individu isolé, elle a un tout autre pouvoir sur ceux qui se trouvent réunis en société, comme dans une *armée*, dans un *collège*, un *couvent*, etc. Dans ce dernier cas, l'*exemple instruit* et *dirige*, la société soutient et fortifie, l'émulation éveille et aiguillonne ; enfin, les honneurs élèvent l'ame. Ensorte que, dans ces lieux, ou ces congrégations, la force de l'habitude est à son plus haut point, à son maximum. L'expérience prouve assez que la multiplication des vertus, dans notre espèce, est l'effet des sages institutions d'une judicieuse discipline, et des sociétés bien ordonnées. Car les républiques et, en général, les bons gouvernemens, nourrissent les vertus déja nées; mais rarement ils savent les semer et les faire germer. Le malheur est qu'aujourd'hui les moyens les plus efficaces sont appliqués à des fins peu dignes de l'homme.

XXXVIII. *De la fortune.*

Il est, comme on n'en peut douter, beaucoup de causes purement accidentelles, qui peuvent mener les hommes plus rapidement à la fortune : telles sont, la faveur des grands, d'heureux hazards, la mort des autres ou les successions ; enfin, des occasions favorables aux talens ou aux vertus qui nous sont propres. Mais le plus souvent la fortune de chaque individu est dans ses mains, comme l'a dit un poëte : *chacun est l'artisan de sa propre fortune.* Mais pour désigner plus précisément la principale et la plus puissante des causes dont nous avons fait l'énumération, disons hardiment que *c'est la sottise de l'un qui fait la fortune de l'autre :* et l'expérience prouve en effet que le moyen le plus sûr et le plus prompt pour faire fortune, est d'*être toujours prêt à profiter des fautes d'autrui. Un serpent ne devient un dragon, qu'après avoir dévoré un autre serpent.* Les vertus éminentes, et qui ont beaucoup d'éclat, n'attirent que des éloges; mais il y a des vertus secrètes et cachées, qui contribuent davantage à notre fortune ; c'est une certaine manière élégante, délicate et aisée, de se faire valoir; genre de talent que les Espagnols expriment, en partie, par le mot de *desenvoltura* (1), ce qui signifie que, pour faire fortune, il faut avoir, non un caractère roide et difficile, mais une ame souple, versatile, et toujours disposée à tourner avec la roue de cette fortune. *Tite-Live* voulant donner une juste idée de Caton-le-Censeur, et le bien caractériser, s'exprime ainsi à son sujet : la vigueur d'ame

---

(1) Qui répond au mot italien, *disinvoltura*, et qui paroît répondre à notre mot, *aisance*, dans les manières, les discours, etc.

et de corps étoit-elle portée à tel point dans ce personnage, qu'en quelque lieu qu'il fût né il auroit fait sa fortune? puis il ajoute : *il avoit un génie souple et versatile.* Pour peu qu'un homme ait la vue perçante, et regarde autour de lui, tôt ou tard il appercevra la fortune ; car, *quoiqu'elle soit aveugle, elle n'est pas invisible.* Le chemin de la fortune est semblable à la *voie lactée;* c'est un assemblage de petites étoiles, dont chacune étant séparée des autres, seroit invisible, mais qui, étant réunies, répandent une lumière assez vive : et pour parler sans figures, c'est un *assemblage* de *facultés* et d'*habitudes* (de talens et de vertus) *déliées* et *imperceptibles* (1).

---

(1) Voilà bien des mots qui ne donnent point *le mot de l'énigme,* et dont il ne résulte que de très *vagues indications;* voici ce mot : *le moyen de faire fortune est de flatter les passions de ceux dont on a besoin,* sur-tout leur vanité, qui est la partie tendre de leur ame. C'est avec raison qu'on dit ordinairement, *louer un homme,* comme on dit , *louer une maison;* car *tout homme,* spirituel

Parmi ces qualités nécessaires pour faire fortune, les Italiens en comptent quelques-unes dont on ne se douteroit guère,

---

ou sot, *est une maison à louer, dont le plus adroit flatteur devient le premier locataire; tout homme se loue volontiers à celui qui le loue;* et le plus sûr moyen pour trouver beaucoup d'aides, c'est d'aider les hommes à s'admirer. Mais, comme ce moyen est un peu *criminel* et *avilissant*, en voici un autre qui est conforme aux *règles* de la *prudence*, sans déroger aux *loix* de la *justice* : *laissez à chaque individu la bonne opinion qu'il a de lui-même, et il vous abandonnera volontiers tout le reste,* car tout *travail* mérite *salaire.* Or, non-seulement c'est une très pénible *corvée* que de *prêter son esprit à un sot qui paie pour être admiré;* mais c'en est déjà une assez grande que de *se taire devant un sot qui s'admire tout haut:* la charité chrétienne ne commande pas de l'interrompre, et ne défend pas de recueillir les fruits naturels de ce pénible silence. Or, ce moyen est universel; car la *sottise est en raison inverse de l'esprit qu'on a, et en raison directe de celui qu'on croit avoir:* or, il n'est point d'homme spirituel qui ait assez d'esprit pour ne s'en pas croire un peu plus qu'il n'en a, et qui ne soit assez sot pour croire tout le bien qu'on dit de lui.

Selon eux, pour qu'un homme ait toutes les conditions requises, et soit assuré de réussir de parvenir, il faut qu'il ait *un poco di matto* (*un grain de folie*) (1). En effet, il est deux qualités essentielles pour parvenir; l'une, est d'avoir *ce grain de folie*, et l'autre, *de n'être pas trop honnête homme*. Aussi, ceux qui sont uniquement dévoués à la patrie ou au souverain, ont rarement de grands succès. Car, tandis qu'un homme, détournant ses regards de lui-même, les fixe sur un objet étranger à lui, il perd son chemin, et ne va pas à son propre but. Une fortune très rapide rend un homme présomptueux, turbulent, et, pour user d'une expression française, *entreprenant* ou *remuant*. Mais une fortune acquise avec peine augmente son habileté.

―――――――――――――――――――

(1) Ce grain de folie lui donne des ridicules qu'on ne manque pas de relever : après avoir fait ces petites remarques, on est si content de soi, on se croit si sûr de sa supériorité, qu'on ne se défie pas de lui, et il avance à travers les sots qu'il amuse.

La fortune mérite nos respects et nos hommages, ne fût-ce qu'en considération de ses deux filles, la *confiance* et la *réputation*. Car tels sont les deux effets que produisent les heureux succès; l'un en nous-mêmes, l'autre, dans ceux avec qui nous vivons, et dans leurs procédés avec nous. Les hommes prudens, pour se soustraire à l'envie à laquelle les exposent leurs talens ou leurs vertus, attribuent leurs succès à la fortune ou à la divine providence. Par ce moyen, ils jouissent en paix de leur supériorité. Sans compter qu'un personnage illustre donne une plus haute idée de lui-même, lorsqu'il peut persuader qu'une puissance supérieure veille sur ses destinées. C'est dans ce même esprit que *César* disoit à son pilote dans une tempête : *ne crains rien, mon ami, tu portes césar et sa fortune;* et que *Sylla* préféroit la qualification d'*heureux* ou de *fortuné*, à celle de *grand*. On a observé aussi que ceux qui ont eu la présomption d'attribuer leurs succès à leur propre prudence et à leurs propres directions, ont fini par être très malheureux : observation qui s'applique surtout à l'*Athénien Timothée;* dans une harangue où il rendoit compte de ses opérations militaires devant l'assemblée du peuple, il ajouta plusieurs fois cette remarque : *observez, Athéniens, que la fortune n'a eu aucune part à ce succès;* depuis cette époque il fut malheureux dans toutes ses entreprises. Parmi les personnes qui ont de grands succès, il en est dont *la fortune ressemble aux vers d'Homère,* qui sont plus faciles et plus coulans que ceux des autres poëtes, comme *Plutarque* l'observe dans la vie de *Timoléon,* en comparant la fortune de ce personnage avec celle d'*Agésilas* et d'*Epaminondas.*

XXXIX. *De l'usure.*

Assez d'écrivains ingénieux se sont donné carrière contre l'usure et les usuriers : quoi de plus odieux, disent les uns, *d'allouer au diable la dîme qui est la part de Dieu!* L'usurier, disent les autres, est le plus insigne *profanateur du sabbat; il travaille même le dimanche*. D'autres encore disent que l'*usure* est ce *bourdon* dont parle Virgile, lorsqu'il dit : *les abeilles chassent le troupeau fainéant des bourdons*. Tel autre prétend que l'usurier enfreint continuellement la première loi que Dieu donna à l'homme après sa chute ; loi conçue en ces termes : *tu mangeras ton pain à la sueur de ton front, et non à la sueur du front d'autrui*. Tel autre encore veut que les usuriers portent le *bonnet jaune*, parce qu'ils *judaïsent*. D'autres enfin prétendent que vouloir que *l'argent produise de l'argent*, c'est aspirer à un gain contre nature. Pour moi, tout ce que je me permettrai de dire sur ce sujet si rebattu, c'est que l'usure est une de *ces concessions faites à la dureté du cœur humain*, et un abus qu'il faut tolérer, parce que le prêt et l'emprunt étant nécessaires à chaque instant, la plupart des hommes sont trop intéressés pour prêter sans intérêt (1). Quelques écrivains ont proposé de remplir le même objet, à l'aide de *banques nationales*, en y joignant des moyens artificieux, et par cela même suspects, pour s'assurer du véritable état de la fortune des emprunteurs. Mais peu d'entre eux nous ont procuré des lumières vraiment utiles relativement à l'usure. Il est donc nécessaire de donner une espèce de *tableau de ses avantages et de ses inconvéniens*, afin qu'on puisse démêler le bon d'avec le mauvais, et se procurer l'un en évitant l'autre ; mais sur-

---

(1) Il vaut peut-être mieux que le prix des services de ce genre soit fixé par une loi positive, ou par des conventions particulières et précises. Car, s'il ne l'étoit pas, les prêteurs feroient monter si haut les intérêts moraux, que les emprunteurs, désespérant alors de pouvoir s'acquitter au gré de ces créanciers si exigeans, prendroient le parti de faire banqueroute ; et c'est peut-être parce que le prix des services d'un genre plus délicat n'est pas fixé, qu'il y a tant de banqueroutiers. Il y a sans doute beaucoup de mauvais payeurs ; mais il y a aussi beaucoup de mauvais prêteurs.

tout prenons garde, en voulant aller au mieux en ce genre, d'aller au pis.

Inconvéniens de l'usure. 1°. *Elle diminue le nombre des marchands;* car, si l'argent n'étoit pas gaspillé dans ce vil agiotage, où il est comme *stérile*, il seroit employé en marchandises, et fructifieroit par le commerce, qui est la *veine porte du corps politique*, ou le canal servant à l'importation des richesses. 2°. L'usure *rend les marchands plus pauvres;* en effet, de même qu'un fermier ne peut faire de grandes avances à la terre, ni en tirer un produit proportionnel, lorsqu'il est obligé de payer une grosse rente, un marchand ne peut faire son commerce avec autant de profit et de facilité, lorsqu'il est obligé d'emprunter à gros intérêts. Le troisième inconvénient, qui n'est qu'une conséquence des deux premiers, est *la diminution du produit des douanes*, qui a nécessairement son flux et son reflux, correspondans et proportionnels à ceux du commerce. 4°. L'usure entasse et concentre tout l'argent d'un royaume, ou d'une république, dans les mains d'un petit nombre de particuliers ; car les gains de l'usurier étant assurés, tandis que ceux des autres (soit qu'ils commercent avec leurs propres fonds, ou avec des fonds d'emprunt) sont très incertains, il est clair qu'à la *fin du jeu, presque tout l'argent doit rester à celui qui fournit les cartes;* et l'expérience prouve qu'un état est toujours plus florissant, lorsque les fonds sont plus également distribués. 5°. L'usure *fait baisser le prix des terres et des autres immeubles;* car assez ordinairement l'argent est presque tout employé au commerce ou à la culture des terres ; deux genres d'emplois auxquels l'usure fait obstacle, en attirant à elle tout l'argent. 6°. En détournant du travail les citoyens, elle éteint leur industrie, et diminue le nombre des inventions utiles qui tendent à la perfection de tous les arts ; toutes directions que l'argent prendroit naturellement pour fructifier, s'il n'étoit absorbé par ce gouffre où il demeure stagnant. 7°. L'usure est une sorte de *vermine qui suce continuellement le plus pur sang d'une infinité de particuliers*, et qui, en les épuisant, épuise à la longue l'état même.

Avantages de l'usure. 1°. Quoique l'usure, à certains égards, soit nuisible au commerce, elle lui est utile à d'autres égards. Car on sait que la plus grande partie du commerce se fait par des marchands, ou encore jeunes, ou, en général, peu avancés, qui ont souvent besoin d'emprunter à intérêt : ensorte que, si l'usurier retiroit ou retenoit son argent, il en résulteroit une stagnation dans le commerce (1).

---

(1) Lorsque le prêt à intérêt est permis, il y a plus de prêteurs, l'intérêt de l'argent est plus bas, les emprunts des négocians leur sont moins onéreux ; ils ont plus d'avantage, ou moins de désavantage sur les marchands des autres nations dans les marchés du dehors; les opérations et les profits du commerce national se multiplient; les négocians font de plus fréquentes et de plus grosses demandes aux manufacturiers et à toutes les clas-

En second lieu, si l'on ôtoit aux particuliers cette commodité d'emprunter de l'argent à intérêts dans leurs pressans besoins, ils seroient bientôt réduits aux dernières extrémités, et forcés de vendre à un très vil prix leurs biens, soit meubles, soit immeubles ; ce qui les feroit tomber d'un mal supportable dans un beaucoup

---

ses qui fournissent le produit brut destiné à être exporté. Les manufactures font de plus fréquentes et de plus grosses demandes aux marchés des villes et aux classes qui fournissent le produit brut nécessaire aux manufactures; les marchés des villes font aussi de plus fréquentes et de plus grosses demandes aux cultivateurs ; ceux-ci plus assurés de la vente et d'une vente plus considérable, font de plus grandes avances à la terre, la terre leur rend davantage : lorsque les manufactures et la culture sont florissantes, elles peuvent nourrir un plus grand nombre d'hommes, et elles nourrissent mieux un même nombre d'hommes : mieux les hommes sont nourris et plus ils peuplent. Donc *la permission du prêt à intérêt féconde et peuple le pays*. A quoi il faut ajouter que cette permission, en faisant baisser le taux courant de l'intérêt, favorise immédiatement tous les entrepreneurs de ma-

plus grand; car l'usure ne fait que les miner peu à peu ; au lieu que, dans le cas supposé, les prompts et gros remboursemens les ruineroient d'un seul coup. Les hypothèques, ou ce qu'on appelle *obligations mortes*, ne remédieroient pas à ce mal : car, ou ceux qui prêtent à hypothèque exigent qu'on leur paie des intérêts, ou bien, s'ils ne sont pas rém-

---

nufactures, d'exploitations, de défrichemens, d'améliorations, etc. et, en général, tous ceux qui, ayant de grosses avances à faire, sont souvent obligés d'emprunter.

Au contraire, la défense du prêt à intérêt fait hausser cet intérêt; le prêteur faisant payer à l'emprunteur une augmentation équivalente à une assurance, pour les risques qu'il court, en lui prêtant. Il y a donc alors moins d'emprunts, moins de commerce, moins de travail, moins de grain, moins d'hommes, etc. Donc, si ce genre de prêt que des moines rigoristes qualifioient d'usure, étant regardé comme un crime, ou comme un péché, dépeuple et appauvrit le royaume des cieux, du moins il enrichit et peuple les royaumes de la terre; ce qui fait une sorte de compensation, en attendant.

boursés au jour préfix, ils en agissent à toute rigueur, et ne font pas scrupule de se faire adjuger la confiscation. Je me rappelle ce que disoit à ce sujet un campagnard très riche et très avare : *maudits soient*, disoit-il, *ces usuriers ; ils nous enlèvent tous les profits que nous faisions par les emprunts sur gages, ou avec obligation, quand les débiteurs ne satisfaisoient pas à leurs engagemens.* Quant au troisième et dernier avantage de l'usure, c'est se repaître de chimères que d'espérer qu'on puisse jamais imaginer des dispositions dont l'effet soit de rendre plus fréquens les prêts sans intérêts ; et si l'on se déterminoit à défendre aux prêteurs, par une loi expresse, de tirer l'intérêt de l'argent prêté, il en résulteroit une infinité d'inconvéniens. Ainsi, ne parlons point d'abolir l'usure ; tous les états, monarchiques ou républicains, l'ayant tolérée, soit en fixant le taux de l'intérêt, soit autrement ; et une telle idée doit être renvoyée à l'*Utopie* (de *Morus*).

Parlons actuellement de la manière de modérer et de régler l'usure; je veux dire, des moyens par lesquels on peut en éviter les inconvéniens, sans en perdre les avantages. Il me semble qu'en balançant judicieusement les uns avec les autres, il n'est pas impossible de s'assurer de deux avantages principaux ; l'un, de *limer les dents de l'usure*, afin que, malgré son avidité, *elle morde un peu moins;* l'autre, de procurer aux hommes très pécunieux des facilités et des avantages qui les invitent à prêter leur argent à des négocians; ce qui contribueroit à entretenir et animer le commerce : double objet qu'on ne peut remplir qu'en fixant *deux taux différens pour l'intérêt de l'argent ;* l'un, plus bas, et l'autre, plus haut. Car, s'il n'y avoit qu'un seul taux et un peu bas, ce réglement soulageroit un peu les emprunteurs; mais alors les marchands auroient peine à trouver de l'argent; sans compter que la profession de commerçant étant la plus lucrative de toutes, elle peut, en conséquence, supporter des emprunts à un denier plus haut. Voici ce qu'il faut faire pour concilier et réunir tous les avantages, qu'il y ait, comme nous venons de le dire, deux taux; l'un, pour l'usure libre et permise à tous les sujets ou citoyens, sans exception; l'autre, pour l'usure permise seulement à certaines personnes et en certains lieux où il y a un grand commerce. Ainsi, que le taux de l'usure, généralement permise, soit réduit à *cinq pour cent;* que ce taux soit rendu public par un édit et une déclaration portant que les prêts, à cet intérêt, sont libres pour tout le monde. En conséquence, que le prince ou la république renonce à toute amende exigée de ceux qui se contenteront de ce léger bénéfice; par ce moyen, les emprunts seront plus faciles, et ce sera un grand soulagement pour les campagnes. Ce même réglement contribuera aussi beaucoup à hausser le prix, à augmenter la valeur relative des terres; car la rente des terres étant actuellement, en

Angleterre, à six pour cent, elle excédera par conséquent le taux de l'intérêt fixé à cinq pour cent. L'effet de cette même disposition sera d'encourager l'industrie et tous les arts tendant à perfectionner les choses utiles. Car alors le plus grand nombre de ceux qui auront des fonds, aimeront mieux les employer de cette manière, afin d'en tirer un profit supérieur à ce taux de l'intérêt, surtout ceux qui sont accoutumés à de plus grands profits. De plus, qu'on permette à des personnes désignées de prêter de l'argent à des marchands connus, mais à un intérêt plus haut que celui qui est fixé pour le plus grand nombre; cependant que ce soit aux conditions suivantes : 1°. que l'intérêt même pour le marchand soit un peu moins haut que celui qu'il payoit auparavant. Moyennant cette double disposition, tous les emprunteurs, marchands ou autres, auront un soulagement; bien entendu que ces prêts ne se feront point par le moyen d'une banque ou tout autre fonds public; que chacun, au contraire, reste maître de son argent : non que je désapprouve entièrement ces banques, mais parce que le public y prend difficilement confiance. Que le prince ou la république exige quelque rétribution pour les permissions qu'on accordera, et que le surplus du bénéfice reste tout entier au prêteur. Si ce droit ne diminue que très peu son profit, il ne suffira pas pour le décourager. Car celui, par exemple, qui auparavant prêtoit ordinairement à dix ou neuf pour cent, se contentera de huit, plutôt que d'abandonner le métier, et de laisser des gains assurés pour des gains incertains. Le nombre de ceux auxquels on accordera la permission de prêter, ne doit pas être limité; mais on ne l'accordera qu'aux villes où le commerce fleurit. Moyennant cette restriction, des particuliers ne pourront abuser de leur permission pour prêter l'argent d'autrui au lieu du leur; et le taux de neuf pour cent, fixé pour les personnes qui auront des permissions particulières, n'empêchera pas les prêts au taux courant de cinq pour cent, vu que personne n'aime à envoyer son argent fort loin de sa résidence, ni à le mettre entre des mains inconnues.

Si l'on m'objecte que ce que je viens de dire autorise, en quelque manière, l'usure qui, auparavant, n'étoit permise qu'en certains lieux, je réponds qu'il vaut beaucoup mieux permettre une usure ouverte et déclarée, que de souffrir tous les ravages que fait l'usure, lorsqu'elle est secrète, par la connivence de ceux qui la font, avec ceux qui en ont besoin, ou qui, obligés, par état, à la punir, la favorisent.

XL. *De la jeunesse et de la vieillesse.*

Un homme peut être jeune par le nombre d'années qu'il a vécu, et être déja vieux par l'emploi de ses heures, s'il n'a pas perdu son temps; mais c'est ce qui arrive rarement. Généralement parlant, la jeunesse ressemble aux premières pensées, qui sont ordinairement moins sages que les secondes; car les pensées ont leur jeunesse, ainsi que les individus. La jeunesse est naturellement plus inventive que la vieillesse ; elle est plus féconde en conceptions vives, qu'on seroit quelquefois tenté de prendre pour des inspirations divines. Les hommes qui ont une ame toute de feu, et fréquemment agitée par de violens desirs, ne sont mûrs, pour l'action, qu'après avoir, pour ainsi dire, *dépassé* le *méridien* (le *midi* ou l'*été*) *de la vie*. Tels furent *Jules-César* et *Septime-Sévère* : la jeunesse du dernier, disent les historiens, fut livrée à des égaremens et même à des passions violentes, et qui tenoient de la fureur ; il n'en fut pas moins un des hommes les plus dignes du souverain commandement. Mais un personnage d'un caractère plus paisible, plus serein et plus reposé, peut se distinguer et faire de grandes choses dès sa jeunesse. Nous en voyons des exemples dans *Auguste*, *Côme de Médicis*, *Gaston de Foix*, et quelques autres. Un homme d'un âge mûr, qui a le feu et la vivacité de la jeunesse, est très bien constitué pour les affaires. La jeunesse a plus d'aptitude pour l'invention que pour le jugement et le raisonnement; pour l'exécution que pour les délibérations; et pour les nouveaux projets, que pour les choses déja établies. Car l'expérience des personnes d'un âge mûr est pour elles un guide très sûr dans tous les cas auxquels cette expérience peut s'appliquer; mais, dans tous les cas nouveaux, elle les abuse, et alors elle les égare ou les arrête. Les erreurs des jeunes gens ruinent ordinairement les affaires ; celles des vieillards y nuisent aussi, et ils manquent le but, en ne faisant pas assez, ou assez tôt. Les jeunes gens *embrassent plus qu'ils ne peuvent étreindre;* ils savent exciter des mouvemens qu'ils ne savent pas arrêter; ils volent au but, sans considérer la nécessité de peser, de choisir, de modérer et de graduer les moyens. Ils suivent en aveugles un petit nombre de principes hazardés. Ils se précipitent dans des nouveautés d'où naissent des inconvéniens qu'ils n'ont pas su prévoir. Ils tentent les remèdes extrêmes dès le commencement; et ce qui double toutes leurs fautes, ils ne veulent jamais en convenir, ni travailler à les réparer; semblables à un cheval fougueux qui ne veut ni tourner ni arrêter. Les vieillards font trop d'objections, perdent trop de temps à délibérer, n'osent pas assez, chancèlent, et se repentent avant d'avoir failli : rarement ils vont jusqu'au bout, et ils se contentent presque toujours d'un succès médiocre. Le plus sûr moyen seroit de combiner ensemble les deux âges. Moyennant cette combinaison, dans le présent, les vertus et les talens propres à chacun des deux âges, remédieroient aux vices et aux défauts de l'autre; et quant à l'avenir, les jeunes gens apprendroient mieux leur rôle, quand les vieillards mêmes seroient acteurs. Enfin, cette judicieuse combinaison produiroit aussi d'heureux effets au dehors; car, si la vieillesse a pour elle l'autorité, la jeunesse a pour elle la faveur du grand nombre (1). Dans les jeunes gens, la morale vaut mieux, et les vieillards l'emportent par la prudence et la politique. Un certain *rabbin*, considérant ce texte de l'Écriture sainte : *vos jeunes gens auront des visions, et vos vieillards n'auront que des songes,* en inféroit que les jeunes gens étoient admis plus près de la divinité que les vieillards; par la raison, pensoit-il, qu'une *vision* est une *révélation plus claire et plus manifeste qu'un songe.* Plus on s'est abreuvé de ce monde, plus

---

(1) Si la nature avoit donné à chacun des deux âges extrêmes de la vie humaine toutes les facultés nécessaires à l'un et à l'autre, chaque âge alors n'ayant plus besoin de l'autre et ne lui étant plus nécessaire, ils n'auroient plus de raison suffisante pour vivre ensemble; mais, comme elle a partagé ces facultés entre les deux âges, en donnant à l'un celles dont elle prive l'autre, et dont tous deux ont besoin, ce besoin réciproque, qui tend à les réunir, prévalant sur l'opposition naturelle de leurs goûts, qui tend à les séparer, les force ainsi à se rapprocher, et maintient leur société.

on est empoisonné; et la vieillesse perfectionne plus les facultés intellectuelles, qu'elle ne rectifie les desirs et la volonté (1). Certains esprits qui mûrissent avant le temps, perdent de bonne heure toute leur sève; ce sont des esprits qui, étant trop aigus, s'émoussent aisément. Tel fut celui du rhéteur *Hermogène*, qui, après avoir composé des livres d'une excessive subtilité, tomba de bonne heure dans une sorte d'imbécillité. On peut ranger dans la même classe ceux qui ont

---

(1) Les vieillards sont plus égoïstes que les jeunes gens, parce qu'étant plus foibles, ils sont, en conséquence de cette foiblesse même, plus souvent rappellés à leur propre individu. Enfin ils sont plus égoïstes, parce qu'ils n'ont plus le bonheur d'être dupes, et ont perdu des espérances qui valent mieux que tout ce qu'ils ont acquis. Les jeunes gens ont plus de morale, parce qu'ayant plus de vigueur, ils ont un plus grand superflu d'existence au service des belles et de la patrie : aussi la nature leur ayant adjugé la partie la plus flatteuse des prix, la société leur impose la plus pénible partie de la tâche, et tout est compensé à cet égard.

des talens et des facultés plus convenables à la jeunesse qu'à l'âge mûr; par exemple, une éloquence facile, abondante et fleurie : c'est une remarque que fait *Cicéron*, touchant la manière oratoire d'*Hortensius* : *il demeuroit toujours le même*, dit-il, *mais les mêmes choses ne lui convenoient plus*. Il en faut dire autant de ceux qui, ayant pris au commencement un essor trop élevé, se trouvent ensuite *comme accablés du poids de leur propre grandeur :* tel fut Scipion l'Africain, sur lequel Tite-Live fait cette remarque : *ses dernières années ne répondoient point aux premières.*

XLI. *De la beauté.*

La vertu, semblable à un diamant d'une belle eau, qui a plus de jeu lorsqu'il est mis en œuvre, avec élégance et sans ornemens, figure aussi beaucoup mieux dans un corps bien proportionné, mais qui a plutôt un air de dignité qui imprime le respect, qu'une beauté délicate et efféminée qui plaise simplement aux yeux. Rarement les très belles personnes ont un mérite transcendant. Il semble que la nature, en les formant, ait été plus jalouse de composer un tout régulier, qu'un tout d'une sublime perfection. Aussi assez ordinairement sont-elles plutôt sans défaut, que distinguées par un génie supérieur ou une ame très élevée, et plus jalouses de briller par les agrémens extérieurs, que d'acquérir un mérite réel. Mais cette règle ne laisse pas d'avoir des exceptions, entre autres, *César-Auguste, Titus-Vespasien, Philippe IV, roi de France* (surnommé *le Bel*); *Édouard IV, roi d'Angleterre;* l'*Athénien Alcibiade, Ismaël, sophi* de *Perse;* tous personnages qui eurent une ame grande et élevée, quoiqu'ils fussent les plus beaux hommes de leur temps. En fait de beauté, on préfère des formes gracieuses à un beau teint, et la grace dans les mouvemens du visage et de tout le corps, à celle même des formes. Ainsi ce qu'il y a de plus séduisant dans la beauté; la peinture ne peut l'exprimer. Elle n'est pas non plus en état de rendre cet air animé d'une personne vivante, ni cette vive impression qu'elle fait à la première vue. Il n'est point de belle personne qui, envisagée en totalité, soit absolument sans défaut. Il seroit difficile de dire lequel fut le plus extravagant d'*Apelle* et d'*Albert Durer*, dont l'un vouloit composer une beauté idéale et parfaite, à l'aide de proportions géométriques, et l'autre en réunissant toutes les plus belles parties qu'il auroit pu trouver en différens visages (1).

---

(1) Il est un troisième personnage beaucoup plus extravagant, c'est un *robin* qui veut donner à *Apelle* des leçons de peinture. Tout homme qui a fait beaucoup d'observations en ce genre, sait que telle espèce de bouche ne convient qu'à telle espèce de nez qui ne convient qu'à telle espèce de front. Supposons actuellement que, trouvant, dans un individu, la bouche C qui convient au nez B, et n'y trouvant pas le front A qui convient à ce nez, je trouve, dans un autre individu, ce nez et ce front, sans y trouver la bouche C, ne pour-

De telles beautés, je pense, ne plairoient qu'au peintre qui les auroit composées ; et je ne crois pas que jamais peintre puisse composer un visage idéal plus beau que tous les visages réels, ou, s'il y réussit, ce sera tout au plus par un

---

rois-je pas achever, par la pensée, ou avec le pinceau, ces deux visages manqués (et seulement commencés par la nature), en donnant le front A à celui qui a déja le nez B et la bouche C; et en donnant la bouche C à celui qui a déja le front A et le nez B? Un homme qui a des yeux rencontre à chaque instant de ces visages manqués qu'il achève mentalement, sur-tout en *Italie,* où, dans les deux sexes, le front, les yeux, le nez et les sourcils étant d'une grande beauté, les parties inférieures du visage (sur-tout la bouche) n'y répondent point : c'est une observation qu'on a faite aussi sur le grand *Condé* et sur *Charles XII,* qui avoient le haut du visage d'une forme héroïque, et le bas très choquant. Ces conjectures, toutes vraisemblables qu'elles paroissent, ne sont peut-être que des erreurs; mais, en marchant avec *Apelle* et tous les hommes de l'art, nous risquons moins de nous égarer, qu'en voulant redresser nos maîtres.

heureux hazard (1), à peu près comme un musicien compose un très bel air, sans autre règle que le sentiment et le goût (2). Pour peu qu'on y fasse attention, on trouvera beaucoup de visages

---

(1) Et moi, je ne crois pas qu'on trouve jamais un visage réel, aussi beau que tel visage idéal, composé par *Raphaël*, l'*Albane*, le *Domniquin*, etc. Un peintre peut composer des visages plus beaux que tous les visages réels, par la même raison et par le même moyen qu'un auteur peut composer des dialogues plus beaux que toutes les conversations réelles, par le choix et l'observation des convenances.

(2) Le goût lui-même n'est, en grande partie, qu'un composé de petites règles qu'on s'est faites, en comparant beaucoup d'objets, et qu'on sait presque sans y penser, ou en y pensant vivement et rapidement. Un architecte ou un ingénieur qui a eu souvent la toise à la main, juge, par une simple estimation à vue d'œil, des proportions absolues ou respectives, beaucoup mieux que tout autre. Mais c'est parce qu'il a eu souvent la toise à la main, qu'il peut plus aisément s'en passer, et qu'il l'a, pour ainsi dire, dans l'œil. Il en est de même des règles, qui sont comme les toises de l'entendement, et dont le nom est originaire de celui

dont les parties, prises une à une, ne sont rien moins que belles, et dont l'ensemble ne laisse pas d'être agréable. S'il est vrai que l'élément le plus essentiel de la beauté soit la *grace* des mouve-

---

de l'instrument physique qu'elles représentent. Quoiqu'en composant, nous ne pensions point aux règles qui nous dirigent, ces règles toutefois auxquelles nous avons pensé dans les intervalles de la composition, nous guident à notre insu tandis que nous composons ; et quelquefois, dans la composition même, nous découvrons de nouvelles règles, c'est-à-dire, de nouvelles convenances, que nous observons sur-le-champ. Mais la vérité est que, pour bien apprendre les règles, il faut s'occuper beaucoup plus à les observer, dans l'exécution, qu'à les exprimer, sans exécuter : par exemple, en apprenant les règles de l'art de parler, on n'apprend pas même à parler de ces règles ; et ce n'est qu'en parlant qu'on apprend à parler : il en est de même de la peinture et de tous les autres arts. Le fréquent exercice est la meilleure de toutes les règles, parce qu'il met à même de les appliquer à mesure qu'on les découvre ; mais c'est l'exercice avec réflexion qui fait faire ces découvertes : un esprit sans règle est un cheval sans bride.

mens, comme nous le disions plus haut, il seroit moins étonnant de voir des personnes qui, dans un âge mûr, sont encore plus agréables que de jeunes personnes ; ce qui est conforme à ce mot d'*Euripide* : *l'automne des belles personnes est encore beau*. Car les jeunes personnes ne peuvent observer en tout les convenances, aussi-bien que les personnes mûres : les graces qu'on leur trouve, viennent, en partie, de ce que leur jeunesse même leur sert d'excuse (1). La beauté ressemble à ces premiers fruits de l'été, qui se corrompent aisément, et ne sont point de garde. Les fruits les plus ordinaires de la beauté, sont le

___

(1) Voilà encore une décision digne d'un homme accoutumé à étudier *des formes juridiques* et *des formalités*. Ce qui plaît dans la jeunesse, ce sont les *formes arrondies ou serpentines;* c'est un air de *vie* encore toute *fraîche*, toute *neuve;* c'est une gracieuse *alliance* de la *douceur* et de la *vivacité;* la *souplesse* et la *liberté* des *mouvemens;* le *naturel*, l'*abandon*, et même un peu de *gaucherie*, qui annonce qu'elle ne s'étudie pas à pa-

libertinage dans la jeunesse, et le repentir dans la vieillesse. Cependant, lorsqu'elle est ce qu'elle doit être, elle fait briller les vertus, et rougir les vices.

XLII. *De la laideur et de la difformité.*

Les personnes laides ou difformes sont ordinairement au pair avec la nature; elle les a maltraitées, elles la maltraitent à leur tour, et lui rendent le change. Car assez ordinairement, comme le dit l'Écriture même, elles n'ont point de *naturel.* Il est certain qu'il y a une corrélation naturelle entre le corps et l'ame; et lorsque la nature a erré dans l'un, il est à craindre qu'elle n'ait aussi erré

---

roître agréable; parce que, l'étant naturellement, elle n'a pas besoin d'étude pour le paroître. Lorsque la *beauté* est plus *formée,* elle est plus *admirable* et moins *aimable.* Dans la plupart des individus d'un âge mûr, mouvemens, formes, style, tout devient *quarré, sec* et *méthodique.* La méthode tue la grace, et l'on désapprend à plaire, en apprenant à penser.

dans l'autre. Mais l'homme ayant la liberté du choix, par rapport à la forme de son ame, quoiqu'il soit nécessité relativement à celle de son corps, les inclinations naturelles peuvent être effacées par la vive lumière de la science et de la vertu, comme la foible lueur des étoiles l'est par l'éclat du soleil. On ne doit donc pas regarder la laideur ou la difformité comme un signe assuré d'un mauvais naturel, mais seulement comme une cause qui manque rarement son effet. Quiconque se connoît un défaut personnel qu'il ne peut s'ôter, et qui l'expose sans cesse au mépris, a, par cela même, un aiguillon qui l'excite continuellement à faire des efforts pour se garantir de ce mépris. Aussi les personnes laides sont-elles ordinairement très hardies, d'abord pour leur propre défense, puis par habitude; cette même cause les rendant aussi plus intelligentes, et leur donnant sur-tout une vue perçante pour découvrir les défauts des autres, afin d'avoir autant de prise sur eux et de prendre leur revanche. De plus, leur difformité même les garantit de la jalousie des personnes qui ont sur elles un avantage naturel à cet égard, et qui s'imaginent qu'elles seront toujours à même de les mépriser quand elles le voudront. Leur désavantage naturel endort leurs rivaux et leurs émules, qui les croient dans l'impossibilité de s'élever jusqu'à un certain point, et qui ne sont bien persuadés du contraire, qu'au moment où ils les voient en possession d'un poste élevé. Ainsi la difformité est, dans un génie supérieur, un moyen pour s'élever, et un avantage réel. Les rois avoient autrefois, et ont encore aujourd'hui, dans certains pays, beaucoup de confiance aux *eunuques*, parce que les individus souvent exposés au mépris général, ont ordinairement plus de fidélité pour celui qui est leur unique défense : mais cette confiance qu'on a pour eux, ne se rapporte qu'à de viles fonctions ; on les regarde plutôt comme de bons *espions*, et d'adroits *rapporteurs*, que comme des ministres d'une grande capacité, ou de bons officiers. Il en est de même des personnes laides, et par la même raison, par celle, dis-je, que nous avons déja exposée, parce que, lorsqu'elles ont de l'ame et du ressort, elles n'épargnent aucun soin pour se délivrer du mépris, soit par la vertu, soit par le crime. Ainsi il n'est pas étonnant que ces personnes, disgraciées par la nature, deviennent quelquefois de grands hommes, comme *Agésilas, Zongir* (*Zéhangir*) fils de *Soliman*, *Esope*, *Guasca*, président du *Pérou*; personnages auxquels on pourroit peut-être ajouter *Socrate*, ainsi que beaucoup d'autres.

XLIII. *Des négociations, ou de l'art de traiter les affaires.*

Généralement parlant, il vaut mieux traiter verbalement, que par lettres; et par des personnes tierces, que par soi-même. Les lettres sont bonnes, lorsqu'on veut s'attirer et se procurer une réponse par écrit; ou lorsqu'on se propose de représenter, en temps et lieu, pour se justifier, ses propres lettres dont on aura gardé copie ; ou enfin, lorsqu'on peut craindre d'être interrompu, dans une conversation pour affaires, ou, en partie, entendu par d'autres. Au contraire, toute personne qui a un extérieur avantageux et imposant, ou qui veut traiter avec son inférieur, doit *négocier verbalement*, et parler elle-même. On doit encore traiter de cette manière, lorsqu'on veut laisser lire dans ses yeux, et seulement deviner ce qu'on ne veut pas dire, ou lorsqu'on veut se réserver la liberté de désavouer ou d'interpréter ce qu'on aura avancé.

Si vous négociez à l'aide d'un tiers, choisissez plutôt une personne d'un caractère droit et d'un esprit ordinaire, qui suivra exactement les ordres qu'elle aura reçus, et vous rendra fidèlement tout ce qu'elle aura vu ou entendu, qu'une de ces personnes adroites qui, en se mêlant des affaires d'autrui, savent s'en attirer l'honneur ou le profit, et qui, en rapportant une réponse, y ajoutent toujours du leur, pour vous contenter et se faire valoir elles-mêmes. Ayez soin aussi de choisir, par préférence, des personnes qui souhaitent vivement le succès de l'affaire dont vous les chargez; ce desir les rendra plus actives et plus intelligentes : préférez aussi des personnes dont le caractère et le tour d'esprit aient du rapport avec l'affaire dont vous les chargez; par exemple : un homme qui ait de l'*audace* pour faire des *plaintes* ou des *reproches;* un homme *insinuant* pour *persuader;* un homme *fin* pour faire des *observations* et des *découvertes;* enfin, un homme *brusque, entier* et *intraitable,* pour une affaire qui a quelque chose d'*injuste* et de *déraisonnable.* Employez encore, par préférence, ceux qui ont déja réussi dans les affaires dont vous les avez chargés; ils auront plus de confiance en leur propre habileté; ils compteront davantage sur eux-mêmes, et feront tout leur possible pour soutenir l'opinion que leurs premiers succès vous auront donné de leur capacité (1). Il vaut mieux sonder de loin celui à qui vous avez affaire, que d'entrer en matière tout d'un coup ; à moins que votre dessein ne soit de le surprendre par une question imprévue. Il vaut mieux aussi traiter avec ceux qui aspirent à quelque chose et qui sont encore en *appétit*, qu'avec ceux qui, ayant déja obtenu tout ce qu'ils desiroient, sont contens de leur situation, et ont, pour ainsi dire, *déja dîné* (2). Dans un traité où les demandes sont

---

(1) *Êtes-vous houroux, monsou, êtes-vous houroux?* disoit le *cardinal Mazarin* aux inconnus qui venoient lui demander de l'emploi; c'est-à-dire *gagnez-vous souvent au jeu? je parierai pour vous.* Il paroît que ce cardinal pensoit qu'au grand jeu de la vie, comme aux petits jeux qui en font partie, ce sont, à la longue, les plus habiles joueurs qui gagnent.

(2) Voyez, dans la Balance naturelle, ch. III, table des époques, colonne du printemps, les temps, les lieux et, en général, les causes ou circonstances qui rendent les hommes plus doux, plus complaisans, plus faciles et plus maniables.

réciproques, celui qui obtient le premier ce qu'il souhaite, a presque gagné la partie; avantage auquel il ne peut raisonnablement prétendre, si la nature de l'affaire n'est telle, que sa demande doive passer la première; et s'il n'a l'adresse de persuader à la personne avec laquelle il négocie, qu'elle aura besoin de lui dans une autre occasion; ou, enfin, s'il n'a une entière confiance en sa probité. Le but de toutes les négociations est de *découvrir* ou d'*obtenir* quelque chose. Les hommes se *découvrent*, ou par *confiance*, ou par *colère*, ou par *surprise*, ou par *nécessité;* je veux dire lorsqu'on les serre d'assez près, pour les mettre dans l'impuissance de trouver des prétextes, et d'aller à leurs fins, sans se découvrir et sans se laisser pénétrer. Pour *subjuguer* un homme, il faut connoître son *naturel* et ses *goûts;* pour le *persuader*, savoir à quel *but* il vise; enfin, pour l'*intimider*, connoître ses *foibles* et les *prises* qu'il donne; ou enfin, il faut tâcher de gagner ses amis, et les personnes qui ont le plus de pouvoir sur son esprit, afin de le gouverner par cette voie. Lorsqu'on négocie avec des personnes *rusées* et *artificieuses*, il faut, pour saisir le véritable *sens* de leurs *discours*, avoir toujours l'œil fixé sur leur *but*. Il faut parler très peu avec elles, et leur dire ce à quoi ils s'attendent le moins ; mais, dans toutes les négociations un peu difficiles, il ne faut pas vouloir *semer et moissonner en même temps ;* et on doit avoir soin de préparer les affaires, et de les conduire par degrés à leur point de maturité.

XLIV. *Des cliens et des amis (d'un ordre inférieur).*

Tâchez de vous débarrasser des cliens trop coûteux ; car quelquefois, *en voulant trop alonger sa queue, on raccourcit ses ailes ;* et par *cliens coûteux*, j'entends non-seulement ceux qui vous jettent dans de grandes dépenses, mais encore ceux qui, par de trop fréquentes sollicitations, vous mettent trop en frais à cet égard. Tout ce que les cliens ordinaires peuvent exiger de leurs patrons, c'est l'appui, la recommandation et la protection dont ils peuvent avoir besoin. Il faut éviter, avec plus de soin encore, les hommes d'un *caractère inquiet et turbulent*, qui s'attachent à vous, moins par *affection* pour votre personne, que par *haine* contre quelque autre dont ils sont mécontens; car telle est une des principales causes de cette mésintelligence qu'on voit si souvent régner entre les grands. Il en faut dire autant de ces cliens pleins de vanité, qui vantent à grand bruit leurs patrons et se font leurs *trompettes* : ils ruinent toutes les affaires par leurs indiscrétions ; et en échange de l'honneur qu'ils tirent de leurs liaisons avec vous, ils vous suscitent une infinité d'envieux et d'ennemis. Il est une autre espèce de cliens encore plus dangereuse; je veux parler de certains hommes excessivement curieux, qu'on peut regarder comme de vrais *espions*, et qui cherchent continuellement à pénétrer les secrets d'une maison, pour les porter dans une autre. Ils sont ordinairement en faveur, parce qu'ils paroissent officieux et rapportent des deux côtés. Que les subalternes s'attachent à leurs supérieurs dans la même profession; par exemple: les soldats aux officiers, et les officiers aux généraux sous lesquels ils ont servi; une telle conduite est louable et généralement approuvée, même dans les monarchies, pourvu qu'il n'y entre point de faste, ni d'affectation de popularité. Mais de toutes les manières d'acquérir des cliens, la plus honorable et la plus juste, c'est de faire profession d'honorer et de protéger les hommes de mérite, de quelque ordre ou condition qu'ils puissent être. Cependant, lorsque la différence à cet égard n'est pas très sensible, il vaut mieux avoir pour cliens des hommes d'un mérite un peu au dessus du commun, que des hommes d'un mérite supérieur; et s'il faut dire la vérité toute entière, dans un temps de corruption, *un homme très actif est d'un meilleur service qu'un homme vertueux.*

Dans le gouvernement d'un état, il est bon que le traitement ordinaire soit à peu près égal pour toutes les personnes du même rang ; car, en témoignant aux uns une préférence trop marquée, on les rend insolens et on mécontente les autres. Mais, en dispensant les graces et les faveurs, on doit le faire avec choix et distinction ; ce qui rend les personnes favorisées plus reconnoissantes, et les autres, plus empressées ; parce qu'alors c'est, comme nous venons de le dire, une *faveur,* et non une *chose due.* Cependant il ne faut pas d'abord trop favoriser un même homme, parce qu'il seroit impossible de continuer à le faire dans la même proportion, ce qui le rendroit à la fin insensible à toutes les faveurs qu'il recevroit. Il est dangereux de se laisser gouverner par une seule personne ; ce qui est un signe de foiblesse, et donne prise à la médisance. Car, tel qui n'oseroit vous censurer directement, ne manquera pas de médire de celui qui vous conduit, et votre réputation en souffrira. Cependant il est encore plus dangereux de se livrer à plusieurs personnes à la fois. Par cette excessive facilité, l'on devient inconstant et sujet à se déterminer d'après la dernière impression. Prendre conseil d'un petit nombre d'amis, est une conduite aussi honorable que prudente ; car *celui qui regarde le jeu, voit mieux que celui qui joue.* La véritable amitié est fort rare en ce monde, sur-tout entre égaux. C'est pourtant celle qui a été le plus célébrée : si cette sublime amitié existe, c'est seulement entre le supérieur et l'inférieur, parce que la fortune de l'un dépend de celle de l'autre (1).

---

(1) L'amitié n'est possible qu'entre deux individus qui ont des goûts communs et deux buts différens, ou qui tendent, par deux moyens très différens, au même but, ou dont l'un a sur l'autre une supériorité constante et reconnue par le dernier. *Achille* et *Patrocle*, *Oreste* et *Pilade*, *Scipion* et *Laelius* n'étoient point égaux.

XLV. *Des solliciteurs, et des postulans.*

Dans la multitude immense des affaires, il est beaucoup de projets et de prétentions injustes, et trop souvent les brigues des particuliers nuisent à l'intérêt public. Il est aussi beaucoup de choses, bonnes en elles-mêmes, qu'on entreprend avec de mauvaises intentions; non-seulement avec des vues injustes par rapport au but, mais avec beaucoup de mauvaise foi par rapport au succès, et qu'on commence sans avoir la moindre envie de les finir; vous trouvez assez de gens qui se chargent de vos demandes, et qui promettent de vous servir avec ardeur, sans se soucier d'effectuer leur promesse. Cependant, s'ils s'apperçoivent que l'affaire est près de réussir par un autre, ils voudront avoir part au succès; ils trouveront moyen de vous persuader qu'ils y ont contribué; ils se mettront au second rang parmi ceux que vous récompenserez. Enfin, tandis que l'affaire sera pendante, ils tireront parti des espérances du postulant, ou du solliciteur. Il est aussi des personnes qui se chargent de vos affaires, dans la seule vue de croiser quelque autre, ou pour s'instruire, en passant, de telle chose dont elles ne peuvent être informées que par ce moyen, sans se soucier de ce que deviendra l'affaire, et en ne visant qu'à leur but particulier; ou à qui, en général, les affaires d'autrui servent de moyen pour faire leurs propres affaires, le point pour aller à leur propre but. Il en est même qui se chargent de solliciter pour vous, dans le dessein formel de vous faire échouer, pour rendre un bon office à votre partie adverse, à votre compétiteur, ou à votre ennemi déclaré.

Si on y fait bien attention, on reconnoîtra que, dans toute demande ou pétition, il y a toujours une sorte de *droit* à considérer; savoir, un *droit d'équité*, si c'est une *demande de justice :* et un *droit de mérite*, si c'est une *demande de graces*. Dans le premier cas, si votre inclination vous porte à favoriser la partie qui a tort, servez-vous plutôt de votre crédit pour accommoder l'affaire, que pour l'emporter. Dans le second cas, si vous penchez pour celui qui a le moins de mérite, abstenez-vous du moins de médire du plus digne, et de le déprimer. Lorsque vous n'êtes pas bien au fait de certaines demandes, rapportez-vous-en, sur ce sujet, au jugement de quelque ami sûr et intelligent, qui vous instruise de ce que vous pouvez faire avec honneur. Mais il faut alors bien de la prudence, et du discernement, pour le choix d'un ami qui mérite une telle confiance : autrement, vous courrez risque d'être trompé sur tout, et mené par le nez. Aujourd'hui les solliciteurs et les postulans sont si sujets à essuyer des délais et des renvois perpétuels, qu'un procédé franc et ouvert, soit en refusant d'abord nettement de se charger de l'affaire, soit en ne leur faisant point illusion par rapport au succès, en leur disant naturellement l'état où elle se trouve, et en n'exigeant pas d'eux plus de reconnoissance qu'on n'en a mérité de leur part; que cette sincérité, dis-je, est devenue non-seulement louable et juste, mais très agréable aux parties, et que c'est leur rendre un vrai service. Quant aux *demandes* de *graces*, la diligence de celui dont la demande prévient celles de tous les autres, ne seroit pas une raison suffisante pour le préférer : cependant si l'on tiroit de lui des lumières qu'on n'auroit pu se procurer par le moyen de tout autre, il ne faudroit pas non plus se prévaloir contre lui de sa confiance, mais du moins trouver bon qu'il tirât parti de ses autres moyens, et même lui tenir un peu compte, soit de sa diligence, soit des connoissances qu'on auroit tirées de lui. Ignorer la valeur de ce que l'on demande, est un signe d'inexpérience et d'impéritie; comme en ignorer la justice ou l'injustice, est le signe d'une conscience peu délicate. Un profond secret sur les demandes qu'on veut faire, est un des plus sûrs moyens pour réussir. Car, quoique l'on puisse décourager tel de ses compétiteurs, en manifestant ouvertement ses espérances bien fondées, cependant cette publicité ne laisse pas d'en susciter d'autres, et de les enhardir à se mettre sur les rangs. L'essentiel, pour obtenir une grace, est de saisir les occasions, non-seulement par rapport à ceux qui ont le pouvoir de les accorder ou de les refuser, mais encore à l'égard de ceux qui sont disposés à entrer en concurrence avec vous, ou à vous traverser par tout autre motif.

Dans le choix de la personne que vous voulez charger du soin de vos affaires, ayez plutôt égard à l'*aptitude* et à la *convenance*, par rapport à ces affaires mêmes, qu'au *rang* et à la *dignité*. Par la même raison, choisissez plutôt l'homme qui se mêle de peu d'affaires, que celui qui veut les embrasser toutes. Quelquefois le dédommagement qu'on vous accorde, après vous avoir fait essuyer un refus, vaut mieux que ce qu'on vous a refusé ; pourvu toutefois que vous ne paroissiez pas trop découragé, ou trop mécontent. *Demandez une chose injuste, pour obtenir plus aisément une chose juste* (1) ; cette maxime peut être fort utile à un homme qui jouit d'une haute faveur : dans tout autre cas, il vaudroit mieux graduer ses demandes, afin de parvenir, par degrés, à ce qu'on souhaite, et obtenir toujours quelque chose en attendant. Car, tel qui aura d'abord couru le risque de perdre, par un premier refus, l'affection du suppliant, ne

---

(1) Demandez ce que vous ne méritez pas, pour obtenir ensuite plus aisément ce que vous méritez. Demandez d'abord beaucoup plus que vous ne voulez obtenir, afin d'obtenir ensuite précisément ce que vous demandez. Faites-vous d'abord refuser par un homme facile plusieurs choses qui vous soient indifférentes, pour obtenir plus sûrement de lui celles que vous avez à cœur. Ne paroissez point souhaiter trop vivement ce que vous demandez. Demandez avec instance à un homme très contrariant le contraire de ce que vous voulez obtenir de lui. Avant de demander une insigne faveur, tâ-

voudra pas ensuite s'exposer, par un nouveau refus, à l'éloigner pour toujours, et à perdre ainsi le fruit des graces qu'il lui aura déja accordées. Rien, en apparence, ne coûte moins à un personnage éminent, que des lettres de recommandation, et il semble qu'il ne puisse honnêtement les refuser. Cependant, lorsqu'elles sont prodiguées à des hommes qui les méritent peu, elles nuisent beaucoup à la réputation de celui qui les a accordées. Rien n'est plus dangereux dans un pays que ces *solliciteurs*

---

chez d'en obtenir plusieurs petites en les graduant; tâchez de rendre la chose que vous demandez, utile à celui de qui elle dépend, ou utile à une autre personne dont il ait besoin. Enfin, ne donnez à chaque passion que ce qu'elle demande, et ne lui demandez que ce qu'elle veut donner. Un homme qui, après avoir travaillé à acquérir un mérite réel, se laisseroit diriger par ces maximes pour en recueillir le fruit, en seroit à peu près assuré; cependant je suis persuadé qu'en travaillant plus à mériter ce prix qu'à l'obtenir, on l'obtient tôt ou tard : conduite plus noble et plus juste.

banaux des affaires d'autrui, qui excellent à donner aux prétentions du premier venu, *une apparence de droit et d'équité*. C'est un talent funeste aux affaires publiques, et un vrai fléau dans un état.

XLVI. *Des études.*

Les études sont pour l'esprit une source d'amusement, d'ornement et d'habileté. Une source d'amusement, dans la retraite et la solitude; une source d'ornement, dans les entretiens particuliers et les discours publics; enfin, une source d'habileté, dans la vie active où elles mettent en état de faire des observations et des dispositions judicieuses. Un homme instruit par la seule expérience, est plus propre pour l'exécution, et même pour juger, en détail, des personnes et des choses prises une à une. Mais un homme instruit par l'étude, l'emporte sur lui pour les vues générales et la direction principale des affaires. Employer trop de temps à l'étude, n'est qu'une paresse décorée d'un beau nom (1); prodiguer à tout propos les ornemens qu'on peut tirer de ses études, n'est qu'une affectation. Ne juger des hommes et des choses que d'après les règles tirées des livres, est une méthode qui ne convient qu'à un scholastique et à un pédant. Les lettres perfectionnent la nature, et sont elles-mêmes perfectionnées par l'expérience; les talens naturels, ainsi que les plantes, ayant besoin de culture. Mais les directions qu'on en tire sont trop générales et trop vagues, si elles ne sont limitées et déterminées par l'expérience. Les intrigans méprisent les lettres; les simples se contentent de les admirer; les sages savent en tirer parti. Car les lettres seules sont insuffisantes, et ne suffisent pas même pour nous apprendre à bien user

---

(1) Notre auteur ne parle ici que d'un homme public qui donne à l'étude le temps même qu'il doit aux affaires; par exemple, le chancelier Bacon qui, étant revêtu d'une grande charge, restoit cloué sur ses livres, et laissoit tout aller, à peu près comme son traducteur.

des lettres : ce qui peut nous apprendre à en faire un bon usage, c'est une certaine prudence qui n'est pas en elles, qui est au dessous d'elles, et qu'on ne peut acquérir que par l'expérience ou l'observation. Quand vous lisez un ouvrage, que ce ne soit ni pour contredire l'auteur et le réfuter, ni pour adopter, sans examen, ses opinions et le croire sur sa parole, ni pour briller dans les conversations ; mais pour apprendre à réfléchir, à penser, à examiner, à peser et ce que dit l'auteur et tout le reste. Il y a des livres dont il faut seulement goûter ; d'autres qu'il faut dévorer ; d'autres enfin, mais en petit nombre, qu'il faut, pour ainsi dire, *mâcher* et *digérer*. Je veux dire qu'il y a des livres dont il ne faut lire que certaines parties ; d'autres, qu'il faut lire tout entiers, mais rapidement et sans les éplucher ; enfin, un petit nombre d'autres qu'il faut lire et relire avec une extrême application. Il en est aussi qu'on peut lire, en quelque manière, *par députés*, et en en faisant faire des *extraits* par d'autres; bien entendu qu'on ne lira ainsi, que ceux qui traitent des sujets peu importans, ou qui ont été écrits par des auteurs médiocres. Dans tout autre cas, ces livres ainsi *distillés* sont aussi insipides que ces *eaux distillées* qu'on trouve dans le commerce (1). La lecture donne à l'esprit de l'abondance et de la fécondité; la conversation, de la prestesse et de la facilité; enfin, l'habitude d'écrire, de la justesse et de l'exactitude. Tout homme, qui est paresseux à écrire, a besoin d'une grande mémoire pour y suppléer; celui qui converse rarement, ne peut y suppléer que par une grande vivacité naturelle d'esprit. Enfin, celui qui lit peu, a besoin d'une grande adresse pour paroître savoir ce qu'il ignore. Les différens genres d'ouvrages produisent sur ceux qui les lisent, des effets analogues à ces genres (2).

---

(1) Avis à ceux qui veulent distiller Bacon lui-même.

(2) Parce que la lecture attentive de ces livres oblige le lecteur à exercer les mêmes facultés in-

L'histoire rend un homme plus prudent ; la poésie le rend plus spirituel ; les mathématiques, plus pénétrant ; la philosophie naturelle (la physique), plus profond ; la morale, plus sérieux et plus réglé : la rhétorique et la dialectique, plus contentieux et plus fort dans la dispute. En un mot, *les études se changent en mœurs* (ou passent dans les mœurs). Je dirai plus, il n'est point, dans l'esprit, de vice ou de défaut qu'on ne puisse corriger par des études bien appropriées à ce but (1), comme on peut prévenir, (guérir, ou pallier) les maladies proprement dites, par des exercices (du corps) convenables. Par exemple : jouer à la boule, est un remède ou un préservatif pour la *gravelle* et les *maux de reins ;*

---

tellectuelles, que l'auteur exerçoit en les composant.

(1) L'étude habituelle d'un genre donne l'habitude des qualités nécessaires pour cette étude ; et en général, pour acquérir des qualités quelconques, il faut s'appliquer uniquement au genre qui les exige.

tirer de l'arc, en est un pour la *pulmonie* et les *maux* de *poitrine*; la promenade est salutaire à l'estomac; l'équitation, au cerveau, etc. De même, un homme dont l'esprit est sujet à beaucoup d'écarts et a peine à se fixer, doit s'appliquer aux *mathématiques;* car, pour peu qu'en lisant ou en écoutant une démonstration de ce genre, on ait un moment de distraction, il faut tout recommencer. S'il est confus et peu exact dans ses distinctions, qu'il étudie les *scholastiques*, hommes doués d'un merveilleux talent *pour couper en quatre un grain de millet;* s'il a peu de disposition naturelle à discuter les matières, à fouiller dans les livres ou dans sa mémoire, pour établir ou éclaircir un point à l'aide d'un autre, qu'il se familiarise avec les *cas des jurisconsultes*. Ainsi, l'étude peut fournir des remèdes spécifiques et propres à chaque vice ou défaut dont l'esprit est susceptible.

XLVII. *Des factions et des partis.*

Plusieurs politiques ont avancé une opinion qui nous paroît dénuée de fondement : selon eux, un prince, dans le gouvernement de ses états, ou un grand, dans la conduite de ses affaires, doit surtout avoir égard aux factions qui se forment près de lui : si nous devons les en croire, c'est la partie la plus essentielle de la politique. Il me semble, au contraire, que la vraie prudence consiste à s'occuper plutôt des intérêts communs, et à préférer les dispositions et les institutions sur lesquelles les différens partis sont d'accord. Je ne dis pas toutefois que ces factions ne doivent jamais être prises en considération. Les personnes d'un ordre inférieur qui veulent s'élever, doivent s'attacher à un parti. Mais le plan le plus sage pour les grands et autres personnes qui sont déja par elles-mêmes assez puissantes, c'est de demeurer *neutres*, et de garder l'*équilibre*, en ne penchant ni d'un côté, ni de l'autre.

Cependant, si un homme qui n'est pas encore très avancé, et qui s'est attaché à un parti, le sert avec assez de modération et de ménagement pour ne pas se rendre odieux à l'autre, il se fraie un chemin plus facile, en passant, pour ainsi dire, entre les deux factions (1). La faction la plus foible a ordinairement plus d'accord, de constance et d'unité; et l'on observe presque toujours qu'une faction composée d'un petit nombre d'hom-

(1) S'il sait, en servant avec beaucoup de secret, et alternativement, les deux partis, se faire pousser par l'un et l'autre vers son but, il y arrivera plus vite, en suivant une direction moyenne ; car *la diagonale est plus longue que le côté du quarré, et ces deux lignes représentent les vitesses :* un homme qui s'attache à un seul parti, *n'a qu'une main, au lieu que l'autre en a deux :* bien entendu qu'il n'emploiera pas ces deux mains au service de son sot individu, mais à faire du bien aux deux partis, ou du moins à les empêcher de se faire du mal. Car, dans les dissensions civiles, les deux partis ont toujours tort, et les deux opinions contraires ne sont que deux *prétextes ;* le vrai but de part et d'autre est de *dominer.*

mes résolus et opiniâtres, l'emporte sur une faction plus nombreuse et plus modérée (1). Quand l'une des deux factions est éteinte, l'autre se divise en deux factions nouvelles ; par exemple : tant que la faction de Lucullus et des premiers du sénat put se soutenir contre celle de

---

(1) Toute faction vaincue, sans être détruite, a un double avantage sur la faction victorieuse : celle-ci est toujours plus *foible* pour le *conseil*, parce qu'elle est *plus nombreuse*; et *plus tyrannique*, parce qu'elle est *la plus forte* (physiquement); car il est plus facile d'accorder deux instrumens que d'en accorder quatre; et toute faction qui, après avoir long-temps lutté contre une autre, devient la plus forte, aigrie par cette lutte et arrêtée par la crainte d'une nouvelle résistance égale à celle qu'elle a déja éprouvée, se rend toujours odieuse par des mesures tyranniques contre le parti opposé, et perd ainsi la confiance publique qui faisoit toute sa force : triste vérité gravée en traits de sang dans l'histoire d'*Athènes*, de *Syracuse* et de *Rome*. Tant qu'une faction est inférieure ou égale à son opposée, ses membres occupés à prendre ou reprendre le dessus, sentent tous le besoin qu'ils ont les uns des autres, et pensent

César et de *Pompée*, ces deux derniers furent étroitement unis. Mais, lorsque l'autorité du sénat fut entièrement ruinée, la seconde faction se divisa. Il en fut de même de la faction d'*Antoine* et d'*Octave*, contre *Brutus* et *Cassius* : dès que celle-ci fut abattue, *Octave* et *Antoine* rompirent ensemble. Ces exemples

---

plus au danger commun qu'aux avantages que les autres membres peuvent avoir sur eux; ils ne pensent qu'à *exister*, et tous les regards sont tournés vers l'ennemi. Mais, quand cette faction a pris le dessus, alors il s'agit de partager les dépouilles de la faction opposée; chacun compare le lot des autres avec le sien, et la guerre commence entre eux. Ainsi, pour ruiner une faction très énergique, il faut d'abord lui céder beaucoup et lui laisser prendre le dessus; une demi-résistance, insuffisante pour l'abattre, ne faisant que l'aigrir et l'exciter à détruire les opposans; puis, quand elle a tout-à-fait le dessus, il faut la diviser. Mais comment faut-il s'y prendre pour la diviser? d'abord en la laissant faire, puisque sa division, comme nous l'avons dit, est une conséquence naturelle de sa supériorité même; puis par un moyen qui n'auroit plus d'effet, s'il étoit public.

se rapportent directement aux factions qui se font une guerre ouverte; mais il en est de même de toutes les factions possibles, quelle que soit leur manière de lutter. Celui qui n'étoit que le second dans un parti, devient quelquefois le premier, quand ce parti se divise (1). Quelquefois aussi il perd entièrement son crédit; car certains hommes ne sont bons que pour la lutte, et dès que cette lutte cesse, ils deviennent inutiles. On voit aussi assez d'hommes qui, une fois parvenus au poste auquel ils aspiroient, abandonnent le parti même qui les a aidés à s'élever, et s'attachent au parti opposé : selon toute apparence, se croyant assurés de conserver leurs anciens partisans, ils tâchent d'augmenter leur influence, en se faisant de nouveaux amis (2). On observe aussi

---

(1) Et ce parti se divise parce que le second veut être le premier, et ne peut l'être qu'en formant un nouveau parti.

(2) C'est ce qu'on observe sur-tout dans une certaine contrée dont la constitution politique est

assez souvent qu'un traître, en changeant de parti bien à propos, s'élève plus vîte ; car, lorsque la balance est en équilibre, un seul homme qui change de parti la faisant trébucher du côté où il entre, celui-ci lui en a toute l'obligation. La conduite mesurée d'un homme qui se maintient neutre entre deux factions, n'est pas toujours *une preuve de modé-*

---

fort vantée de ceux qu'elle écrase, et qui l'admirent en pleurant. Dès qu'un membre de l'opposition entre dans le ministère, il devient royaliste, quelquefois même sans transition et avec une honteuse précipitation. Ne seroit-ce pas que ces prétendus républicains, dans ces débats où ils rompent des lances en faveur de l'intérêt national, ne veulent que prouver à la cour qu'ils sont de vigoureux champions ; qu'ils porteront la victoire dans le parti qu'ils embrasseront, et qu'ils gagneront tout en le gagnant; ils ne veulent que se surfaire et vendre au plus haut prix leur vile denrée ? Si leur histoire, que j'ai actuellement sous les yeux, n'est pas un tissu de mensonges, il paroît que la plupart de ceux qui luttent contre le ministère, visent au ministère même, et qu'ils n'abattent l'idole que pour se mettre en sa place.

ration; ce n'est souvent qu'un *manège* pour aller à son but particulier, en tirant avantage des deux factions en même temps, en se faisant pousser vers son but par les deux partis à la fois. En *Italie,* lorsqu'un *pape* a souvent à la bouche ces mots de *padre commune* (père commun), il devient suspect; et d'après cet indice, on présume qu'il n'emploiera le pouvoir dont il est revêtu, qu'à l'agrandissement de sa famille. C'est une faute capitale, dans un souverain, que de se joindre à l'une des factions qui se sont formées dans ses états; elles sont toujours funestes aux monarchies : elles y introduisent, en apparence, une obligation plus forte que celle de l'obéissance due au souverain : les membres de la faction où il entre, le regardent *comme un d'entre eux.* C'est ce dont on a vu un exemple frappant dans la fameuse *ligue de France.* Lorsque des factions ont trop d'influence et font trop de bruit dans un état, c'est un signe assuré de la foiblesse du prince; car rien n'est plus préjudiciable à ses affaires et à son autorité. Les mouvemens des factions, dans une monarchie, ne doivent que suivre ceux du prince, qui doit être *le premier mobile de tout le systême politique.* En un mot, pour employer les idées et le langage des astronomes, ils doivent être semblables à ceux des astres inférieurs qui, en obéissant à leur mouvement propre, ne laissent pas d'être emportés par le mouvement général et commun du premier mobile.

XLVIII. *Des manières, de l'observation des convenances, et de l'usage du monde.*

- Lorsqu'un homme est réduit à son mérite réel et solide, il faut que ce mérite soit d'un grand poids, comme la pierre doit être bien riche, lorsqu'elle est montée sans feuilles. Pour peu que l'on se fasse une juste idée de l'importance des belles *manières,* on sentira qu'il en est des éloges qu'elles attirent comme des *gains ;* en effet, suivant le proverbe, *ce sont les gains légers qui rendent la bourse pesante;* car les petits gains reviennent souvent, au lieu que les grands arrivent rarement; de même ces petites perfections de détail dont nous parlons, sont celles qui attirent les plus grands éloges; l'usage en est continuel, et elles se font remarquer à chaque instant; au lieu qu'on a rarement occasion de mettre en œuvre une grande vertu ou un grand talent. Ainsi ces petites attentions et ces égards qui composent ce qu'on appelle *l'usage du monde,* peuvent ajouter beaucoup à notre réputation. Croyons-en, sur ce point, *la reine Isabelle de Castille : ces manières polies et engageantes,* disoit-elle, *sont de perpétuelles lettres de recommandation* pour *ceux qui les ont;* et ce n'est point une chose si difficile à acquérir; il suffit, pour cela, de ne la point mépriser; d'être un peu attentif aux manières des autres; et pour le reste, de compter un peu sur soi. Car si l'on étudie trop ces petites convenances qui doivent être saisies à la volée, ces belles manières qu'on voudra se donner, perdront ce qu'elles ont de plus agréable, le *naturel* et l'*aisance*; l'affectation, à cet égard, comme à tout autre, étant toujours choquante.

Les *manières étudiées* de certaines personnes ressemblent aux *vers*, dont toutes les syllabes sont comptées. Manquer d'égards et d'attention pour les autres, c'est leur apprendre à en manquer pour nous, et à perdre le respect qu'ils nous doivent (1). C'est sur-tout avec les étrangers et les formalistes qu'il ne faut pas se dispenser de ces égards et de ces petites attentions. D'un autre côté, l'air cérémonieux, la politesse excessive, est non-seulement fastidieuse, mais même suspecte, et fait perdre la confiance de ceux avec qui l'on traite. Cet art de s'in-

───────────

(1) Une politesse qui n'a rien de trop humble, a le double avantage d'attirer les autres, et de les tenir à une certaine distance de nous; au lieu qu'une familiarité basse les repousse, ou leur ouvre toutes les portes.

sinuer dans les esprits, et de gagner les cœurs, tient à certaines formules de politesse, au fond assez communes, mais qui, à la longue, sont d'un grand effet, si l'on sait les saisir et les placer à propos. Comme la familiarité ne s'établit que trop entre personnes du même rang ou du même âge, c'est sur-tout avec ses égaux qu'il faut conserver un peu sa dignité; mais on risque moins à se relâcher un peu plus, à cet égard, avec ses inférieurs, dont on est toujours maître de se faire respecter. Celui qui veut toujours tenir le dez dans la société ou dans les affaires, rassasie de soi, et diminue ainsi sa propre valeur. Il est bon d'avoir fréquemment de la déférence pour les autres, en ne faisant que les suivre et les seconder, mais en le faisant de manière à leur faire sentir que ce n'est pas par une excessive facilité, mais par politesse et par égard pour eux : cependant, en déférant au sentiment ou au goût des autres, il est bon d'ajouter toujours quelque chose du sien : par exemple, si vous

vous rendez à leur opinion, modifiez un peu votre assentiment, en y joignant quelques distinctions; si vous acceptez leur conseil, ajoutez vous-même quelques raisons à celles qui vous ont persuadé. Ne soyez pas trop complimenteur ; si vous aviez ce défaut, quelque mérite que vous eussiez d'ailleurs, vos envieux ne manqueroient pas d'en profiter pour vous donner un ridicule et vous attacher l'épithète de *flagorneur*. Un défaut également nuisible dans les affaires, c'est d'attacher trop d'importance aux petites considérations, d'être trop attentif à saisir les momens et les occasions. Salomon dit, à ce sujet : *celui qui regarde trop aux vents ne sème point*, et *celui qui regarde trop aux nuages, ne moissonne point*. Un homme adroit sait faire naître plus d'occasions qu'il n'en trouveroit naturellement : les manières d'un homme, ainsi que ses habits, ne doivent être ni trop recherchées, ni trop étroites, mais tout à la fois attentives et assez aisées pour le décorer et le faire valoir, sans gêner sa démarche.

XLIX. *De la louange.*

Les louanges sont les rayons réfléchis de la vertu; mais comme l'image n'est semblable à l'objet représenté, qu'autant que le miroir est fidèle, la gloire qui vient du peuple est ordinairement fausse; son estime étant plutôt le prix d'un certain *étalage,* que d'un vrai mérite. Un mérite transcendant est au dessus de sa portée ; il loue volontiers les vertus du dernier ordre ; les vertus moyennes excitent son admiration, ou plutôt son étonnement : quant aux vertus sublimes, il n'en a pas même le sentiment. L'apparence du mérite, le simulacre de la vertu, voilà ce qui enlève les suffrages de la multitude. La renommée est semblable à un fleuve qui soulève les corps légers, en coulant à fond ceux qui ont plus de poids et de solidité. Mais, lorsque les suffrages des hommes distingués par leur naissance ou leur mérite, se joignent à ceux de la multitude, alors seulement l'on peut dire, avec l'Écriture sainte, qu'une bonne renommée est semblable aux parfums les plus suaves; elle s'étend au loin, ne se dissipe jamais; car le parfum des substances onctueuses dont elle parle, est de plus longue durée que celui des fleurs. Il entre tant de fausseté dans la plupart des éloges, qu'on ne doit pas aisément y ajouter foi, et qu'ils peuvent être justement suspects; souvent c'est pure *flagornerie* : si c'est un flatteur ordinaire, il aura des *lieux communs*, qui lui serviront à encenser toutes sortes de personnes indistinctement; mais si c'est un flatteur adroit, sa voix ne sera que l'*écho* de celle du flatteur par excellence; je veux dire, de l'amour propre de la personne à flatter; il aura soin de lui attribuer le genre de talent ou de vertu dont elle se pique le plus : il osera vous louer des qualités que vous savez bien vous-même ne pas avoir, et sur les choses dont vous rougissez intérieurement, sans s'embarrasser de ce que vous dit votre propre conscience. Il est d'autres louanges qui sont données à bonne intention et inspirées par le respect. De cette nature sont les hommages qu'on doit aux princes et aux grands : c'est ce que les anciens appelloient : *instruire les personnes par les éloges mêmes qu'on leur donne;* c'est-à-dire, lorsqu'on les loue des qualités qu'ils n'ont pas, et qu'ils devroient avoir (1). Il est des hommes qu'on loue malicieusement et à dessein de leur nuire, en leur suscitant beaucoup d'envieux : *les pires ennemis ce sont ceux qui louent.* Les Grecs avoient un proverbe superstitieux qui disoit que, *lorsqu'une personne en louoit une autre dans l'intention de lui nuire, il venoit une pustule au nez de celle-ci;* ce qui a trait à ce proverbe anglois : *si vous*

---

(1) Le texte est équivoque; on ne sait s'il veut dire qu'on les loue des qualités qu'ils n'ont pas, pour leur faire sentir qu'ils devroient les avoir, et mériter ainsi de tels éloges; ou qu'en les louant de leurs qualités réelles, on mêle à ces louanges une modeste censure relativement à celles qui leur manquent.

mentez, il vous viendra un bouton sur la langue. Il n'est pas douteux que des éloges modérés, donnés à propos et sans éclat, ne contribuent beaucoup à la réputation de celui qui en est le sujet. Mais Salomon a dit : *celui qui se lève de grand matin pour louer à haute voix son ami, sera pour lui un sujet de malédiction :* louer à grand bruit une personne ou une chose, c'est exciter les envieux à contredire ces éloges, et à la déprimer. Il ne convient pas de se vanter soi-même, sinon en certains cas assez rares; mais il est permis de louer son emploi ou sa profession ; c'est ce qu'on peut faire de bonne grace et même avec une sorte de noblesse et de grandeur. Ceux d'entre les cardinaux romains qui sont *théologiens, moines* ou *scholastiques,* usent d'une qualification tout-à-fait méprisante et injurieuse, en parlant des emplois et des offices relatifs aux affaires temporelles, tels que ceux d'*ambassadeurs,* de *ministres,* de *généraux d'armée,* de *juges,* de *magistrats,* etc. Ils les appellent *sbirrerie* (des *sbirreries*); comme si de telles fonctions n'étoient guère au dessus de celles de *sergent*, d'*huissier*, d'*appariteur*, etc. St. Paul, en parlant de lui-même, dit souvent : *quant à moi, je parle comme un insensé;* mais, en parlant de son ministère, il dit : *je ne craindrai pas d'exalter en toute occasion mon apostolat.*

L. *De la vanité ou de la vaine gloire.*

Une des fables les plus ingénieuses d'*Esope*, c'est celle de la mouche qui, étant posée sur l'essieu d'un charriot, s'écrie : *oh, que de poussière je fais lever* (1)! Les personnes dont cette mou-

---

(1) Elle étoit mal placée : une autre mouche se pose sur le nez du cocher, et lui fait sentir son aiguillon; il s'impatiente; il lâche un coup de fouet; les chevaux tirent; le coche roule, et la mouche fait lever beaucoup de poussière. La plus petite force, appliquée avec dextérité au centre du mouvement, peut ébranler un empire, et même le monde entier : mais alors il faut que la mouche soit cachée; autrement le cocher pourroit l'écraser.

che est l'emblême, sont si vaines et si présomptueuses, que, lorsqu'une chose va d'elle-même ou par un pouvoir supérieur, si elles y ont eu la plus petite part, elles s'imaginent qu'elles ont tout fait. Les glorieux sont toujours d'un caractère inquiet et turbulent; car il n'y a point de vanité sans une comparaison de soi-même avec les autres. Il faut de plus qu'ils soient violens pour soutenir leurs fanfaronades ; mais heureusement ils sont incapables de secret; ce qui les rend moins dangereux, comme le dit ce proverbe français, qui les caractérise : *beaucoup de paroles, peu d'effet* (ou *beaucoup de bruit, peu de fruit*). Cependant ce défaut même peut quelquefois être utile dans les affaires. Lorsqu'on veut répandre quelque bruit, créer quelque opinion, acquérir une réputation de talent, de vertu, ou de puissance, ce sont d'excellentes trompettes (1). Ils sont aussi

---

(1) Un homme de ce caractère, ou en général un homme de lettres, éloquent, peu actif et ter-

d'un bon service dans tous les cas semblables à celui où se trouvoient *Antiochus* et les *Étoliens;* car il y a des occasions où des mensonges et des exagérations portées des deux côtés à la fois, peuvent être d'un grand effet. Supposons, par exemple, qu'un homme voulant engager deux puissances dans une guerre contre une troisième, exagère, en parlant à chacune, les forces et la puissance de l'autre, cette ruse pourra le faire réussir des deux côtés. Quelquefois encore un homme qui ménage une affaire entre deux particuliers, peut, en donnant à chacun une haute idée de son pouvoir sur l'esprit de l'autre, augmenter ainsi son influence sur tous les deux. Dans ce cas, et dans tous les cas semblables, un menteur de cette espèce peut faire quelque chose de rien : car un *mensonge* produit une *opinion,* et cette opinion a des effets très réels, très

---

rible, la plume à la main, est *bon tambour et mauvais soldat.*

substantiels (1). Il est bon que les *gens de guerre* soient un peu *glorieux* et *vantards;* car, de même qu'un fer aiguise un autre fer, les prouesses et les vanteries des uns aiguisent le courage des autres. Dans toutes les entreprises difficiles, grandes et périlleuses, les glorieux sont nécessaires pour donner le branle et mettre les autres en train ; les hommes

---

(1) Le texte dit : *produit une substance.* Par exemple, les mensonges qu'un amant fait, de la meilleure foi du monde, à sa maîtresse, et qui en imposent à sa charmante crédulité, en partie volontaire, produisent une opinion, et cette opinion produit ensuite une substance; bien entendu qu'à cette chimère il joindra quelque réalité. Comme l'appétit vénérien produit, dans toutes les espèces, ainsi que dans la nôtre, une sorte d'exaltation et d'enthousiasme, il paroît que la nature, dans tout le règne animal, emploie des *illusions* pour produire des *réalités*, et que les *idées* sont le *principe* des *plus grands mouvemens* de cette classe : rapprochement qui détermina peut-être l'*imaginatif* et *divin* Platon à désigner l'Être formateur et conservateur de l'univers, par cette expression : l'IDÉE.

circonspects et judicieux ayant *plus de lest que de voiles.* Il en est de même de la gloire d'un homme de lettres, *sa renommée ne volera pas si haut, si la vanité n'y joint quelques plumes.* Les auteurs qui ont écrit sur le mépris de la gloire, ont mis leur nom en tête du traité. *Socrate, Aristote, Galien* (et même *Hippocrate*), étoient glorieux. L'expérience prouve que la vanité d'un personnage ne contribue pas peu à perpétuer sa mémoire, et les vertus les plus célébrées en ont eu moins obligation à la justice et à la reconnoissance des autres hommes, qu'à elles-mêmes. Certes, la réputation de *Cicéron*, de *Sénèque,* et de *Pline le jeune,* eût été bien moins durable, sans ce *grain de vanité* qui entroit dans la composition de leur caractère et de leur génie (1); en quoi elle

―――――

(1) La réputation d'un homme de lettres dépend de la partie *ostensible* de son talent; elle dépend beaucoup moins des *idées* que des *mots :* il ne peut donc se faire une grande réputation, s'il

ressemble à ces *vernis qui rendent le bois tout à la fois plus luisant et plus durable*. Mais le défaut dont je parle ici n'a rien de commun avec cette qualité que *Tacite* attribue à *Mucien*. Ce *personnage*, dit-il, *avoit un talent particulier pour faire valoir tout ce qu'il avoit dit ou fait*. Cependant un talent de ce genre ne procède pas de *vanité*, mais d'une rare prudence, qui, étant une combinaison de grandeur d'ame et de discrétion, est non-seulement convenable, mais même agréable : car toutes ces excuses qu'un écrivain fait à ses lecteurs, cette déférence qu'il a pour eux, et sa modestie même, qu'est-ce autre chose sinon une adroite ostentation, un certain art de se faire valoir. Or, de tous ces moyens de se faire valoir, le plus judicieux et le plus adroit, c'est celui dont parle *Pline le jeune*, et qui consiste à louer dans les

---

ne s'attache à cette partie *théâtrale*, et il ne peut s'y attacher sans un peu d'*ostentation* et de *vanité*.

autres les vertus ou les talens qu'on possède soi-même : *en louant ainsi un autre,* dit-il, il est clair que vous vous servez vous-même ; car, si, étant inférieur à vous, dans ce genre que vous cultivez tous deux, il ne laisse pas de mériter des éloges, vous en méritez bien davantage ; et si, étant supérieur à vous, il ne mérite aucun éloge (comme on pourroit le croire, si vous n'aviez soin de le louer), vous en mérirez encore moins : *un glorieux est le jouet des sages, l'idole des sots, la proie des parasites, et l'esclave de sa propre vanité.*

LI. *De la gloire et de la réputation.*

La grande réputation dépend d'un certain art de faire valoir ses talens et ses vertus ; de les mettre dans un jour avantageux, mais sans affectation. Ceux qui courent trop ouvertement après la gloire, font ordinairement plus parler d'eux qu'ils n'excitent d'admiration sentie. D'autres, au contraire, semblent obscurcir leur propre mérite, lorsqu'il faudroit savoir le mettre en vue, et par cette mal-adresse, manquent la réputation à laquelle ils auroient eu droit de prétendre. Lorsqu'un homme vient à bout d'exécuter ce qui n'avoit jamais été tenté, ou qui l'avoit été sans succès, ou enfin ce qui avoit été achevé, mais porté à un moindre degré de perfection, il acquiert, par ce moyen, une plus grande réputation que si, en suivant les traces d'un autre, il eût exécuté une entreprise plus difficile, ou qui exigeoit de plus grands talens ou de plus grandes vertus. Si un homme sait combiner ses actions et les tempérer tellement les unes par les autres, que quelques-unes soient agréables à toutes les factions, et en général à tous les corps dont l'état est composé, le son des éloges qui en seront le prix, n'en sera que plus harmonieux; ce sera l'*accord parfait*. C'est savoir fort mal ménager sa réputation, que de s'engager dans une entreprise où un échec est plus honteux, que le succès n'est glorieux. La gloire qu'on acquiert en surpassant ses rivaux, est ordinairement plus éclatante, et peut être comparée à un diamant qui, étant taillé à facettes, en a toujours plus d'éclat. Ainsi tâchez de l'emporter sur vos compétiteurs, en les surpassant, s'il est possible, dans leur propre genre. Des domestiques, des cliens, ou des amis discrets, contribuent beaucoup à notre réputation, comme le dit cette sentence des anciens : *toute réputation, bonne ou mauvaise, vient de ceux avec qui nous vivons* (1); et le meilleur moyen de prévenir et d'émousser l'envie, c'est de déclarer ouvertement, et de prouver, par sa conduite même, qu'on est plus jaloux de mériter une grande réputation, que de l'obtenir; c'est aussi d'attribuer plutôt nos succès à la *fortune* ou à la *divine providence*, qu'à nos talens, à nos vertus, ou à notre prudence.

---

(1) Parce que, pour nous connoître, on s'adresse naturellement à eux.

Voici quelle idée nous nous faisons des différens degrés de gloire et d'honneur dus aux hommes qui ont sur les autres une souveraine autorité. Au premier rang, sont les *fondateurs d'empire* (soit *monarchies*, soit *républiques*), tels que *Romulus, Cyrus, César, Ottoman, Ismaël.* Au second, sont les *législateurs*, décorés aussi du titre de *seconds fondateurs*, et qui, commandant encore après leur mort, par les loix qu'ils ont laissées, peuvent être regardés comme des espèces de *princes perpétuels.* De ce nombre sont *Solon, Lycurgue, Justinien, Edgar, Alphonse de Castille,* surnommé le *Sage,* qui a fait les *sette partidas* (les *sept partitions*). Au troisième rang sont les *libérateurs* ou *sauveurs,* je veux dire ceux qui ont délivré leur patrie de quelque fléau, tels que *guerres civiles, tyrans, joug des étrangers,* etc. Dans cette classe on peut ranger *César-Auguste, Vespasien, Aurélien, Théodore,* et *Henri VII,* roi *d'Angleterre* (1). Au quatrième rang, nous mettrons ceux qui, par des victoires *éclatantes*, ont reculé les limites du territoire de leur patrie, ou l'ont garantie de l'invasion des étrangers. Au dernier rang sont les *pères de la patrie*, ou ceux qui, en gouvernant conformément aux loix de la justice, font le bonheur de leur patrie, durant leur vie. Ceux que nous plaçons à ces deux derniers rangs, sont en si grand nombre, qu'il est inutile d'en citer des exemples. Quant aux *degrés d'honneur et de gloire* que méritent les personnages du second ordre, au premier rang sont ce que les Romains appelloient *participes curarum* (*participans des soins et des soucis du prince*); je veux dire ces personnages sur lesquels les souverains se déchargent de

---

(1) Qui a délivré ses concitoyens de leur argent et de leur liberté : mais *Jacques I* étoit grand admirateur de la politique de ce *Tibère*, *Breton*, et notre auteur étoit courtisan de *Jacques I*.

la plus grande partie du poids des affaires, et vulgairement appellés leurs *bras droits*. On doit placer immédiatement après les *grands capitaines*, ceux, dis-je, qui n'ont commandé les armées qu'en qualité de *lieutenans des souverains*, et qui leur ont rendu des services éclatans. Au troisième rang sont les *favoris;* j'entends seulement ceux qui, en restant à la hauteur où ils devoient être, se sont contentés d'être agréables au prince, et de contribuer à son bonheur, par une douce intimité, sans être nuisibles au peuple. Au quatrième sont les *hommes d'état;* savoir : ceux qui, étant revêtus des plus grandes charges, remplissent honorablement la tâche qui leur est imposée. Il est un autre genre d'honneur que nous pourrions peut-être placer au premier rang; je veux parler de celui qui est dû à ces hommes, aussi rares que sublimes, qui se dévouent à une mort certaine, pour la gloire ou l'utilité de leur patrie : tels furent *Régulus et les deux Décius.*

LII. *Des devoirs d'un juge.*

Les juges ne doivent jamais oublier que leur office est (*jus dicere*, et non *jus dare* (1)), d'*interpréter* ou d'*appliquer la loi*, et non de la *faire*, ou, comme on le dit communément, de *donner la loi*. Autrement l'*autorité qu'ils usurperoient deviendroit toute semblable à celle que s'arroge l'Eglise romaine, qui, sous prétexte d'expliquer l'Ecriture sainte, ne fait pas difficulté d'en altérer le sens, d'y ajouter ce qu'il lui plaît, de déclarer article de foi, ce qu'elle n'y a pas trouvé, et d'introduire ainsi, au nom de l'antiquité, de vraies nouveautés* (2). Un juge doit être plus *savant*

---

(1) Ces deux expressions ne peuvent être rendues, avec leur différence, dans notre langue, où l'on dit *faire droit*, pour *rendre la justice*.

(2) Les plus *orthodoxes* d'entre nos lecteurs nous plaindront sans doute de l'affligeante nécessité où nous sommes de traduire cet horrible blasphème. Mais le *clergé catholique* nous ayant *enjoint*, avec tout le feu d'une charité non salariée,

qu'*ingénieux*, plus *vénérable* que *gracieux* et *populaire*, et plus circonspect que présomptueux. Mais, avant tout, il doit être *intègre*; c'est pour lui une vertu d'état et la qualité *propre à son office. Maudit soit*, dit la loi, *celui qui déplace les bornes destinées à marquer les limites des possessions :* celui qui déplace *une simple pierre* servant de li-

---

de traduire Bacon sans supprimer aucune phrase, notre vénération pour la sainte Église nous a fait une loi d'interpréter fidèlement le texte original; ce que nous avons fait avec d'autant plus de répugnance, que ce passage contient en substance cet affreux dilemme. *Jésus-Christ* ayant déclaré formellement que le double amour de Dieu et du prochain comprend toute la loi et tous les prophètes, il est clair que, si tous les dogmes ajoutés par les catholiques, font partie de la loi, Jésus-Christ n'étoit pas chrétien, et que, si le dogme de Jésus-Christ la comprend toute, tous les dogmes surnuméraires des catholiques sont autant d'hérésies; conséquences abominables, qui nous font une loi de nier le principe, pour nous débarrasser de ces impertinentes objections, comme il est d'usage.

mite, est certainement très coupable; mais c'est un juge partial qui se rend coupable de ce crime, au premier chef, et qui déplace une infinité de bornes, en rendant une sentence inique par rapport aux terres et aux autres genres de propriétés. Car une seule sentence inique cause de plus grands maux qu'un grand nombre de crimes commis par les particuliers : ceux-ci ne corrompent que les ruisseaux, que de simples filets d'eau; au lieu que le juge corrompt la source même, comme le dit Salomon : *un juste perdant sa cause devant un injuste adversaire, c'est une calamité comparable à celle d'une eau troublée et corrompue dès sa source.* L'office et les devoirs d'un juge se rapportent aux *parties* (aux *plaideurs*), aux *avocats*, aux *greffiers*, aux *notaires, scribes, clercs*, et autres ministres subalternes de la justice; enfin, au *prince* et au *gouvernement* dont il relève. 1°. Pour ce qui regarde les *causes* et les *parties*, l'Écriture dit : *il y a des juges qui convertissent le jugement en absynthe;* il en est aussi, auroit-elle pu ajouter, qui le convertissent en *vinaigre.* Car l'*injustice* d'une *sentence* la rend *amère,* et elle s'*aigrit* par les *délais.* Le premier devoir et le principal but de l'office d'un juge, est de *réprimer la violence et la fraude.* Or, la première est d'autant plus pernicieuse, qu'elle est plus *ouverte;* et la dernière est d'autant plus funeste, qu'elle est plus *couverte* et plus *cachée.* A quoi l'on peut ajouter les procès trop contentieux, que les cours de justice doivent rejeter comme un aliment indigeste et empoisonné. Un juge doit s'applanir les chemins à une juste sentence, de la même manière que Dieu prépare ses voies; je veux dire, *en élevant les vallées et en abaissant les collines.* Ainsi, quand le juge s'apperçoit que l'une des parties a trop de prépondérance sur l'autre, par la violence et l'âpreté de sa poursuite, par l'adresse avec laquelle elle prend ses avantages, par une cabale qui l'appuie, par la protection des hommes en place, par l'habileté de son avocat, ou par toute autre cause semblable ; c'est alors que le juge doit donner une preuve sensible de sa sagesse et de son intégrité, si, malgré ces inégalités, il sait tenir entre eux la balance parfaitement égale, afin de pouvoir, pour ainsi dire, asseoir sa sentence sur un sol uni et parfaitement de niveau. *Celui qui se mouche avec trop de force, se tire du sang,* et lorsque le *vin est trop foulé, il a une saveur revêche et il sent la grappe.* Le juge ne doit donc pas fonder sa sentence sur une interprétation trop rigoureuse de la loi, ni sur des conséquences tirées de trop loin, sur-tout, dans l'interprétation des loix pénales, il ne doit pas faire *un moyen de rigueur* de ce qui, dans l'*intention* du *législateur*, n'est *qu'un moyen de terreur.* Autrement il voudroit faire tomber sur le peuple cette pluie don parle l'Écriture, dans ce verset : *il fera pleuvoir sur eux des filets.* Car, lorsque les loix pénales sont suivies avec une excessive rigueur, on peut les comparer à une *pluie de filets* ou de *piéges qui tombent sur les peuples*. Ainsi, lorsque ces loix pénales ont long-temps dormi, ou ne conviennent plus au temps présent, il est de la prudence d'un juge de les restreindre dans leur application ; le devoir d'un juge étant de considérer non-seulement les *choses* mêmes, mais aussi le *temps* de chaque chose. Dans les *causes capitales*, le juge doit envisager, d'un œil *sévère*, l'*exemple* (que donne le *délit*), et d'un œil de *commisération*, le *délinquant*.

Quant aux *avocats* et au *conseil* des parties, la gravité et la patience à écouter les plaidoyers, sont des élémens essentiels de la justice. Un juge, grand parleur, et qui coupe fréquemment la parole aux avocats, n'est qu'une *cymbale étourdissante*. Il ne convient pas non plus à un juge de vouloir faire parade de la vivacité de son esprit, en prévenant ce que l'avocat doit dire, et dont il auroit été mieux informé, en se donnant la patience d'écouter. Il ne doit donc pas interrompre, couper les preuves ou les conclusions des avocats, ni aller au-devant des informations, par des questions précipitées, en les supposant même très pertinentes ; en un mot, il doit écouter jusqu'au bout. Les fonctions et les obligations d'un juge à l'audience se réduisent à quatre. Il doit, 1°. saisir et marquer la suite et l'enchaînement des preuves ; 2°. modérer la longueur des plaidoyers, en élaguant les répétitions inutiles, tout ce qui n'a aucun rapport direct avec l'affaire, et qui ne tient point à la cause, les digressions, les écarts ; 3°. récapituler, trier, comparer et rassembler les points les plus essentiels parmi les moyens allégués de part et d'autre ; 4°. enfin, prononcer la sentence : tout ce qu'on fait de plus est de trop, et a ordinairement pour cause la vanité du juge, la demangeaison de parler, l'impatience à écouter, le défaut de mémoire, ou l'impuissance de soutenir et de fixer son attention. On est quelquefois étonné de l'ascendant qu'un avocat audacieux peut prendre sur un juge, qui devroit, pour se rendre semblable à Dieu, qu'il représente lorsqu'il est sur son siège, *abaisser les orgueilleux et élever les humbles*. Mais ce qui est encore plus choquant, c'est que les juges ont des *avocats favoris*, auxquels ils témoignent une prédilection scandaleuse ; partialité qui, en augmentant les honoraires des avocats et les épices du juge, rend celui-ci suspect de *corruption* et de *collusion*. Cependant, lorsqu'une cause a été bien plaidée et maniée avec autant de méthode que de netteté, le juge doit quelques éloges à l'avocat, sur-tout à celui qui a perdu sa cause. Ces éloges ont le double effet de soutenir le crédit de l'avocat auprès de son client, et de faire perdre à celui-ci sa prévention en faveur de sa propre cause. L'intérêt public exige aussi que le juge fasse, avec les ménagemens convenables, quelques réprimandes aux avocats, lorsqu'ils donnent à leurs cliens des conseils trop artificieux, et lorsqu'une négligence visible de leur part rend la défense plus foible ; lorsque les faits sont mal exposés et trop peu circonstanciés ; lorsque leurs moyens ne sont que de pures chicanes ; lorsqu'ils plaident avec une audace offensante pour le juge ; enfin, lorsqu'ils défendent une cause visiblement mauvaise. L'avocat ne doit pas étourdir le juge par les éclats de sa voix, ni user d'artifice et de manège pour remettre sur le tapis une cause déja jugée. Le juge, de son côté, ne doit pas interrompre l'avocat et l'arrêter à moitié chemin, mais lui laisser le temps de s'expliquer, pour ne pas donner lieu à la partie de se plaindre que son avocat et ses preuves n'ont pas été entièrement entendues.

3°. A l'égard des *greffiers,* des *notaires* et autres bas officiers, le lieu où l'on rend la justice est un lieu sacré, et non-seulement le tribunal, mais encore les bancs et toute l'enceinte doivent être exempts de scandale et de corruption. Car, comme le dit l'Écriture sainte : *on ne vendange point parmi les ronces et les épi-*

nes. De même la justice ne peut donner ses doux fruits parmi les ronces et les buissons; c'est-à-dire, parmi ces scribes trop avides et trop cupides. Or, on en trouve au barreau de plus d'une espèce ; 1°. ceux qui, en semant des procès, *n'engraissent les cours de justice qu'en faisant maigrir les peuples;* 2°. ceux qui engagent les cours dans *des conflits de juridiction,* et qui ne sont rien moins que les amis de ces cours (titre dont ils se targuent ordinairement), mais qui n'en sont que les *parasites,* qui nourrissent leur orgueil, et les excitent, par leurs flatteries, à passer les limites de leur ressort; qui, enfin, font leurs propres affaires aux dépens de la réputation de ceux qu'ils flattent; 3°. ceux qu'on peut regarder comme la *main gauche des cours;* qui, par des détours subtils et de pures chicanes, faisant prendre un mauvais tour aux procédures, entraînent la justice vers des routes tortueuses et dans un vrai labyrinthe; 4°. *les exacteurs impitoyables.* C'est sur-tout à eux que s'applique cette comparaison, qu'on fait ordinairement des *cours de justice aux buissons, sous lesquels les brebis trouvent un abri durant l'orage, mais où elles laissent une partie de leur toison.* Au contraire, un greffier, blanchi dans sa profession, d'une probité reconnue, bien au fait des actes déja passés et des jugemens déja rendus, circonspect dans ceux qu'il couche de nouveau, expert dans la procédure, et bien au courant du tribunal, est un excellent guide pour une cour, et montre souvent au juge même la route qu'il doit tenir.

Pour ce qui concerne le *prince* ou l'*état*, les *juges* doivent, avant tout, se rappeller cette conclusion des douze tables : *que le salut du peuple soit la suprême loi;* et poser pour principe, que, *si les loix ne tendent pas à ce but, on doit les regarder comme des règles captieuses et de faux oracles.* Ainsi tout marche avec plus d'ordre et d'harmonie dans un état, lorsque les princes, confèrent souvent avec les juges, réciproquement lorsque les juges consultent souvent le souverain et le gouvernement; savoir : le *prince*, lorsqu'une *question de droit* intervient dans les *délibérations politiques ;* et les *juges,* lorsque des considérations qui intéressent l'*état* même, se rencontrent dans des *matières de droit.* Car il arrive assez souvent qu'une affaire portée en justice, et qui ne roule que sur *le tien et le mien,* a cependant des conséquences qui peuvent intéresser l'état : et j'appelle *affaires d'état,* non-seulement ce qui a quelque relation avec les *intérêts du souverain,* mais même tout ce qui peut introduire quelque grande nouveauté, ou offrir quelque exemple dangereux, ou, enfin, ce qui intéresse visiblement une grande partie de la nation. Que personne ne se laisse abuser par ce faux principe : *qu'il y a une incompatibilité naturelle entre des loix justes et la vraie politique,* ces deux choses étant, dans le corps politique, comme les *esprits vitaux* et les *nerfs* où ils se meuvent (1).

Les juges doivent aussi se souvenir que le trône de Salomon étoit soutenu par

---

(1) Ce qui importe le plus dans un état, c'est l'*esprit général*, ou l'*opinion publique;* et la partie la plus importante de cette opinion, c'est celle *des grands propriétaires*, parce qu'ils ont en main les grands moyens, et, à la longue, forcent les classes inférieures, qu'ils font subsister, à se ranger à leur sentiment : ainsi, lorsqu'un gouvernement, après avoir fréquemment heurté l'intérêt de ces grands propriétaires, et choqué leur opinion, est réellement foible, ou témoigne de la foiblesse, il est menacé d'une révolution. Nulle constitution ou institution contraire à l'intérêt de cette classe ne peut durer, cette classe ayant toujours en main de quoi enrôler une partie de ses ennemis, pour combattre l'autre. Dans tout pays où règne une *excessive inégalité*, c'est-à-dire, dans tous les états aujourd'hui existans, *des loix justes ne peuvent être toujours conformes à la vraie politique,* en supposant toutefois que la *vraie politique consiste à conserver l'état,* en supportant et corrigeant peu à peu les vices ou les défauts de sa constitution. Car des

des lions. Ainsi, que les *juges* soient des *lions ; mais que ces lions soient sous le trône*. Qu'ils veillent continuellement pour empêcher qu'on n'attaque *les droits*

---

loix justes, ce seroient des loix qui favoriseroient la grande masse du peuple, presque toute composée de petits propriétaires, de manœuvres, d'artisans, ou de petits marchands, qui favoriseroient, dis-je, cette dernière classe, aux dépens de celle des grands propriétaires, lorsque l'intérêt de ces deux classes n'est pas le même. Or, l'effet des loix de cette espèce est toujours de soulever les pauvres contre les riches, comme le prouve l'histoire de toutes les nations ; et l'effet de ces soulevemens est toujours de rendre les pauvres encore plus pauvres, les riches reprenant toujours le dessus. Ainsi, pour ne pas dissoudre l'état, on est obligé de faire ou de souffrir *quelques loix injustes*, pour maintenir cette *injustice perpétuelle* qui consiste dans l'inégalité, et sur laquelle il est assis, parce qu'il est *assis sur la propriété telle qu'elle se trouve*. C'est cette *excessive inégalité* des biens qui rend impossible l'*égalité politique* ; mais c'est un *abus sacré* ; car, *dès qu'on met en question le droit de propriété, l'état est dissous*, et le sang coule.

de la souveraineté (1). Enfin, les juges ne doivent pas être assez peu instruits de leurs droits et de leurs prérogatives, pour ignorer que leur devoir leur commande, et que leur droit leur permet de faire un prudent usage et une judicieuse application des loix. C'est en ce sens qu'ils doivent s'appliquer ces paroles de l'apôtre, touchant la loi supérieure à toutes les loix humaines : *nous savons que la loi est bonne, pourvu toutefois qu'on en use légitimement.*

---

(1) Qu'ils défendent d'abord les droits du peuple, après quoi ils défendront les droits du souverain, si ceux du peuple rendent cette défense nécessaire. Car un roi, comme il n'est pas possible d'en douter, est le lieutenant de Dieu, quoiqu'il y ait un peu de différence entre ce lieutenant et son capitaine. Or, la *voix du peuple est la voix de Dieu.* Ainsi, la voix du peuple étant la voix du capitaine, c'est cette voix que le lieutenant de Dieu doit écouter, sous peine de perdre sa lieutenance, et d'être cassé. N'est-il pas surprenant que notre chancelier ne pense ici qu'au roi, et oublie tout-à-fait le peuple? mais le lieutenant de notre philosophe y pense pour lui.

LIII. *De la colère.*

Vouloir étouffer en soi toute semence de colère, n'est qu'une fanfaronade de *stoïcien*. Il est un oracle plus sûr qui doit nous guider : *mettez-vous en colère, dit l'Écriture sainte, mais gardez-vous de pécher ; que le soleil ne se couche pas sur votre colère :* ce qui signifie qu'on doit mettre des bornes à sa colère ; c'est-à-dire, en modérer les mouvemens, et en abréger la durée. Nous montrerons d'abord comment on peut, en général, modérer et rompre en soi l'inclination et la disposition habituelle à la colère (l'*irascibilité*); 2°. comment les mouvemens particuliers de cette passion peuvent être réprimés, ou du moins comment on peut empêcher qu'elle n'ait des conséquences trop funestes ; 3°. comment on peut exciter ou appaiser cette passion dans un autre individu.

Quant au premier point, le meilleur remède est de réfléchir sur les effets que cette passion produit ordinairement, et sur les désordres sans nombre qu'elle cause dans la vie humaine. Or, le meilleur temps pour ces réflexions, c'est lorsque l'accès de colère est passé (1). *Sénèque* a dit avec raison que *les effets de la colère ressemblent à la chute d'une maison qui, en tombant sur une autre, se brise elle-même.* L'Écriture sainte nous exhorte à *posséder notre ame par la patience;* en effet, quiconque perd patience, perd alors la possession de son ame. L'homme ne doit pas ressembler *à l'abeille, qui laisse sa vie dans la blessure.* La *colère* est certainement une *foiblesse;* et on sait que ce sont ordinairement les *individus les plus foibles,*

---

(1) C'est-à-dire qu'il est temps d'y penser, lorsqu'il n'est plus temps; car lorsqu'on est en état de faire ces sages réflexions, on n'est plus en colère, et quand on n'est pas en colère, on n'a pas besoin de ces réflexions : mais il veut dire que les réflexions sur les inconvéniens d'un accès passé, doivent servir à modérer les suivans; comme les réflexions qu'on a faites durant le *calme*, servent durant la tempête.

tels que les *enfans*, les *femmes*, les *vieillards*, les *malades*, etc. qui y sont *le plus sujets*. Quoi qu'il en soit, lorsqu'on est en colère, il vaut mieux *témoigner* du *mépris* que de la *crainte*, afin de paroître *plutôt au-dessus qu'au-dessous* de l'*injure* et de la *personne* qui l'a faite : ce qui sera toujours facile, pour peu qu'on sache garder de mesures et se posséder dans la colère.

A l'égard du *second point*, les *causes* et les *motifs* de la *colère* se réduisent à trois : 1°. une trop grande sensibilité aux injures, et une excessive susceptibilité de caractère; on ne se met en colère qu'autant qu'on se croit offensé : aussi les personnes délicates et très susceptibles, par rapport à l'honneur, sont-elles plus irascibles que les autres. Il est une infinité de choses qui les blessent, et qu'une nature plus forte ne sentiroit pas. 2°. La disposition à trouver dans les circonstances de l'injure, des signes de mépris; car le mépris provoque et enflamme la colère, autant que l'injure même.

Aussi les personnes ingénieuses à trouver ces signes de mépris, dans tout ce qui peut les choquer, s'emportent-elles plus fréquemment que les autres. 3°. La crainte où est l'offensé que l'injure ne fasse tort à sa réputation. Le vrai remède à tous ces inconvéniens, remède indiqué par *Gonsalve de Cordoue, c'est d'avoir un honneur semblable à une toile forte.* Mais le meilleur préservatif contre cette passion, c'est de gagner du temps, en se persuadant, si l'on peut, que le moment de la vengeance n'est pas encore venu ; qu'on en sera le maître dans un autre temps, et que, n'ayant pas besoin de se presser, on prend patience.

Quant aux moyens d'empêcher que la colère n'ait des effets dont on ait lieu de se repentir, il est deux précautions à prendre pour parvenir à ce but. La première est de s'abstenir de toute expression trop dure, de toute personnalité trop piquante ; car les invectives qu'on peut adresser à toutes sortes de personnes, font moins d'impression sur chaque individu. La seconde est de se garder de révéler un secret, par un mouvement de colère; une telle indiscrétion banniroit pour toujours un homme de la société, dont il deviendroit le fléau. Il faut encore, lorsqu'on a quelque affaire en main, avoir l'attention de ne pas la rompre par colère; et dans le cas même où l'on s'abandonneroit à cette passion, ne faire du moins aucune démarche qui ne laisse plus de retour.

Quant aux moyens d'exciter ou de calmer cette passion dans une autre personne, tout dépend de bien choisir les momens. Or, 1°. une personne qui est déja de mauvaise humeur, est plus facile à irriter. 2°. En interprétant les procédés, les discours, etc. d'une personne, de manière à faire croire à celle qui est mécontente d'elle, qu'elle y a mis beaucoup de mépris pour elle; moyen conforme à ce que nous avons déja dit; et par conséquent on pourra appaiser cette passion par les deux moyens diamétralement opposés; je veux dire que, pour porter à une personne les premières paroles sur une chose qui peut la mettre en colère, il faut choisir les momens où on la voit de bonne humeur; car tout dépend de la première impression. L'autre moyen est une *benigne interprétation* de l'offense reçue; je veux dire qu'il faut tâcher de faire croire à la personne offensée, que l'offenseur ne l'a pas fait par mépris pour elle, et attribuer la chose à un mal-entendu, à la crainte, à la passion, ou à toute autre cause de cette nature (1).

---

(1) Voici deux moyens encore plus efficaces. 1°. Remplissez, en partie d'eau, une cuvette un peu grande; plongez-y votre visage; regardez bien attentivement au fond de cette cuvette, vous y lirez ces mots, gravés par l'expérience : *pour guérir un fou (pléthorique), il faut le baigner :* en relevant la tête, vous sentirez que cette lecture aura appaisé votre colère, beaucoup mieux que si vous eussiez lu tout le traité sec de *Sénèque*, sur cette passion. 2° Un Romain de ma connoissance, irrité par quelques mauvais procédés de son frère, vouloit l'assassiner; et les femmes qui l'environnoient ne pouvoient plus rien sur lui. Je con-

LIV. *De la vicissitude des choses.*

Il n'est rien de nouveau sur la terre, a dit Salomon; assertion qui a quelque

---

soillai à un de mes amis, qui étoit le médecin de ce furieux, de lui faire une visite un peu longue, de l'inquiéter par rapport à sa santé, et de lui faire accroire que, s'il ne se faisoit pas saigner dans les vingt-quatre heures, il auroit une maladie grave dans la huitaine. Le médecin réussit à le lui persuader, et le fit saigner au bras droit, pour lui ôter tout à la fois la *volonté* et le *pouvoir* de poignarder son frère. Lorsque ce furieux eut trois palettes de sang de moins, il ne fut plus question d'assassinat, et il reçut ainsi une forte teinte d'esprit philosophique; une des conditions nécessaires pour être philosophe, étant, comme on sait, d'avoir peu de sang dans les veines. Les moyens physiques sont ordinairement plus efficaces que les moyens moraux; à deux ou trois individus près qui se cachent, on ne sait où, la *morale* du pauvre genre humain, ainsi que sa *religion*, n'est qu'un *prétexte;* et la plus sûre méthode pour lui donner la *grace efficace,* c'est de le mettre *dans l'impuissance de pécher.* Je suis persuadé que, si l'on eût tiré à propos quelques palettes de sang à trois ou quatre glorieux qui ont paru sur la scène depuis

rapport avec ce dogme imaginaire de *Platon : toute science n'est que réminiscence* (1); et avec cette autre sentence du même Salomon: *toute prétendue nou-*

---

quelques années, il y auroit deux millions d'hommes de plus sur la terre. Chaque goutte de ce sang qu'ils avoient de trop, a coûté plus de cent hommes.

(1) Dans les sciences de fait, on ne peut établir solidement une proposition, une opinion, qu'en l'appuyant immédiatement, ou médiatement, sur l'expérience ; c'est-à-dire, qu'en rappellant aux auditeurs ou aux lecteurs leur propre expérience, et en leur faisant voir que l'assertion à prouver y est conforme: sans quoi, il n'y a point de vraie démonstration. Ainsi, quand on apprend des autres une vérité de ce genre, on a toujours quelque souvenir ou réminiscence, et l'on s'imagine aisément l'avoir toujours su, parce qu'on voit alors qu'on auroit pu la savoir par soi-même, si l'on eût fait plus d'attention à son expérience, et qu'on en eût déduit du moins des conséquences immédiates. Mais on n'en peut dire autant des vérités de tout autre ordre, par exemple, des vérités géométriques, et j'avoue ingénument que je ne me souviens pas bien nettement d'avoir su, dans le ventre de ma mère, que le *quarré de l'hypothé-*

veauté n'est qu'une chose qui avoit été oubliée : d'où l'on peut conclure que le *fleuve Léthé coule sur la terre, ainsi que dans les enfers.* Je ne sais quel astrologue, dont les idées sont un peu abstruses, prétend que, sans l'action combinée de deux causes dont les effets sont permanens, savoir : l'une, que les *étoiles* sont toujours à peu près à *la même distance les unes des autres et dans les mêmes situations respectives;* l'autre, que le *mouvement diurne* est *perpétuel et uniforme* (1); que, sans ces deux cau-

---

nuse d'un triangle rectangle est égal au quarré des deux autres côtés; et lorsqu'on m'a appris ce théorème, je m'en souvenois si peu, qu'il a fallu me le démontrer, comme si je ne l'avois jamais su : mais il se peut que *Platon* ait eu, ou cru avoir une plus heureuse mémoire; et comme ce philosophe poëte prend souvent son imagination pour sa raison, il a bien pu prendre aussi sa raison pour sa mémoire.

(1) J'invite mes jeunes lecteurs à supprimer par la pensée, d'abord le mouvement diurne seul, puis le mouvement annuel seul, enfin l'un et l'autre à la fois, et à chercher quelles seroient les consé-

ses, dis-je, *aucun individu ne pourroit subsister un seul instant.*

La *nature,* comme on n'en peut douter, est *dans un flux et reflux perpétuel;* à proprement parler, il n'est *point de repos absolu et parfait.* Les deux grands voiles (*linceuls*) qui ensevelissent toutes choses dans l'oubli, sont les *déluges* et les *tremblemens de terre.* A l'égard des *conflagrations* (ou *grands embrasemens spontanés* (1)), et des

---

quences de ces trois événemens, comme je l'ai fait moi-même dans une note que son excessive longueur m'oblige de supprimer; ils trouveront sans doute que, dans le troisième cas, aucun être organisé ne pourroit long-temps subsister. Au reste, une telle recherche ne seroit rien moins que frivole; car chercher quels seroient, pour les êtres organisés, les inconvéniens de la suppression de ces deux mouvemens, est la plus sûre méthode pour découvrir leurs effets avantageux sur les êtres de cette classe, et pour résoudre une question que Newton lui-même ne s'est peut-être jamais faite.

(1) Ces petits embrasemens partiels rendent visible, pour la raison humaine, ce *vaste incendie* qui est *la mort momentanée de l'univers,* ou plu-

grandes sécheresses, leur effet ne va jamais jusqu'à détruire entièrement les habitans des contrées où ces fléaux se font sentir. *Le char de Phaéton ne roule que pendant un jour ;* ce qui annonce que l'embrasement allégoriquement fi-

---

tôt *l'une de ses deux morts opposées. Héraclite* ne voyant dans l'espace que des *soleils,* et si peu de planètes qu'elles méritoient à peine qu'on en parlât, en inféra que le *feu étoit le berceau et le tombeau de tous les êtres;* mais ce grand homme, trop frappé d'une certaine idée, *ne voyoit l'univers que de profil.* Tâchons de le voir *de face.* Il y a, en vous qui me lisez, en moi qui écris, et dans l'univers entier, une *force* tendante à *rapprocher* les unes des autres les parties de la matière, et une *force* tendante à les *écarter;* sans quoi elles seroient *toutes séparées,* ou *toutes réunies.* Ces deux forces prédominent alternativement, dans le plus petit système de molécules matérielles et dans le grand tout ; ce qui maintient l'équilibre, dans tous ces systèmes, grands ou petits, pendant un certain temps. Cependant, quoique ces deux forces prédominent alternativement, elles ne prédominent pas également ; mais la force A gagnant de plus en plus sur la force B, finit par prédomi-

guré par cette fable, ne fut pas de longue durée. Cette sécheresse, qui dura trois ans, dans le temps d'*Élie*, et que ce prophète avoit annoncée, fut particulière à un certain pays, et n'en détruisit pas toute la population. Quant à ces *embrasemens* si fréquens dans les

---

ner tout-à-fait; puis la force opposée B reprenant peu à peu l'avantage, prédomine à son tour totalement, ou plutôt presque totalement. De la prédominance alternative et presque égale des deux forces, résulte l'équilibre et l'ordre; de leur prédominance alternative et presque totale, résultent deux espèces de *chaos*; savoir, le *chaos ignée*, lorsque la force *expansive* a pris presque entièrement le dessus; et le *chaos glacial*, lorsque la force *contractive* a presque anéanti les effets sensibles de l'autre. Notre globe fit autrefois partie du soleil, il sera un jour totalement glacé; puis il retombera dans le soleil et en sortira dans un autre temps : il en sera de même de notre soleil, de tous les soleils et du grand tout. Un insecte, un homme, une planète, un soleil, un système, et l'univers entier, tout naît, meurt et renaît, pour mourir et renaître encore, mais sous de nouvelles formes.

Indes occidentales (1), et occasionnés par la *foudre*, ce n'est qu'un *accident* purement *local* et qui s'étend peu. Quant aux autres genres de calamités ou de fléaux, les individus qui en échappent sont ordinairement des hommes grossiers, ignorans, obligés de vivre dans les montagnes, et qui ne peuvent donner aucune tradition authentique des temps qui ont précédé ces fléaux : ensorte qu'alors tout demeure enseveli dans un oubli aussi complet et aussi universel, que si aucun individu n'eût échappé. Pour peu que l'on considère attentivement la constitution et la manière de vivre des naturels des *Indes occidentales*, on peut, avec assez de probabilité, les regarder comme une *race plus nouvelle et plus jeune* que toutes celles de l'ancien monde. Et il est encore plus vraisemblable que sa destruction presque totale ne fut point occasionnée par des

---

(1) Le texte latin dit : dans les Indes orientales.

tremblemens de terre, quoi qu'ait pu dire à l'Athénien *Solon*, certain prêtre *égyptien*, qui prétendoit que l'*Atlantide* avoit été engloutie dans une révolution de cette espèce. Cette catastrophe doit plutôt être attribuée à un *déluge particulier*, car les *tremblemens de terre* sont rares en *Amérique* : au lieu qu'on y voit un grand nombre de fleuves, larges, profonds, arrosant de vastes contrées, et en comparaison desquels tous ceux de l'Asie, de l'*Afrique* et de l'Europe, ne sont que des *ruisseaux*. A quoi il faut ajouter que leurs montagnes, appellées les *Andes*, sont beaucoup plus hautes que toutes celles de l'ancien continent ; montagnes où les débris de cette race infortunée auront pu se réfugier durant et après ce déluge particulier. Quant à l'observation de *Machiavel*, qui prétend que la *jalousie* et l'*animosité réciproque des sectes* est une des *causes* qui contribuent le plus à *abolir la mémoire des choses*, et qui reproche à *Grégoire-le-Grand* d'avoir fait tous ses efforts pour détruire entièrement les *antiquités païennes*, je ne crois pas que ce fanatisme puisse produire de si grands effets, ou du moins des effets durables, comme le prouve l'exemple même de *Sabinien*, un de ses successeurs, qui trouva moyen de faire revivre toutes ces mêmes antiquités.

Ce n'est pas ici le lieu de traiter des *révolutions* et des *vicissitudes* des *corps célestes*. A la vérité, si le monde n'étoit pas, de toute éternité, destiné à finir, *la grande année de Platon auroit pu avoir quelque réalité, et ramener en gros les mêmes phénomènes, mais non pas en faisant reparoître précisément les mêmes individus et dans les mêmes situations;* ce qui n'est qu'une opinion chimérique, inventée par ceux qui attribuent aux *corps célestes*, non une *influence générale et vague sur les corps terrestres,* comme nous le pensons nous-mêmes, mais une *influence plus précise, et capable de produire tel effet spécifi-*

que sur tel individu (1). Quant aux *comètes*, il est hors de doute qu'elles ont une influence sensible sur les mouvemens et les manières d'être de ces corps sublunaires : mais jusqu'ici on s'est plus occupé à déterminer leurs *orbites, et à attendre ou à prédire leurs retours, qu'à observer sagement leurs effets,* sur-tout *leurs effets respectifs et comparés :* je

___

(1) Quel que puisse être le nombre des particules de la matière, il est déterminé ; le nombre des combinaisons qu'elles peuvent former, l'est aussi ; celui des arrangemens que peuvent former ces combinaisons, l'est également ; le nombre des individus qui peuvent résulter de ces combinaisons et de ces arrangemens, l'est encore ; et celui des situations où ils peuvent être, ne l'est pas moins. Ainsi, au bout d'un certain temps, qui n'est pas extrêmement court, les combinaisons, les arrangemens, les individus et les situations qui ont déjà eu lieu, doivent avoir lieu de nouveau. Ainsi nous avons déjà été une infinité de fois, et nous serons encore une infinité d'autres fois. Mais ici le *jugement dernier* forme contre ce calcul une religieuse et vague objection, qui m'oblige de m'arrêter et de retourner au texte.

veux dire, à déterminer avec précision les effets propres de telle espèce de comètes; par exemple : de telle grandeur, de telle couleur, dont la queue a telle direction, située dans telle région du ciel, et dont l'apparition est de telle durée, etc.

Il existe à ce sujet une opinion, à la vérité, un peu hazardée, mais que je ne voudrois pas non plus rejeter entièrement, et qui me paroît mériter d'être vérifiée. On a, dit-on, observé dans les Pays-Bas (je ne me rappelle pas dans quelle partie), *qu'au bout de trente-cinq ans les mêmes années, les mêmes saisons, les mêmes températures ou météores, (tels que grandes gelées, grande humidité, grande sécheresse, hivers doux, étés moins chauds, reviennent, et à peu près dans le même ordre* (1):

___

(1) Cette révolution, comme nous l'avons dit dans une note de l'ouvrage précédent, seroit à peu près égale au quadruple du temps de la révolution de l'apogée lunaire, qui est d'environ huit ans et dix mois.

révolution que les habitans de cette contrée, dont nous parlons, appellent la *prime*. J'ai cru devoir en faire mention, parce qu'ayant moi-même comparé certaines années dont je me souviens, avec celles qui leur correspondoient dans le passé, j'ai trouvé, en effet, que les dernières étoient assez semblables aux premières.

Mais abandonnons ces observations sur la *nature*, et revenons à ce qui concerne l'*homme*. Or, la plus grande *vicissitude* qu'on observe parmi les hommes, c'est celles des *religions* et des *sectes*; car ce sont ces *sphères d'opinions* qui exercent la plus puissante *influence* sur les *ames humaines*. La vraie *religion* est *la seule qui soit bâtie sur le roc, et toutes les autres sont plantées dans un sable mouvant, et continuellement agitées par les flots du temps.* Ainsi, nous allons donner quelques vues et hazarder quelques observations sur les *causes productives des nouvelles sectes*, et quelques avis sur ce même sujet; autant du moins que la foiblesse naturelle de l'esprit humain permet d'arrêter le cours de ces opinions si tyranniques, et de trouver quelque remède à ces grandes révolutions.

Quand la religion, reçue et établie depuis long-temps, est déchirée par les disputes et les débats ; quand ses ministres, au lieu de s'attirer la vénération publique, par une vie exemplaire et sainte, comme ils le devroient, se rendent odieux et méprisables par une vie scandaleuse ; si, en même temps, les peuples sont plongés dans une stupide ignorance et dans la barbarie, c'est alors qu'on doit craindre *la naissance de quelque nouvelle secte*, sur-tout s'il s'élève, dans le même temps, quelque esprit extraordinaire, amateur de paradoxes, assez audacieux pour les avancer publiquement, et assez opiniâtre pour les défendre à tous risques. Or, toutes ces conditions se trouvoient réunies, lorsque *Mahomet* publia sa loi. Mais il est deux autres conditions sans lesquelles une secte déja formée ne peut s'étendre beaucoup ;

l'une, est le *dessein manifeste et public de ruiner ou d'affoiblir l'autorité établie;* car rien n'est plus agréable au peuple, et plus propre pour le séduire, qu'un tel dessein (1); l'autre, est *d'ouvrir la porte ou de laisser le champ libre à la volupté* (2).

Les *hérésies spéculatives,* telle que fut autrefois celle des *Ariens,* et qu'est aujourd'hui celle des *Arméniens,* peuvent s'accréditer, jusqu'à un certain point,

---

(1) *Le peuple souffre toujours un peu ou beaucoup, et impute toujours ses maux à son gouvernement actuel, bon ou mauvais;* jamais aux *circonstances,* qui en sont quelquefois la principale cause : ce qui donne toujours beaucoup d'avantage à ceux qui attaquent l'autorité établie, lorsque le peuple est armé : et prouve qu'il est facile de ruiner toute autorité qui n'est établie que sur l'opinion publique, et impossible d'en établir solidement aucune, sinon par la force.

(2) Mahomet qui offroit à ses prosélytes des femmes et de l'argent, avoit un grand avantage sur les chrétiens, qui n'offroient aux leurs que des sermons, des pénitences, et dans le lointain, les joies du paradis.

dans les esprits, mais elles ne peuvent *occasionner de grandes révolutions dans un état;* à moins qu'elles ne se trouvent *combinées avec le mécontentement général, et d'autres causes politiques* (1).

On peut *établir et planter de nouvelles sectes*, par trois sortes de moyens; savoir : par de *prétendus miracles*, ou des *prestiges* quelconques, par l'*éloquence* ou la force de la *persuasion*, ou par les *armes*. Quant aux *martyrs*, je les qualifie de *miracles*, parce qu'ils

―――――――――――――――――――

(1) Les dogmes spéculatifs, et même les religions, prises en général, sont rarement un *frein*, et presque toujours un *aiguillon* dangereux : elles ont peu d'influence en *bien*, comme *motifs réels*; mais elles en ont quelquefois une très grande en *mal*, comme *prétextes*. Leur principal inconvénient est de fournir aux *passions* humaines un *prétexte de plus* et le plus dangereux de tous, lorsque des fourbes méthodiques savent combiner cet intérêt imaginaire avec des intérêts un peu plus réels; c'est un *manteau de fripon*, très commode pour l'*ambition*, la *vengeance* et la *cupidité*. Car, lorsque des hypocrites parviennent à

semblent *excéder les forces de la nature humaine.* J'en dis autant d'une *rare pureté de mœurs, et d'une vie, en apparence, toute sainte.* Le plus sûr moyen pour *étouffer dans leur naissance les sectes* ou les *schismes,* c'est de *réformer les abus,* de *terminer* les plus petits *différens,* de *procéder avec douceur,* en *s'abstenant* de toute sanglante *persécution ;* enfin, d'*attirer* et de *ramener* plutôt les principaux *chefs,* en les *gagnant* par des *largesses,* des *places* et des hon-

persuader à la plus grande partie du peuple qu'ils défendent la *loi divine,* ils peuvent mépriser impunément à ses yeux toutes les *loix humaines,* lui communiquer ce mépris, et faire passer leurs crimes pour des vertus. Tout homme qui a assez d'adresse pour associer avec la cause de Dieu celle d'une passion commune, est maître de planter une nouvelle religion, et les mieux enracinées sont celles que leurs inventeurs ont su planter dans le sol même où l'homme se plante, comme le prouve la perpétuité du *gaurisme,* du *judaïsme* et du *mahométisme.*

neurs, qu'en les *irritant* par la *violence* et la *cruauté* (1).

L'*histoire* nous offre une infinité d'exemples de *révolutions* et de *vicissitudes* occasionnées par les *guerres*. Elles dépendent alors de trois principales causes ; savoir : du *théâtre* de la *guerre*, de la *nature* et de la *qualité* des *armes*; enfin, de la *discipline militaire*, de la *tactique*; en un mot, du *degré* de *perfection* de cet *art*. Il semble que, dans les temps les plus anciens, *les guerres se*

---

(1) En persécutant une secte, religieuse, politique ou philosophique, on se rend odieux : on lui donne, aux yeux de ses défenseurs et dans l'opinion publique, une importance qu'elle n'auroit pas sans cela : on fournit aux sectaires l'occasion de déployer un courage et une constance qui en imposent toujours au vulgaire : en comprimant le ressort de la superstition, on le fait réagir avec plus de force. Le vrai remède alors, c'est le ridicule, ou mieux encore, un silence méprisant. Une religion dont on ne parle point a peu de prosélytes; et le meilleur argument pour réfuter des mensonges religieux, c'est de n'en rien dire; car le silence est un argument sans réplique.

portoient le plus ordinairement d'orient en occident. Car les *Assyriens*, les *Perses*, les *Égyptiens*, les *Arabes* et les *Scythes*, qui tous ont fait successivement des *invasions*, étoient des *nations orientales.* Les *Gaulois*, à la vérité, étoient une *nation occidentale;* mais des deux irruptions qu'ils firent, l'une fut dans cette partie de l'*Asie* (*mineure*), appellée depuis la *Gallo-Grèce;* et l'autre, contre les *Romains.* Il est certain que l'*orient et l'occident* n'ont dans les cieux *aucun point fixe* qui les distingue sur la *terre*, et qui se rapporte à l'un plutôt qu'à l'autre. Aussi l'histoire ne fournit-elle point d'observation constante qui prouve que les guerres *se portent plutôt de l'est à l'ouest, qu'en sens contraire.* Mais le *nord* et le *midi* sont *distingués* par des *différences constantes* et *dépendantes* de leur *situation* par rapport aux *cieux.* Aussi a-t-on rarement vu les peuples méridionaux envahir les contrées septentrionales; au lieu que le contraire est presque toujours arrivé: ce qui prouve assez que les habitans des contrées septentrionales sont naturellement plus belliqueux : ce qui peut dépendre des *astres* qui exercent plus particulièrement leur *influence* sur l'*hémisphère boréal*; ou de la *grande étendue* des *continens* situés vers le *nord*; l'*hémisphère boréal*, du moins sa partie connue, étant presque entièrement occupée par la mer : ou enfin du *grand froid* qui règne dans les parties septentrionales; *cause* qu'on peut regarder comme la *principale*. Car, indépendamment de la *discipline militaire*, ce *froid* rendant les *corps* plus *solides*, et capables d'une plus grande *résistance*, rend ainsi les *hommes* plus *robustes* et plus *courageux*. C'est ce que prouve l'exemple des *Arancos*, nation dont le pays est situé dans la partie la plus méridionale de l'*Amérique*, et qui l'emportent, par le *courage*, sur tous les *Péruviens*.

Dans tout *empire* qui est sur son *déclin* et qui a perdu la plus grande partie de ses *forces militaires*, on doit s'attendre à des *guerres*. Car, tant que les grands *empires* sont dans un état de *vigueur* et de *prospérité*, comme alors ils ne mettent leur *confiance* que dans les *troupes nationales*, ils *énervent* et *détruisent* ainsi les *forces* naturelles des *provinces conquises*. Mais aussi, lorsque ces troupes viennent à manquer tout-à-fait, ou à s'affoiblir, tout est perdu, et ils deviennent la proie de leurs ennemis. C'est ce dont on voit un exemple frappant dans la *décadence de l'empire romain* et dans celle de l'*empire d'occident*, après la mort de *Charlemagne;* époques où *chaque oiseau vint reprendre ses plumes*. C'est ce qui arriveroit aussi à la *monarchie d'Espagne*, si ses forces venoient à décroître sensiblement. L'accroissement trop grand ou trop rapide, et les réunions d'états dont cet accroissement est souvent l'effet, sont aussi des *causes naturelles de guerres*. Car, un état dont l'étendue et la puissance croît tout à coup, est comparable à un fleuve qui, en s'enflant extraordinairement, déborde ses rives, et inonde les terres voisines. Une autre observation qui mérite de fixer l'attention d'un politique, c'est celle-ci : lorsque, dans une partie du monde, il se trouve peu de nations encore plongées dans la barbarie, et beaucoup de nations civilisées, les hommes ne se déterminent pas aisément au mariage, et ne veulent point avoir d'enfans, à moins qu'ils ne soient à peu près assurés de pouvoir fournir à leur subsistance et à leur entretien, observation qu'on peut appliquer à toutes les nations aujourd'hui existantes, à l'exception toutefois des *Tartares;* et alors ces grandes inondations ou émigrations d'hommes, qu'on a vu autrefois, sont peu à craindre ; si, au contraire, cette contrée est habitée par des peuples fort pauvres, et qui multiplient beaucoup, sans trop s'embarrasser d'avance de la subsistance de leurs enfans, alors c'est une nécessité qu'une fois par siècle, ou du moins une fois en deux siècles, ils se déchargent de leur population sur les contrées voisines, et les envahissent. C'étoit ce que les anciens peuples du *nord* étoient dans l'habitude de faire, en tirant au sort, pour décider quels seroient ceux qui resteroient, et ceux qui iroient chercher fortune ailleurs (1). Lorsqu'une nation d'abord guerrière, perdant l'esprit militaire,

---

(1) Rousseau nous a annoncé une inondation de cette espèce, et a même prétendu qu'elle n'étoit pas éloignée. Les *Russes*, dit-il, voudront conquérir l'*Europe*, et seront eux-mêmes conquis par les *Tartares*. Il nous paroît plus probable que les *Tartares*, profitant, un jour, des dissensions continuelles de la *Perse*, envahiront cet empire; tomberont ensuite sur l'empire des *Turcs*, s'empareront, huit jours après, de l'*Italie*, et qu'alors ils commenceront à nous attaquer; car, à cette époque-là, l'*Europe* ne sera plus qu'*une grande boutique*, et nous aurons alors tant d'esprit que nous n'aurons plus de cœur. L'esprit mercantile a fait de rapides progrès, même en France, même à l'époque où, ayant la guerre contre sept puissances, nous avions quatorze armées sur pied : que sera-ce donc à la paix? *L'esprit militaire* s'est réveillé; mais n'étant *nourri* que par une *cause accidentelle* et non par les *mœurs*, la *seule cause*

s'abandonne au *luxe* et à la *mollesse*, *elle est sûre d'être attaquée ;* car ordinairement de tels états *s'enrichissent en dégénérant :* c'est tout à la fois *une riche proie* et *une proie sans défense,* double motif qui *provoque l'invasion*.

Quant à la *nature* et à la *qualité* des *armes*, il seroit difficile de trouver une règle sur ce point ; cependant elles ont aussi leurs *vicissitudes*. Car il est certain que les habitans de la ville des *Oxidraques* se servirent d'une sorte d'*artillerie,* que les *Macédoniens* qualifioient de *foudres*, d'*éclairs*, et d'*armes magiques* (1).

On sait aujourd'hui que la *poudre à canon,* ainsi que les *grandes et petites armes à feu,* étoient connues et employées

―――――――――――――

continue, il s'éteindra de nouveau ; et alors les Tartares diront : *où il y a beaucoup à vendre,* il y a *beaucoup à prendre.*

(1) Où notre auteur a-t-il lu tout cela ? Il n'en est question ni dans *Quinte-Curce*, ni dans *Justin*, ni dans *Plutarque*.

à *la Chine*, il y a plus de deux mille ans
(1). Voici quelles doivent être les conditions des armes de cette espèce, et en quoi elles ont été perfectionnées. 1°. Elles doivent porter fort loin; ce qui les rend d'autant plus dangereuses et meurtrières pour l'ennemi : or, tel est l'avantage des *canons* et des grands *mousquets* (des *espingoles*, des *pierriers*, etc.). 2°. La

---

(1) J'ai travaillé moi-même à une histoire de la *Chine*, où j'ai vu que, durant l'invasion de *Gengis-Kan* et de ses enfans, les *Chinois* employoient, pour leur défense, des *pièces d'artillerie* en comparaison desquelles nos canons ne sont que des *pistolets;* elles étoient faites avec des pièces de *bambou*, assemblées et maintenues ensemble avec des cercles (de cuivre ou de fer); ce qui est d'autant moins étonnant, qu'il y a, en *Europe*, des canons de *bois* et même de *cuir*. La proportion des embrasures, ou plutôt des *créneaux* de la ville de *Canton*, prouve que, dans cette partie de la Chine, on n'emploie que de très petites pièces d'artillerie. La poudre à canon y est extrêmement commune et à très bas prix. Je soupçonne que les Chinois ont, sur ce genre d'industrie, des connoissances et des moyens qui nous manquent.

force du coup doit entrer aussi en considération; et à cet égard, l'artillerie moderne l'emporte de beaucoup sur les *béliers* et sur toutes les machines de guerre des anciens; 3°. et qu'elles puissent être d'un facile service. Par exemple : qu'on puisse s'en servir en tous temps, qu'elles soient faciles à transporter, à diriger, etc.

Quant à la *manière de faire la guerre*, les nations mesurèrent d'abord la force de leurs armées par le *nombre*) la *vigueur* et le *courage* de leurs *soldats* : pour vuider leurs querelles, ils se défioient en bataille rangée, en marquant le jour et le lieu du combat : mais ces armées si nombreuses, on ne savoit pas encore *les ranger en bataille*. Dans la suite, l'expérience ayant fait sentir les inconvéniens de ces armées si nombreuses, on en réduisit le nombre; alors on apprit l'art de choisir des *postes avantageux*, de faire des *diversions*, celui des *campemens*, des *marches* et des *contre-marches*, des *réserves*, des *retraites vraies* ou *feintes*, etc. et la *tactique* fit les mêmes progrès.

Dans la *jeunesse* des *empires*, c'est la profession militaire qui fleurit; puis viennent les *lettres*, les *sciences* et les *arts :* à l'époque suivante, postérieure de très peu à la précédente, les *armes* et les *arts libéraux fleurissent ensemble* pendant quelque temps. Enfin, sur le déclin des états, ce sont les *arts méchaniques* et le *commerce* qui sont en honneur (1). *Les lettres* ont leur *enfance* où elles ne font, pour ainsi dire, que *balbutier* (2).

───────────

(1) Par la même raison que l'avarice est la dernière passion d'un individu.

(2) Par exemple, le style d'*Amyot*, traducteur de *Plutarque*, a quelque chose d'*enfantin*, de *naïf* et même une sorte d'agréable *niaiserie*. Mais le style de *Montagne* est celui d'un jeune étourdi qui a autant d'expérience que de franchise et de vanité; cet écrivain a beaucoup d'aisance, parce qu'il n'a d'autre règle que celle de ne pas se gêner; ce qui est fort naturel, et donne au style beaucoup de naturel et d'abandon; mais ce qui caractérise l'enfance des lettres, c'est l'ignorance pres-

Puis vient leur *jeunesse* caractérisée par cette *abondance* et ce *luxe* de *pensées* et d'*expressions* qui est propre à cet *âge*. Dans leur *âge* mûr, les *idées* et le *style*, en se *resserrant* peu à peu, deviennent plus solides. Enfin, en vieillissant, elles deviennent *sèches* et *maigres* (1). Quant aux *amateurs* de *philologie* qui ont exercé leur plume sur ce même sujet, leurs écrits en ce genre ne sont qu'un amas de contes et de remarques futiles, qui ne méritent point de trouver place dans un traité aussi sérieux que celui-ci.

---

que totale de l'art de construire. L'inventeur de cet art parmi nous est *Pascal*.

(1) Comme les mathématiques qui alors sont florissantes.

Fin du douzième volume.

TABLE DES CHAPITRES
CONTENUS DANS CE VOLUME.

I. *De la vérité.* . . . . Page 1
II. *De la mort.* 9
III. *De l'unité (de sentiment) dans l'Église chrétienne.* 18
IV. *De la vengeance.* 37
V. *De l'adversité.* 43
VI. *De la dissimulation et de la feinte, ou de l'artifice.* 48
VII. *Des parens et de leurs enfans.* 57
VIII. *Mariage, célibat.* 63
IX. *De l'envie.* 73
X. *De l'amour.* 91
XI. *Des grandes places et des dignités.* . . 97
XII. *De l'audace.* 107
XIII. *De la bonté, soit naturelle, soit acquise.* 114
XIV. *De la noblesse.* 121
XV. *Des troubles et des séditions.* 126
XVI. *De l'athéisme.* 161
XVII. *De la superstition.* 175
XVIII. *Des voyages.* 181
XIX. *De la souveraineté et de l'art de commander.* 189

XX. *Du conseil* (et des conseils d'état).. 208
XXI. *Du délai et de la lenteur dans les affaires.* 225
XXII. *De la ruse et de la finesse.* 227
XXIII. *De la fausse prudence de l'égoïste.* 242
XXIV. *Des innovations.* 247
XXV. *De l'expédition dans les affaires.* .. 261
XXVI. *De l'affectation de prudence, et du manège des formalistes.* 267
XXVII. *De l'amitié.* 273
XXVIII. *Des dépenses.* 302
XXIX. *De la manière de conserver sa santé.* 305
XXX. *Du soupçon.* 315
XXXI. *De la conversation.* 320
XXXII. *Des colonies ou plantations de peuples.* 326
XXXIII. *Des richesses.* 338
XXXIV. *Sur les prophéties* (et autres prédictions). 350
XXXV. *De l'ambition.* 361
XXXVI. *Du naturel* (envisagé dans l'homme). 368
XXXVII. *De l'habitude et de l'éducation.* 374
XXXVIII. *De la fortune.* 379
XXXIX. *De l'usure.* 385
XL. *De la jeunesse et de la vieillesse.* .. 398
XLI. *De la beauté.* 404

XLII. *De la laideur et de la difformité.* . 411
XLIII. *Des négociations, ou de l'art de traiter les affaires.* 414
XLIV. *Des cliens et des amis* (d'un ordre inférieur). 419
XLV. *Des solliciteurs et des postulans.* . 424
XLVI. *Des études.* 431
XLVII. *Des factions et des partis.* 437
XLVIII. *Des manières, de l'observation, des convenances et de l'usage du monde.* . . 444
XLIX. *De la louange.* 449
L. *De la vanité ou de la vaine gloire.* . . 453
LI. *De la gloire et de la réputation.* . . . 459
LII. *Des devoirs d'un juge* 465
LIII. *De la colère.* 480
LIV. *De la vicissitude des choses.* 486

Fin de la table.